高等教育思想政治理论课辅导丛书
主编 焦成焕 李 梁

中国近现代史纲要
学习指导

主编 艾 萍

上海大学出版社
·上海·

图书在版编目(CIP)数据

中国近现代史纲要学习指导/艾萍主编. —上海：上海大学出版社，2019.1(2020.3 重印)
(高等教育思想政治理论课辅导丛书/焦成焕，李梁主编)
ISBN 978-7-5671-3387-7

Ⅰ.①中… Ⅱ.①艾… Ⅲ.①中国历史-近代史-高等学校-教学参考资料②中国历史-现代史-高等学校-教学参考资料 Ⅳ.①K25

中国版本图书馆 CIP 数据核字(2019)第 000248 号

责任编辑 石伟丽
封面设计 缪炎栩
技术编辑 金 鑫 钱宇坤

中国近现代史纲要学习指导
主编 艾 萍
上海大学出版社出版发行
(上海市上大路 99 号 邮政编码 200444)
(http://www.shupress.cn 发行热线 021-66135112)
出版人 戴骏豪
*
南京展望文化发展有限公司排版
句容市排印厂印刷 各地新华书店经销
开本 710mm×1010mm 1/16 印张 15.75 字数 257 千
2019 年 1 月第 1 版 2020 年 3 月第 4 次印刷
ISBN 978-7-5671-3387-7/K·193 定价 35.00 元

高等教育思想政治理论课辅导丛书

编 委 会

主　编　焦成焕　李　梁
副主编　艾　萍　申小翠　奚建群　林自强
编　委（按姓氏笔画排序）
　　　　　艾　萍　艾　慧　申小翠　吉征艺　刘雅君
　　　　　许静仪　李　梁　杨　超　杨秀君　林自强
　　　　　袁晓晶　奚建群　韩晓春

序

为贯彻落实中共中央、国务院《关于进一步加强和改进大学生思想政治教育的意见》（中发〔2004〕16号）和全国高校思想政治工作会议精神，充分发挥高等学校思想政治理论课在大学生思想政治教育中的主渠道作用，依据教育部《新时代高校思想政治理论课教学工作基本要求》（教社科〔2018〕2号）的精神，我们以"马克思主义理论研究和建设工程重点教材"思想政治理论课教材2018年版为蓝本，并结合当前高校思想政治理论课教育教学的实际情况，编写了"高等教育思想政治理论课辅导丛书"。

我们对"高等教育思想政治理论课辅导丛书"的编写体例进行了统一安排，每本学习指导设置了"内容概述""习题训练""阅读思考"三大板块。其中，"内容概述"根据高校思想政治理论课教学大纲，并以思想政治理论课教材2018年版为基础，就学生需要掌握的知识点进行总结和归纳；"习题训练"为学生在课内外预习和复习提供练习资料与参考答案；"阅读思考"主要是针对学生如何利用所学理论进行实际应用而设定的，旨在锻炼学生分析问题和解决问题的能力，提高学生对理论知识的掌握程度。

"高等教育思想政治理论课辅导丛书"是上海大学马克思主义学院思想政治理论课教师集体创作完成的。本套丛书由焦成焕、李梁主编，《思想道德修养与法律基础学习指导》由奚建群主编，《中国近现代史纲要学习指导》由艾萍主编，《马克思主义基本原理概论学习指导》由焦成焕主编，《毛泽东思想和中国特色社会主义理论体系概论学习指导》由申小翠主编。在丛书的编写过程中参考、借鉴了国内相关教材与资料，在此一并表示感谢。

丛书主编
2018年12月9日

目 录

上编　从鸦片战争到五四运动前夜(1840—1919)

综述　风云变幻的八十年 ··003
　　内容概述 ···003
　　习题训练 ···008
　　参考答案 ···011
　　阅读思考 ···013

第一章　反对外国侵略的斗争 ··015
　　内容概述 ···015
　　习题训练 ···020
　　参考答案 ···025
　　阅读思考 ···027

第二章　对国家出路的早期探索 ··030
　　内容概述 ···030
　　习题训练 ···036
　　参考答案 ···042
　　阅读思考 ···045

第三章　辛亥革命与君主专制制度的终结　　048
内容概述　　048
习题训练　　054
参考答案　　060
阅读思考　　062

中编　从五四运动到新中国成立(1919—1949)

综述　翻天覆地的三十年　　067
内容概述　　067
习题训练　　072
参考答案　　077
阅读思考　　080

第四章　开天辟地的大事变　　082
内容概述　　082
习题训练　　087
参考答案　　092
阅读思考　　095

第五章　中国革命的新道路　　097
内容概述　　097
习题训练　　101
参考答案　　106
阅读思考　　108

第六章　中华民族的抗日战争　　111
内容概述　　111
习题训练　　120

| 参考答案 | 125 |
| 阅读思考 | 128 |

第七章　为新中国而奋斗　131
内容概述	131
习题训练	138
参考答案	144
阅读思考	146

下编　从新中国成立到社会主义现代化建设新时期(1949—2018)

综述　辉煌的历史进程　151
内容概述	151
习题训练	155
参考答案	160
阅读思考	162

第八章　社会主义基本制度在中国的确立　164
内容概述	164
习题训练	170
参考答案	175
阅读思考	177

第九章　社会主义建设在探索中曲折发展　179
内容概述	179
习题训练	187
参考答案	194
阅读思考	197

第十章　中国特色社会主义的开创与接续发展 199
内容概述 199
习题训练 209
参考答案 216
阅读思考 219

第十一章　中国特色社会主义进入新时代 222
内容概述 222
习题训练 231
参考答案 236
阅读思考 238

后记 241

上 编

从鸦片战争到五四运动前夜(1840—1919)

综述　风云变幻的八十年

内容概述

一、鸦片战争前的中国与世界

（一）灿烂的中国古代文明

我们伟大的祖国——中国，土地广阔，人口众多，历史悠久，创造过灿烂的古代文明。中国是世界上少有的历史文化从未间断、一直延续至今的国家。中国古代物质文明和精神文明丰富多彩、灿烂辉煌。中华古代文明是古代中国人民勤劳、智慧创造的结晶，也是中国各民族各地区文明交融、汇合的产物，又是中外文化交流、互鉴、融合的结果。中华民族是一个有着优良传统的民族。

（二）中国封建社会由昌盛到衰落

自公元前5世纪的战国时代至1840年鸦片战争，中国的封建社会前后延续了两千多年。中国封建社会的基本特征是：经济上，封建地主土地所有制经济占主导的地位。以个体家庭为单位并与家庭手工业牢固结合的小农经济是基本生产结构，自给自足的自然经济占主要地位。政治上，实行高度中央集权的封建君主专制制度。它在一定程度上维护了多民族国家的统一，同时也在很大程度上抑制了中国封建社会的生机和活力。文化上，自汉武帝确立独尊儒术的政策，儒家思想开始成为中国封建社会的正统思想。社会结构上，实行族权和政权相结合的封建宗法等级制度。其核心是宗族家长制，突出君权、父权、夫权。

中国封建社会的经济、政治、文化、社会结构，一方面巩固和维系了中国封建社会的稳定和延续,另一方面也使其前进缓慢甚至迟滞,并造成了不可克服的周期性的政治经济危机。在中国封建社会的历史上出现过一些"盛世",但几乎每个封建王朝都跳不出从初期兴起,到逐渐昌盛,再到后期腐败、衰亡的周期律。

17世纪下半叶至18世纪,清朝康熙、雍正、乾隆年间,是中国封建社会后期的鼎盛时期,但同时也走向了封建社会的末世。到了鸦片战争前夜的嘉庆、道光年间,清王朝衰相尽显,潜伏着许多危机,而且闭关自守,故步自封。中国已经远远落后于西方资本主义国家。

(三)世界资本主义的发展与殖民扩张

16世纪至19世纪初,西方资本主义已经产生、发展,西方殖民主义势力也随之向外扩张。

1640年的英国资产阶级革命标志着世界历史开始进入资本主义时代。至18世纪,英国、美国、法国等先后通过资产阶级革命,建立了资产阶级政权,为资本主义的发展创造和提供了政治上的前提和保证。18世纪中叶至19世纪中叶,从英国开始然后迅速推广到欧美各国的工业革命,使大机器生产取代了工场手工业,资本主义经济得到迅速发展。

殖民主义是适应西方资本主义的发展要求而产生的,它随着资本主义生产方式的演进而发展。在19世纪末资本主义进入帝国主义阶段之后,资本输出成为殖民剥削的重要形式。殖民主义进一步发展成为由少数帝国主义强国主宰的更完整的世界体系。西方殖民主义势力来到东方,是为了把东方国家纳入资本主义的世界体系,成为殖民地、半殖民地,成为自己在经济上、政治上、文化上的附庸。西方资本主义的发展及其向东方的殖民扩张,使古老的中国遇到了空前严重的挑战,面临着极其深刻的生存危机。

二、外国资本主义入侵与近代中国社会的半殖民地半封建性质

(一)鸦片战争:中国近代史的起点

1840年,英国发动了侵略中国的鸦片战争。中国历史的发展从此发生重大转折。

19世纪初,英国已经基本上完成工业革命,成为世界资本主义最强大的国家。英国对华贸易长期处于入超状态,英国工业品遭到中国自然经济和闭关政

策的顽强抵抗。于是,英国殖民者以走私毒品鸦片作为牟取暴利及改变贸易逆差的手段。1825年和1837年英国发生了两次资本主义经济危机。为了摆脱危机和转移国内人民的视线,英国政府迫不及待地要发动一场侵略战争。

英国的鸦片走私不仅造成了中国的白银大量外流和财政危机,还导致银贵钱贱,加重了劳动人民的负担,并且直接毒害了中国人的身体和精神。清政府实行禁鸦片措施,特别是钦差大臣林则徐于1839年6月在广东虎门销毁所收缴鸦片的行动,完全是维护国家利益和民族尊严的正义行动。1840年4月,英国国会通过了对华战争的决定。同年6月,英国侵华舰队封锁了珠江海口和广东海面,鸦片战争正式爆发。

鸦片战争以清政府的失败而告终。1842年8月29日,清政府与英国签订了中国近代史上第一个不平等条约《南京条约》。1843年10月,签订了中英《虎门条约》。美国、法国等西方列强趁火打劫,逼迫清政府与之签订不平等条约,如1844年7月签订的中美《望厦条约》,10月签订的中法《黄埔条约》。

通过这一系列不平等条约,英国等西方列强在中国攫取了大量侵略特权。随着外国资本主义的入侵,中国的封建社会逐步变成了半殖民地半封建社会。中国人民逐渐开始了反帝反封建的资产阶级民主革命。正因为如此,鸦片战争就成为中国近代史的起点。

(二)中国社会的半殖民地半封建性质

鸦片战争前的中国社会是封建社会。鸦片战争以后,随着外国资本-帝国主义的入侵,中国社会发生了两个根本性的变化:其一,独立的中国逐步变成半殖民地的中国;其二,封建的中国逐步变成半封建的中国。

半殖民地半封建中国的社会性质,体现在近代中国政治、经济、文化和社会的各个领域,两者是密切结合、互相联系的统一整体。

从近代中国的历史进程,可以看到中国半殖民地半封建社会有以下一些基本特征:第一,资本-帝国主义侵略势力不但逐步操纵了中国的财政和经济命脉,而且逐步控制了中国的政治,日益成为支配中国的决定性力量。第二,中国的封建势力日益衰败并同外国侵略势力勾结,成为资本-帝国主义压迫、奴役中国人民的社会基础和统治支柱。第三,中国自然经济的基础虽然遭到破坏,但是封建剥削制度的根基即封建地主的土地所有制依然在广大地区内保持着,成为中国走向现代化和民主化的严重障碍。第四，中国新兴的民族资本主义经济虽然已经产生，并在政治、文化生活中起了一定的作用，但是在帝国主义和封建主义的压迫下，它的发展很缓慢，力量很软弱，而且它的大部分与外国资本-帝国主义和本国封建主义都有或多或少的联系。第五，由于近代中国处于资本-帝国主义列强的争夺和间接统治之下，加上中国地域广大，以及在地方性的农业经济的基础上形成的地方割据势力的存在，近代中国各地区经济、政治和文化的发展是极不平衡的。后来，帝国主义列强还分别支持不同的政治势力以分裂中国，使中国处于不统一状态。第六，在资本-帝国主义和封建主义的双重压迫下（后来还加上官僚资本主义的压迫），中国的广大人民尤其是农民日益贫困化以至大批地破产，过着饥寒交迫和毫无政治权利的生活。

（三）社会阶级关系的变动

随着近代中国从封建社会逐步演变为半殖民地半封建社会，中国社会的阶级关系也发生了深刻的变动，不仅旧有的阶级发生了变化，还有新的阶级产生出来。

旧的封建统治阶级即地主阶级继续占有大量的土地，掌握着国家政权，对人民实行专制统治，但自身也发生了某些变化，有些成为城居地主，有的转化为资本家。旧的被统治阶级即农民阶级，仍是近代中国社会人数最多的被剥削阶级。不少自耕农向贫农或雇农转化，有些农民破产或失去土地后流入城市，成为产业工人的后备军。农民阶级是中国民主革命的主力军，但是由于其作为小生产者的阶级局限性，单凭自身的力量不可能求得解放，更不可能把反帝反封建斗争引向胜利。

近代中国诞生的新兴的被压迫阶级是工人阶级。它的来源主要是破产的农民、手工业者和城市贫民。中国工人阶级身受帝国主义、封建势力和资产阶级三重压迫，革命性最强，而且还有组织纪律性强、集中、团结、与广大农民有着天然的联系等优点，因此是近代中国最革命的阶级。中国资产阶级也是近代中国新产生的阶级，是在外国资本主义入侵的影响和刺激下，主要由一些买办、商人、地主、官僚投资新式企业转化而成。其中，官僚买办资本家是利用政治特权和与外国资本的紧密联系，在剥削劳动人民和挤压民族资本的过程中，逐渐形成和发展起来的。民族资产阶级既受到外国资本主义和本国封建主义及官僚买办资产阶级的压迫,又与它们有着千丝万缕的联系,在政治上表现出两面性。他们与外国资本主义和本国封建主义有矛盾、斗争的一面,又有依赖、妥协的一面。他们在一定条件下可以参加反帝反封建的革命或者在斗争中保持中立,但是没有革命的彻底性,不可能引导中国的民主革命走向胜利。

三、近代中国的主要矛盾和历史任务

(一) 两对主要矛盾及其关系

近代中国半殖民地半封建社会的矛盾,呈现出错综复杂的状况。在这些社会矛盾中,占支配地位的主要矛盾,是帝国主义和中华民族的矛盾,封建主义和人民大众的矛盾。这两对主要矛盾及其斗争贯穿整个中国半殖民地半封建社会的始终,并对中国近代社会的发展变化起着决定性的作用。

中国近代社会的两对主要矛盾是互相交织在一起的,而帝国主义和中华民族的矛盾,是最主要的矛盾。一般来说,当资本-帝国主义向中国发动侵略战争时,中国内部各阶级,除一些叛国分子外,能够暂时地团结起来举行民族战争去反对外国侵略。这时,民族矛盾特别尖锐,阶级矛盾暂时降到次要和服从的地位。而当资本-帝国主义与中国的反动统治阶级结成同盟,用战争以外的形式共同压迫中国人民,尤其是封建主义统治特别残酷的时候,中国人民往往采取国内战争的形式去反对资本-帝国主义和封建主义的同盟,而斗争的矛头主要直接地指向中国的封建政权,这时阶级矛盾就上升为主要矛盾,民族矛盾退居次要地位。当国内战争发展到从根本上威胁资本-帝国主义及其代理人中国封建地主阶级统治的时候,外国侵略势力甚至直接出兵,镇压中国人民,援助中国的反动派。这时,外国侵略者和国内封建统治者完全公开站在一条战线上。近代以来伟大的中国革命,正是在这些主要矛盾及其激化的基础之上发生和发展起来的。

(二) 两大历史任务及其关系

近代以来,中华民族始终面临着两大历史任务:一是争取民族独立和人民解放,二是实现国家富强和人民富裕。

这两大历史任务是互相区别又互相紧密联系的。由于腐朽的社会制度束缚着生产力的发展,阻碍着经济技术的进步,必须首先改变这种社会制度,争得民族独立和人民解放,才能为实现国家富强和人民富裕创造前提,开辟道路。近代

以来,一些爱国人士提出过工业救国、教育救国、科学救国等主张,并为此进行过努力。近代以来的历史表明,要争得民族独立和人民解放,必须首先进行反帝反封建的民主革命。只有通过革命争得民族独立和人民解放以后,中国人民才有可能集中力量进行现代化建设,逐步改变贫穷落后的面貌,实现国家的富强和人民的富裕。

习题训练

一、单项选择题

1. 中国封建社会产生过诸多"盛世",其中出现在清代的是(　　)。
   A. 文景之治　　　　　　　　B. 贞观之治
   C. 开元之治　　　　　　　　D. 康雍乾盛世
2. 标志着世界历史开始进入资本主义时代的是(　　)。
   A. 英国资产阶级革命　　　　B. 美国资产阶级革命
   C. 法国资产阶级革命　　　　D. 俄国资产阶级革命
3. 19世纪初,大肆向中国走私鸦片的国家是(　　)。
   A. 美国　　　　　　　　　　B. 英国
   C. 日本　　　　　　　　　　D. 俄国
4. 第一次鸦片战争后,中国逐步演变为(　　)。
   A. 封建主义性质的国家　　　B. 半殖民地半资本主义性质的国家
   C. 资本主义性质的国家　　　D. 半殖民地半封建性质的国家
5. 中国近代史上第一个不平等条约是(　　)。
   A. 中法《黄埔条约》　　　　B. 中英《虎门条约》
   C. 中美《望厦条约》　　　　D. 中英《南京条约》
6. 中国近代史的起点是(　　)。
   A. 第一次鸦片战争　　　　　B. 第二次鸦片战争
   C. 中日甲午战争　　　　　　D. 八国联军侵华战争
7. 认识中国近代一切社会问题和革命问题的最基本的依据是认识(　　)。
   A. 中国近代社会半殖民地半封建的性质

B. 中国近代社会近代化的历史过程

C. 中国近代民族民主革命的性质

D. 中国近代社会经济结构的变化过程

8. 在近代中国,人数最多的被剥削阶级是(　　)。

　　A. 农民阶级　　　　　　　　B. 城市小资产阶级

　　C. 工人阶级　　　　　　　　D. 民族资产阶级

9. 在近代中国,最具革命性的阶级是(　　)。

　　A. 农民阶级　　　　　　　　B. 城市小资产阶级

　　C. 工人阶级　　　　　　　　D. 民族资产阶级

10. 在近代中国错综复杂的社会矛盾中,最主要的矛盾是(　　)。

　　A. 无产阶级和资产阶级的矛盾　　B. 封建主义和人民大众的矛盾

　　C. 农民阶级和地主阶级的矛盾　　D. 帝国主义和中华民族的矛盾

11. 近代中国的历史表明,要取得民族独立和人民解放必须首先进行(　　)。

　　A. 反对帝国主义侵略的斗争　　B. 反帝反封建的资产阶级民主革命

　　C. 反对封建主义压迫的斗争　　D. 反对资产阶级的社会主义革命

12. 在近代中国,实现国家富强和人民富裕的前提条件是(　　)。

　　A. 反对帝国主义的侵略　　　　B. 争得民族独立和人民解放

　　C. 推翻封建主义的统治　　　　D. 建立资本主义制度

二、多项选择题

1. 第一次鸦片战争后,外国列强迫使清政府签订的不平等条约有(　　)。

　　A. 中法《黄埔条约》　　　　　B. 中英《虎门条约》

　　C. 中美《望厦条约》　　　　　D. 中英《南京条约》

2. 第一次鸦片战争以后,中国社会发生的两个根本性变化是(　　)。

A. 独立的中国逐步变成半殖民地的中国

B. 独立的中国逐步变成殖民地的中国

C. 封建的中国逐步变成半封建的中国

D. 封建的中国逐步变成资本主义的中国

3. 随着中国从封建社会逐步演变为半殖民地半封建社会,新产生的阶级是（   ）。
   A. 农民阶级 B. 地主阶级
   C. 工人阶级 D. 资产阶级

4. 在近代中国,资产阶级按来源分为（   ）。
   A. 工业资产阶级 B. 商业地主阶级
   C. 官僚买办资产阶级 D. 民族资产阶级

5. 在近代中国,民族资产阶级与外国资本主义和本国封建主义的关系是（   ）。
   A. 有矛盾 B. 有斗争 C. 有依赖 D. 有妥协

6. 在近代中国错综复杂的社会矛盾中,占支配地位的主要矛盾是（   ）。
   A. 帝国主义和中华民族的矛盾 B. 无产阶级和资产阶级的矛盾
   C. 封建主义和人民大众的矛盾 D. 农民阶级和地主阶级的矛盾

7. 近代中国革命的对象是（   ）。
   A. 帝国主义 B. 封建主义
   C. 民族主义 D. 官僚资本主义

8. 近代以来,中华民族面临的两大历史任务是（   ）。
   A. 争得民族独立和人民解放 B. 反对帝国主义
   C. 实现国家富强和人民富裕 D. 反对封建主义

9. 近代以来,一些爱国人士提出过的救国主张包括（   ）。
   A. 工业救国 B. 教育救国
   C. 农业救国 D. 科学救国

10. 近代以来的历史证明,要完成中华民族的第一个历史任务必须进行（   ）。
    A. 反对帝国主义的民族革命 B. 反对封建主义的民主革命
    C. 工业革命 D. 文学革命

三、辨析题

1. 鸦片战争前后的中国社会性质是相同的。

2. 对中国近代社会的发展变化起着决定性作用的是人民大众与封建主义的矛盾和斗争。

3. 鸦片战争后,中华民族面临的两大历史任务是反帝、反封建。

4. 在近代中国,要争取民族独立和人民解放必须首先进行社会改良。

四、简答题

1. 中国封建社会的主要结构和变化特征。

2. 中国半殖民地半封建社会的主要矛盾及其关系。

五、论述题

1. 鸦片战争是中国近代史的起点。

2. 中国半殖民地半封建社会的基本特征。

参考答案

一、单项选择题

1. D 2. A 3. B 4. D 5. D 6. A 7. A 8. A 9. C 10. D 11. B 12. B

二、多项选择题

1. ABCD 2. AC 3. CD 4. CD 5. ABCD 6. AC 7. ABD 8. AC 9. ABD 10. AB

三、辨析题

1. 错误。鸦片战争前后的中国社会性质是不同的。鸦片战争前的中国社会是封建社会。鸦片战争以后,随着外国资本-帝国主义的入侵,中国社会发生了两个根本性的变化:其一,独立的中国逐步变成半殖民地的中国;其二,封建的中国逐步变成半封建的中国。

2. 错误。近代中国半殖民地半封建社会的矛盾呈现出错综复杂的状况,其中占支配地位的主要矛盾,是帝国主义和中华民族的矛盾、封建主义和人民大众的矛盾。这两对主要矛盾及其斗争贯穿整个中国半殖民地半封建社会的始终,并对中国近代社会的发展变化起着决定性的作用。

3. 错误。近代中国面临的两大历史任务是争取民族独立和人民解放、实现国家富强和人民富裕。这两大任务是互相区别又互相紧密联系的。争得民族独立和人民解放,就必须进行反帝反封建的民主革命,它是实现国家富强和人民富裕的前提条件;而实现国家富强和人民富裕,是争取民族独立和人民解放的根本目的。

4. 错误。近代以来的历史表明,要争取民族独立和人民解放,必须首先进行反帝反封建的民主革命。因为帝国主义列强绝不会自动放弃在中国攫取的特权,封建主义势力也绝不肯自动放弃自己控制的政权,所以,以改良的方式是不可能改变帝国主义和封建主义联合统治中国的半殖民地半封建社会制度的。近代中国曾有不少人希望通过改良的途径挽救中国的危亡,但统统行不通。事实上,只有通过革命争得民族独立、人民解放以后,中国人民才有可能集中力量进行现代化建设,逐步改变贫穷落后的面貌,实现国家的富强和人民的富裕。

四、简答题

1. 在中国封建社会的经济中,封建地主土地所有制经济占主导地位。以个体家庭为单位并与家庭手工业牢固结合的小农经济是中国封建社会的基本生产结构,自给自足的自然经济始终占主要地位。中国封建社会政治的基本特征是实行高度中央集权的封建君主专制制度。中国封建社会的文化思想体系以儒家思想为核心。中国封建社会的社会结构的特点是族权和政权相结合的封建宗法等级制度。中国封建社会的经济、政治、文化和社会结构,一方面巩固和维系了中国封建社会的稳定和延续,另一方面也使其前进缓慢甚至迟滞,并造成不可克服的周期性的政治经济危机。

2. 中国半殖民地半封建社会的主要矛盾是帝国主义和中华民族的矛盾、封建主义和人民大众的矛盾。一般来说,当资本-帝国主义向中国发动侵略战争时,中国内部各阶级,除一些叛国分子外,能够暂时地团结起来举行民族战争去反对外国侵略。这时,民族矛盾特别尖锐,阶级矛盾暂时降到次要和服从的地位。而当资本-帝国主义与中国的反动统治阶级结成同盟,用战争以外的形式共同压迫中国人民,尤其是封建主义统治特别残酷的时候,中国人民往往采取国内战争的形式去反对资本-帝国主义和封建主义的同盟,而斗争的矛头主要直接地指向中国的封建政权,这时阶级矛盾就上升为主要矛盾,民族矛盾退居次要地位。

五、论述题

1. 鸦片战争和《南京条约》等一系列不平等条约的签订,为外国资本主义打开了入侵中国的大门,对近代中国社会产生了深刻的影响。① 鸦片战争前,中国是一个领土完整、主权独立的封建国家;鸦片战争后,中国的领土、领海、关税、司法等主权的完整遭到破坏,并受到外国侵略者的干涉和控制,清王朝从一个独立的封建国家逐渐沦为半殖民地国家。② 鸦片战争前,中国是一个经济上自给自足的封建国家。鸦片战争后,中国封建自然经济逐渐解体,逐渐成为资本主义世界的商品市场和原料供给地。另一方面,外国资本主义的入侵又在客观上促进了中国商品经济的发展，刺激了中国民族资本主义的产生。中国从一个完全的封建社会转变为半封建的社会。

随着社会性质的变化，中国社会的阶级关系也发生了深刻变动，社会矛盾呈现出错综复杂的局面。其中主要矛盾是帝国主义和中华民族的矛盾、封建主义与人民大众的矛盾。为解决主要矛盾以争取民族独立、人民解放，中国人民逐步开始了反帝反封建的资产阶级民主革命。正因为如此，鸦片战争成为中国历史的转折点，是中国近代史的起点。

2. 中国半殖民地半封建社会的基本特征有：第一，资本-帝国主义侵略势力不但逐步操纵了中国的财政和经济命脉，而且逐步控制了中国的政治，日益成为支配中国的决定性力量。第二，中国的封建势力日益衰败并同外国侵略势力勾结，成为资本-帝国主义压迫、奴役中国人民的社会基础和统治支柱。第三，中国自然经济的基础虽然遭到破坏，但是封建剥削制度的根基即封建地主的土地所有制依然在广大地区内保持着，成为中国走向现代化和民主化的严重障碍。第四，中国新兴的民族资本主义经济虽然已经产生，并在政治、文化生活中起了一定的作用，但是在帝国主义和封建主义的压迫下，它的发展很缓慢，力量很软弱，而且它的大部分与外国资本-帝国主义和本国封建主义都有或多或少的联系。第五，由于近代中国处于资本-帝国主义列强的争夺和间接统治之下，加上中国地域广大，以及在地方性的农业经济的基础上形成的地方割据势力的存在，近代中国各地区经济、政治和文化的发展是极不平衡的。后来，帝国主义列强还分别支持不同的政治势力以分裂中国，使中国处于不统一状态。第六，在资本-帝国主义和封建主义的双重压迫下（后来还加上官僚资本主义的压迫），中国的广大人民尤其是农民日益贫困化以至大批地破产，过着饥寒交迫和毫无政治权利的生活。

阅读思考

一

材料1：农民被束缚于封建制度之下，没有人身的自由。地主对农民有随意打骂甚至处死之权，农民是没有任何政治权利的。地主阶级这样残酷的剥削和压迫所造成的农民的极端的穷苦和落后，就是中国社会几千年在经济上和社会生活上停滞不前的基本原因。

——摘自毛泽东：《中国革命和中国共产党》(1939年12月)，www.cssn.cn/zt/zt_xzt/mkszyzt/jngcdxyfb170zn/ddlxyxy/mzdyxy/201802/t20180201_3836319.shtml。

材料2：英国的大炮破坏了皇帝的权威，迫使天朝帝国与地上的世界接触。与外界完全隔绝曾是保存旧中国的首要条件，而当这种隔绝状态通过英国而为暴力所打破的时候，接踵而来的必然是解体的过程，正如小心保存在密闭棺材里的木乃伊一接触新鲜空气便必然要解体一样。

——摘自《马克思恩格斯选集》（第1卷），人民出版社1995年版，第692页。

问题1：鸦片战争前，中国社会的性质及其基本特征是什么？

问题2：鸦片战争前夕，中国内部处于什么状态？外部世界又处于什么状态？

问题3：鸦片战争后，中国社会的性质、阶级结构和主要矛盾发生了怎样的变化？

二

材料1：近代以后，中华民族遭受的苦难之重、付出的牺牲之大，在世界历史上都是罕见的。但是，中国人民从不屈服，不断奋起抗争，终于掌握了自己的命运，开始了建设自己国家的伟大进程，充分展示了以爱国主义为核心的伟大民族精神。

——摘自习近平：《实现中华民族伟大复兴是中华民族近代以来最伟大的梦想——习近平在参观〈复兴之路〉展览时的讲话》（2012年11月29日）。

材料2：实现中华民族伟大复兴的中国梦，是近代以来中华民族的夙愿。一八四〇年鸦片战争以后，中华民族蒙受了百年的外族入侵和内部战争，中国人民遭遇了极大的灾难和痛苦，真正是苦难深重、命运多舛。中国人民发自内心地拥护实现中国梦，因为中国梦首先是十三亿中国人民的共同梦想。

——摘自中共中央文献研究室：《习近平关于实现中华民族伟大复兴的中国梦论述摘编》，中央文献出版社2013年版，第5页。

问题1：近代以来，实现中华民族伟大复兴必须完成的两大历史任务是什么？

问题2：怎样理解进行反帝反封建的革命是实现中华民族伟大复兴的首要任务？

问题3：在为实现中华民族伟大复兴而进行的长期奋斗中，中国人民作出了哪些关键性的历史选择？

第一章 反对外国侵略的斗争

内容概述

第一节 资本-帝国主义对中国的侵略

一、军事侵略

1. 发动侵略战争，屠杀中国人民。资本-帝国主义列强对中国的侵略，首先和主要的是进行军事侵略。在历次侵华战争中，外国侵略者屠杀了大批中国人民。例如，1894年，甲午战争中的日军制造了旅顺大屠杀惨案；1900年，俄国入侵东北时，制造了江东六十四屯惨案；同年，八国联军侵华时肆意屠杀义和团团民与平民。

2. 侵占中国领土，划分势力范围。资本-帝国主义列强在近代迫使中国政府签订的各类不平等条约总数达几百个。它们割占中国领土，并划分势力范围。例如：英国割占香港，葡萄牙强占澳门半岛，俄国侵占150多万平方公里中国领土，日本割去中国台湾全岛及所有附属各岛屿和澎湖列岛。德国把山东划为其势力范围，沙俄以长城以北为其势力范围，英国以长江流域为其势力范围，法国把广东、广西、云南作为其势力范围，日本也声明把福建作为其势力范围。帝国主义列强还运用武力或欺诈手段，霸占中国通商口岸内的土地，设立完全由外国直接控制和统治的租界。1845年，英国设立上海英租界。以后直至1911年，列强先后在中国设立了30多个租界。通过侵华战争，帝国主义列强还获得了在中国领土上驻兵的特权。

3. 勒索赔款，抢掠财富。资本-帝国主义列强向中国勒索巨额赔款，造成中国严重的财政危机，直接破坏和阻碍中国的经济发展。例如，列强通过《辛丑条约》强迫中国支付赔款 4.5 亿两白银。帝国主义侵略者在侵华战争中还公开抢劫中国的财富，肆意破坏中国的文物和古迹。1860 年 10 月，英法联军在攻进北京城前，抢劫和焚烧了圆明园。

二、政治控制

为了统治中国，资本-帝国主义列强在政治上采取的主要方式，是控制中国政府，操纵中国的内政、外交，把中国当权者变成自己的代理人和驯服工具。

1. 控制中国的内政、外交。资本-帝国主义列强对中国政治的控制是逐步实现的。在鸦片战争时期，外国侵略者还只是通过中国内部的妥协派贵族大臣来对清政府施加压力和影响。第二次鸦片战争期间，英法迫使清政府签订了允许外国公使常驻北京的《天津条约》，外国公使可以在北京直接向中国政府发号施令。资本-帝国主义列强在中国还享有领事裁判权。把持中国海关，是外国侵略者控制中国政治的重要手段之一。英国人赫德自 1863 年任总税务司开始，直到 1908 年回国，掌握中国海关大权达 40 余年之久。

2. 镇压中国人民的反抗。资本-帝国主义列强还勾结清政府镇压中国人民的反侵略反封建斗争。为了镇压太平天国起义，他们不但向清政府供应军火、船只，而且派外国军官组织并指挥"洋枪队"，甚至直接动用陆海军，对太平军作战。1899 年，义和团运动在山东兴起后，美国公使康格公开要求清政府派所谓"强有力"的人物袁世凯去山东进行镇压。

3. 扶植、收买代理人。为了控制中国的政治，把中国政府变成自己的驯服工具，资本-帝国主义列强特别注意在中国政府中扶植、收买自己的代理人。第二次鸦片战争之后，得到列强支持的奕䜣、文祥等满族贵族掌握了负责对外交涉的总理各国事务衙门。慈禧太后在《辛丑条约》签订前夕，甚至表示要"量中华之物力，结与国之欢心"。清末，帝国主义列强支持袁世凯篡夺辛亥革命果实，建立北洋军阀政权。

三、经济掠夺

资本-帝国主义列强对中国进行经济侵略的方式，除了强迫中国支付巨额的战争赔款外，主要是利用清政府与之签订的不平等条约赋予的特权，进一步扩大对中国的商品倾销和资本输出，进行掠夺和榨取，逐步把中国卷入资本主义的世界市场。

1. 控制中国的通商口岸。在众多通商口岸里，外国人倚仗不平等条约享有种种特权，控制当地的工商、金融事业，甚至设立租界，实行殖民统治。这些通商口岸大多成了资本-帝国主义列强在中国进行经济侵略的基地。

2. 剥夺中国的关税自主权。关税自主权是国家重要的经济主权。从 19 世纪 50 年代起，外国人逐步控制了中国海关的行政权。中国海关不仅不能起抵制外国商品倾销、保护民族经济的作用，反而成为外国对中国进行经济侵略和政治控制的一个重要工具。

3. 实行商品倾销和资本输出。资本-帝国主义列强凭借不平等条约所赋予的种种特权，把中国变成了它们倾销商品的市场和取得廉价原料的基地。这些都是在中国丧失了独立主权因而处于与外国不平等地位情况下进行的。

4. 操纵中国的经济命脉。在半殖民地半封建社会的条件下，中国不可能在独立的基础上与外国发生经济往来。资本-帝国主义列强同中国发生经济关系，不是为了推动中国经济的发展，而是为了控制中国的经济，为自身获取最大限度的利润。

总之，资本-帝国主义列强的入侵，使中国在经济上也丧失了独立性，中国被纳入资本主义的世界经济体系，成了西方大国的经济附庸。除了沿海、沿江少数城市的经济得到畸形繁荣以外，中国广大地区特别是农村的经济都濒临破产。外国帝国主义和中国封建主义的联合统治，导致了近代中国经济的落后和人民的贫困。

四、文化渗透

资本-帝国主义列强对中国进行文化渗透的目的，是宣扬殖民主义奴化思想，麻醉中国人民的精神，摧毁中国人的民族自尊心和自信心。

1. 披着宗教外衣，进行侵略活动。资本-帝国主义的文化渗透活动，有许多是披着宗教外衣、在传教的名义下进行的。一部分西方传教士积极参与了对中国的侵略活动。

2. 为侵略中国制造舆论。外国教会中的某些势力还利用宣传宗教和西学的名义,为资本-帝国主义侵略制造舆论。帝国主义者为了制造侵略有理的舆论,还大肆宣扬"种族优劣论"。19世纪末,欧美帝国主义者还炮制了所谓"黄祸论",即中国威胁论。

第二节　抵御外国武装侵略　争取民族独立的斗争

一、反抗外来侵略的斗争历程

1. 人民群众的反侵略斗争。1841年5月,三元里人民的抗英斗争,是中国近代史上中国人民第一次大规模的反侵略武装斗争,显示了中国人民不甘屈服和敢于斗争的英雄气概。太平天国农民战争后期,太平军曾多次重创英、法侵略军和外国侵略者指挥的洋枪队"常胜军""常捷军"。1895年《马关条约》签订后,在日本统治台湾的半个世纪里,台湾人民反抗日本侵略者的斗争从未间断过。1900年八国联军侵华时,义和团及部分清军与之展开殊死战斗。

2. 爱国官兵的反侵略斗争。鸦片战争期间,广东水师提督关天培、江南提督陈化成、副都统海龄,英勇抗敌而牺牲。第二次鸦片战争期间,提督史荣椿、乐善以身殉国。中法战争期间,老将冯子材率部勇猛冲杀,大败法军,取得镇南关大捷。中日甲午战争期间,致远舰管带(舰长)邓世昌、经远舰管带林永升等,都以身殉国。

二、粉碎瓜分中国的图谋

1. 边疆危机和瓜分危机。帝国主义侵略中国的最终目的,是要瓜分中国、灭亡中国。19世纪70年代至90年代,自由竞争的资本主义向垄断资本主义即帝国主义过渡,出现了列强夺取殖民地的狂潮。因此,列强展开了对中国的激烈争夺,并酝酿着瓜分中国的阴谋计划。19世纪70年代至80年代,列强从侵占中国周边邻国发展到蚕食中国边疆地区,使中国陷入"边疆危机"。帝国主义列强对中国的争夺和瓜分的图谋,在1894年中日甲午战争爆发后达到高潮。1900年八国联军侵华战争期间,欧美报刊纷纷公开讨论如何瓜分中国。

2. 义和团运动与列强瓜分中国图谋的破产。帝国主义列强并没有能够实现瓜分中国的图谋的一个重要原因,是帝国主义列强之间的矛盾和互相制约。

列强经过反复争吵、协商,最后认定,保全清政府为其共同的统治工具,实行"以华治华",对自己更为有利。而最根本的原因是中华民族进行的不屈不挠的反侵略斗争。在义和团反帝爱国运动时期,中国人民以其不畏强暴、敢与敌人血战到底的英雄气概,打击和教训了帝国主义者,使它们不敢为所欲为地瓜分中国。所以,正是包括义和团在内的中华民族为反抗侵略所进行的前赴后继、视死如归的战斗,才粉碎了帝国主义列强灭亡和瓜分中国的图谋。

第三节 反侵略战争的失败与民族意识的觉醒

一、反侵略战争的失败及其原因

从1840年至1919年的80年间,中国人民对外来侵略进行了英勇顽强的反抗,这些斗争具有重大的历史作用。但是,历次的反侵略战争,都以中国失败、中国政府被迫签订丧权辱国的条约而告结束的。其原因,从中国内部因素来分析,主要有两个方面:一是社会制度的腐败,二是经济技术的落后,而前者是更根本的原因。正是由于社会制度的腐败,才使得经济技术落后的状况长期得不到改变。

1. 社会制度的腐败。统治中国的清王朝,从皇帝到权贵,大都昏庸愚昧,不了解世界大势,不懂得御敌之策。许多官员贪污腐化,克扣军饷。不少将帅贪生怕死,临阵脱逃。他们大多害怕拥有坚船利炮的外国侵略者,甚至为了自身的私利,不惜出卖国家和民族的利益。他们尤其害怕人民群众,担心人民群众动员起来以后可能危及自身的统治,所以,常常压制与破坏人民群众和爱国官兵的反侵略斗争。正是腐败的中国半殖民地半封建的社会制度,阻碍了中国人民群众的广泛动员和抵抗,这是近代中国反侵略战争屡遭失败的最重要的原因。

2. 经济技术的落后。近代中国反侵略战争失败的另一个重要原因,是国家综合实力特别是经济技术和作战能力的落后。19世纪中叶,西方资本主义强国经过工业革命,经济和技术飞速发展,封建的中国已被远远抛在后面。在鸦片战争中,虽然中国军队在总兵力上占优势,但在局部战役、战场上并不占优势。加上军队素质、武器装备等诸多方面的劣势,中国军队的综合实力、战斗能力远远低于英军。这是中国军队在战场上节节失败的重要原因,其他反侵略战争也有类似的情况。

二、民族意识的觉醒

外国资本-帝国主义的侵略给中华民族带来了巨大的历史灾难。但是,列强发动的侵华战争以及中国反侵略战争的失败,从反面教育了中国人民,极大地促进了中国人的思考、探索和奋起。鸦片战争以后,先进的中国人开始睁眼看世界了;中日甲午战争以后,中国人民的民族意识开始普遍觉醒。

1. "师夷长技以制夷"的主张和早期的维新思想。受到鸦片战争失败的强烈刺激,中国官吏和知识分子中少数爱国的有识之士,开始注意了解国际形势,研究外国史地,总结失败教训,寻找救国的道路和御敌的方法。林则徐是近代中国睁眼看世界的第一人。在《海国图志》中,魏源提出了"师夷长技以制夷"的思想,主张学习外国先进的军事和科学技术,以期富国强兵,抵御外国侵略。19世纪70年代以后,王韬、薛福成、马建忠、郑观应等人不仅主张学习西方的科学技术,同时也要求吸纳西方的政治、经济学说。他们的共同特点,就是具有比较强烈的反对外国侵略、追求中国独立富强的爱国思想,以及具有一定程度反对封建专制的民主思想。

2. 救亡图存和振兴中华。甲午战争以后,当中华民族面临生死存亡的关头时,中国人才开始有了普遍的民族意识的觉醒。康有为在保国会的演说中将民族意识表达得淋漓尽致。严复在《救亡决论》一文中响亮地喊出了"救亡"的口号,在《天演论》中用"物竞天择""适者生存"的社会进化论思想,为这种危机意识和民族意识提供了理论依据。孙中山创立革命团体兴中会,喊出了"振兴中华"这个时代的最强音。中国的志士仁人正是怀着强烈的忧患意识和变革意识,历尽千辛万苦,不怕流血牺牲,去探索挽救中华民族危亡、实现民族复兴的道路的。

习题训练

一、单项选择题

1. 西方列强对中国的侵略,首先和主要的是进行(　　)。
   A. 政治控制　　　　　　　　B. 军事侵略

C. 经济掠夺　　　　　　　　D. 文化渗透

2. 利用第二次鸦片战争的机会掠夺中国领土最多的国家是(　　)。
   A. 美国　　　　　　　　　B. 英国
   C. 俄国　　　　　　　　　D. 法国

3. 日本迫使清政府签订的割让台湾的不平等条约是(　　)。
   A.《南京条约》　　　　　　B.《北京条约》
   C.《马关条约》　　　　　　D.《瑷珲条约》

4. 资本-帝国主义列强在中国设立的最早的租界是(　　)。
   A. 广州法租界　　　　　　B. 汉口俄租界
   C. 上海英租界　　　　　　D. 天津日租界

5. 帝国主义列强获得在中国领土上驻兵的特权是通过(　　)。
   A.《南京条约》　　　　　　B.《北京条约》
   C.《马关条约》　　　　　　D.《辛丑条约》

6. 第二次鸦片战争时,洗劫和烧毁圆明园的是(　　)。
   A. 日本侵略军　　　　　　B. 俄国侵略军
   C. 英法联军　　　　　　　D. 八国联军

7. 外国列强通过公使驻京直接向中国政府发号施令是在(　　)。
   A. 第一次鸦片战争《南京条约》签订后
   B. 甲午战争《马关条约》签订后
   C. 第二次鸦片战争《天津条约》签订后
   D. 中法战争《中法和约》签订后

8. 外国侵略者控制中国政治的重要手段之一是(　　)。
   A. 赔款　　　　　　　　　B. 把持中国海关
   C. 制造舆论　　　　　　　D. 进行宗教宣传

9. 外国资本在近代中国开设的第一家银行是(　　)。
   A. 美国花旗银行　　　　　B. 英国丽如银行
   C. 德国德华银行　　　　　D. 美国花旗银行

10. 基督教在中国设立的最大出版机构广学会所发行的报刊是(　　)。
    A.《中国丛报》　　　　　　B.《北华捷报》
    C.《字林西报》　　　　　　D.《万国公报》

11. 中国近代史上人民群众第一次大规模的反侵略武装斗争是(　　)。

　　A. 三元里人民的抗英斗争　　　　B. 太平天国的抗击洋枪队斗争

　　C. 台湾高山族人民的抗美斗争　　D. 义和团的抗击八国联军斗争

12. 指挥清军在中越边境取得镇南关大捷的是(　　)。

　　A. 冯子材　　　　　　　　　　　B. 邓廷桢

　　C. 林则徐　　　　　　　　　　　D. 李鸿章

13. 帝国主义列强掀起瓜分中国的狂潮是在(　　)。

　　A. 中日甲午战争爆发后　　　　　B. 第一次鸦片战争爆发后

　　C. 八国联军战争爆发后　　　　　D. 第二次鸦片战争爆发后

14. 在近代,帝国主义列强不能灭亡和瓜分中国的最根本原因是(　　)。

　　A. 帝国主义列强之间的矛盾和妥协

　　B. 洋务派开展"自强""求富"运动

　　C. 民族资产阶级发动的民主革命

　　D. 中华民族进行的不屈不挠反侵略斗争

15. 从1840年至1919年的80年间,中国在历次反侵略战争中失败的根本原因是(　　)。

　　A. 社会制度的腐败　　　　　　　B. 军事技术的落后

　　C. 西方列强的强大　　　　　　　D. 经济力量的薄弱

16. 在近代,"中国不败而败"的战争是指(　　)。

　　A. 中日甲午战争　　　　　　　　B. 鸦片战争

　　C. 中法战争　　　　　　　　　　D. 第二次鸦片战争

17. 被称为近代中国睁眼看世界第一人的是(　　)。

　　A. 林则徐　　　　　　　　　　　B. 魏源

　　C. 龚自珍　　　　　　　　　　　D. 郑观应

18. 1839年组织编写成《四洲志》,向中国人介绍西方情况的是(　　)。

　　A. 林则徐　　　　　　　　　　　B. 魏源

　　C. 马建忠　　　　　　　　　　　D. 郑观应

19. 魏源在《海国图志》中提出的重要思想是(　　)。

　　A. 师夷长技以制夷　　　　　　　B. 中学为体、西学为用

　　C. 救亡图存和振兴中华　　　　　D. 物竞天择、适者生存

20. 在甲午战争后,宣传"物竞天择""适者生存"社会进化论思想的是( )。
   A. 严复翻译的《天演论》　　　B. 郑观应撰写的《盛世危言》
   C. 冯桂芬撰写的《校邠庐抗议》　D. 魏源编撰的《海国图志》

21. 在1894年发出"振兴中华"这一时代最强音的是( )。
   A. 梁启超　　　　　　　　　　B. 孙中山
   C. 康有为　　　　　　　　　　D. 郑观应

二、多项选择题

1. 近代以来,外国列强攻入北京的侵华战争有( )。
   A. 第二次鸦片战争　　　　　　B. 中日甲午战争
   C. 中法战争　　　　　　　　　D. 八国联军侵华

2. 英国和法国在第二次鸦片战争期间迫使清政府签订的不平等条约有( )。
   A.《天津条约》　　　　　　　B.《北京条约》
   C.《瑷珲条约》　　　　　　　D.《辛丑条约》

3. 资本-帝国主义列强对近代中国在政治上进行统治所采取的主要手段是( )。
   A. 控制中国的内政、外交　　　B. 镇压中国人民的反抗
   C. 扶植、收买代理人　　　　　D. 建立全面控制中国的殖民机构

4. 1842年,中英《南京条约》规定开放的通商口岸包括( )。
   A. 广州　　　　　　　　　　　B. 南京
   C. 上海　　　　　　　　　　　D. 宁波

5. 资本-帝国主义列强对近代中国进行经济侵略的方式包括( )。
   A. 操纵中国的经济命脉　　　　B. 控制中国的通商口岸
   C. 剥夺中国的关税自主权　　　D. 实行商品倾销和资本输出

6. 到19世纪90年代,外国在中国通商口岸开设的规模较大的洋行有( )。
   A. 英国的怡和洋行　　　　　　B. 英国的太古洋行
   C. 德国的礼和洋行　　　　　　D. 美国的旗昌洋行

7. 近代以来，在中国开办银行或设立分行的国家，除英国外还有（　　）。

　　A. 日本　　　　B. 德国　　　　C. 俄国　　　　D. 美国

8. 资本-帝国主义列强对中国进行文化渗透的目的是（　　）。

　　A. 宣扬殖民主义奴化思想

　　B. 麻醉中国人民的精神

　　C. 摧毁中国人的民族自尊心和自信心

　　D. 传播西方文明

9. 在第一次鸦片战争期间，为抗击英国的侵略而以身殉国的爱国将领包括（　　）。

　　A. 关天培　　　　　　　　B. 陈化成

　　C. 海龄　　　　　　　　　D. 邓世昌

10. 中日《马关条约》签订后，参与干涉还辽的国家有（　　）。

　　A. 德国　　　　B. 俄国　　　　C. 英国　　　　D. 法国

11. 八国联军统帅瓦德西所发出的"故瓜分一事，实为下策"表明（　　）。

　　A. 帝国主义列强瓜分中国的计划破产

　　B. 帝国主义列强无奈地放弃灭亡中国的计划

　　C. 帝国主义列强不得不调整侵华政策

　　D. 帝国主义列强认识到了中国人民具有不屈不挠的斗志

12. 在《海国图志》中，魏源提出了（　　）。

　　A. "师夷长技以制夷"的思想

　　B. 学习外国先进的军事和科学技术的主张

　　C. "中学为体、西学为用"的思想

　　D. 同西方国家进行"商战"的主张

13. 在下列关于林则徐、魏源等的评述中，正确的是（　　）。

　　A. 都是地主阶级开明知识分子

　　B. 其思想都带有鲜明的时代特点

　　C. 都主张放眼世界，探索救国之路

　　D. 都未能完全冲破封建思想的牢笼

14. 19世纪70年代以后，主张学习西方科学技术和吸纳西方政治、经济学说的有（　　　　）。
   A. 王韬　　　　B. 薛福成　　　　C. 马建忠　　　　D. 郑观应

15. 郑观应在《盛世危言》中提出的主张有（　　　　）。
   A. 大力发展民族工商业　　　　B. 同西方国家进行"商战"
   C. 设立议院　　　　　　　　　D. 实行"君民共主"制度

三、辨析题

1. 即便没有林则徐领导的禁烟运动，英国也会寻找其他借口发动侵华战争。
2. 近代中国社会贫穷落后的根源是中国资本主义未能得到充分发展。
3. 帝国主义列强之间的矛盾决定了瓜分中国图谋的破产。

四、简答题

1. 帝国主义列强没有能够实现瓜分中国图谋的原因。
2. 中国近代历次反侵略战争失败的主要原因。

五、论述题

1. 资本-帝国主义的入侵给近代中国带来的历史影响。
2. 近代中国进行的反侵略战争的重要意义。

参考答案

一、单项选择题

1. B　2. C　3. C　4. C　5. D　6. C　7. C　8. B　9. B　10. D　11. A　12. A
13. A　14. D　15. A　16. C　17. A　18. A　19. A　20. A　21. B

二、多项选择题

1. AD　2. AB　3. ABC　4. ACD　5. ABCD　6. ABCD　7. ABCD　8. ABC
9. ABC　10. ABD　11. ABCD　12. AB　13. ABCD　14. ABCD　15. ABCD

三、辨析题

1. 正确。因为对外侵略是一切帝国主义的本质特征,掠夺是一切资产阶级的生存原则。在西方资本主义发展时期,中国清政府实行闭关自守政策,西方资产阶级为了寻找更为广阔的殖民地市场,必然要寻找各种借口发动侵略战争,以便打开掠夺中国的大门。战争是帝国主义政策的继续。

2. 错误。近代中国社会贫穷落后的根源是帝国主义和封建主义的统治和压迫。帝国主义和封建主义相互勾结,残酷地镇压人民的反抗斗争,完全剥夺了中国人民的民主自由权利,严重阻碍了中国社会的进步;帝国主义和封建主义的压迫,阻碍了中国民族资本主义的发展,使中国未能走上独立发展资本主义的道路;帝国主义和封建主义的残酷压迫和剥削也阻滞了人民发展生产的可能性。

3. 错误。帝国主义列强之间的矛盾和互相制约,只是瓜分中国图谋破产的一个重要原因。帝国主义列强不能灭亡和瓜分中国,最根本的原因是中华民族进行的不屈不挠的反侵略斗争。在义和团反帝爱国运动时期,中国人民以其不畏强暴、敢与敌人血战到底的英雄气概,打击和教训了帝国主义者,使它们不敢为所欲为地瓜分中国。所以,正是包括义和团在内的中华民族为反抗侵略所进行的前赴后继、视死如归的战斗,才从根本上粉碎了帝国主义列强灭亡和瓜分中国的图谋。

四、简答题

1. 帝国主义列强不能灭亡和瓜分中国,一个重要原因是帝国主义列强之间的矛盾和互相制约。列强经过反复争吵、协商,最后认定,还是暂缓瓜分中国,而采取保全清政府为其共同的统治工具,实行"以华治华",对自己更为有利。最根本的原因,是中华民族进行的不屈不挠的反侵略斗争。在义和团反帝爱国运动时期,中国人民以其不畏强暴、敢与敌人血战到底的英雄气概,打击和教训了帝国主义者,使它们不敢为所欲为地瓜分中国。所以,正是包括义和团在内的中华民族为反抗侵略所进行的前赴后继、视死如归的战斗,才从根本上粉碎了帝国主义列强灭亡和瓜分中国的图谋。

2. 从1840年至1919年,中国人民对外来侵略进行了英勇顽强的反抗。但是,历次的反侵略战争都以中国失败而告结束,其主要原因是:第一,社会制度的腐败。正是腐败的中国半殖民地半封建的社会制度,阻碍了中国人民群众的广泛动员和组织,这是近代中国反侵略战争屡遭失败的最重要的原因。第二,经济技术的落后。经济和科学技术的落后,国家综合实力弱,是近代中国反侵略战争失败的另一个重要原因。在这两个主要原因中,第一个原因是根本原因。

五、论述题

1. 资本-帝国主义的入侵给近代中国带来了严重的灾难:① 军事侵略。资本-帝国主义列强对中国的侵略,首先和主要的是进行军事侵略。发动侵略战争,屠杀中国人民;侵占中国领土,划分势力范围;勒索赔款,抢劫财富。② 政治控制。为了统治中国,资本-帝国主义列强在政治上采取的主要方式是控制中国政府,操纵中国的内政、外交,把中国当权者变成自己的代理人和驯服工具。资本-帝国主义列强通过军事侵略和不平等条约,控制中国的内政、外交,享有领事裁判权,把持中国海关,镇压中国人民的反抗,扶植、收买代理人。③ 经济掠夺。资本-帝国主义列强控制中国通商口岸,剥夺中国关税自主权,对华倾销商品和资本输出,并逐渐操纵中国经济命脉。④ 文化渗透。资本-帝国主义列强利用宗教进行侵略活动,鼓吹"侵略有功论""种族优劣论",为侵略中国制造舆论。所以,资本-帝国主义对中国的侵略和本国封建势力对人民的压迫,是近代中国落后、贫困的根本原因。

列强发动的侵华战争以及中国反侵略战争的失败,从反面教育了中国人民,极大地促进了中国人的思考、探索和奋起。鸦片战争以后,先进的中国人开始睁眼看世界了;中日甲午战争以后,中国人民的民族意识开始普遍觉醒。

2. 中国近代史就是一部资本主义列强侵略中国与中国人民反侵略、争取民族解放的斗争史。① 近代中国人民的反侵略战争,沉重打击了帝国主义的侵华野心,粉碎了它们瓜分中国和把中国变成完全殖民地的图谋。帝国主义列强一次次对中国发动侵略战争,但每一次侵略都遭到中国人民的反抗。中国人民的英勇斗争,表现了中国人民不屈不挠的爱国主义斗争精神。外国侵略者虽然可以强迫清政府签订一个又一个不平等条约,但是却始终无法把中国变成他们的完全的殖民地。尤其是甲午战争以后,在瓜分危机的严重关头,中国各阶层人民救亡图存的努力探索和奋起抗争,使侵略者看到了中国人民中不甘屈服的伟大力量,不得不放弃了瓜分中国的计划。② 近代中国人民的反侵略战争教育了中国人民,激励中国人民奋起直追,大大提高了中国人民的民族觉醒意识。帝国主义的侵略给中华民族带来了巨大灾难,但没有哪一次巨大的历史灾难不是以历史的进步作为补偿的。列强发动的侵华战争以及中国人民反侵略战争的失败,从反面教育了中国人民,极大地促进了中国人的思考、探索和奋起。

阅读思考

一

材料1:我国从十九世纪四十年代起,到二十世纪四十年代中期,共计一百零五年时间,全世界几乎一切大中小帝国主义国家都侵略过我国,都打过我们,除了最后一次,即抗日战争,由于国内外各种原因以日本帝国主义投降告终以外,没有一次战争不是以我国失败、签订丧权辱国条约而告终。

——摘自毛泽东:《把我国建设成为社会主义的现代化强国》(1963 年 9 月),cpc. people. com. cn/GB/64184/64185/189968/11568326. html。

材料 2:中国经济技术落后能决定中国在反侵略战争中必败吗?不可否认,经济技术水平在战争中的作用是十分重要的,但是,绝不能把它夸大为决定战争胜负的唯一因素。战争不是单纯的经济技术水平的竞赛,而是包括人力、物力在内的各种实力的综合较量。仅就物力而言,一个国家物力雄厚与否也不仅决定于经济技术水平(虽然经济技术水平是很重要的因素),它还与国家大小、自然资源条件以及财政经济制度等等有密切关系。而且,战争的胜负并不是机械地取决于双方实力的对比,还在很大程度上取决于双方的实力发挥得如何。而实力发挥的状况则取决于人心的向背、政治领导和军事领导是否正确和强有力等等因素。

——摘自林华国:《评中国近代史研究中的一些重大分歧》,《高校理论战线》2006 年第 3 期。

问题 1:资本-帝国主义对近代中国进行侵略的目的和手段是什么?

问题 2:怎样理解资本-帝国主义侵略、压迫中国人民的过程,也是中国人民反抗它们的侵略、压迫的过程?

问题 3:1840 年至 1919 年间,中国的历次反侵略战争遭遇失败的主要原因是什么?

二

材料 1:封建官僚和地主阶级知识分子中有一些人在鸦片战争的刺激下感到为了认真对付西方来的陌生人,必须对他们有一番切实的了解,因而开始寻求有关世界各国的新知识。

第一个这样做的是林则徐,他在道光十九年到二十年在广州时找人翻译了一些外国书报上的材料,他除利用一部分材料写成了一卷《四洲志》外,又把这些材料给了他的朋友魏源。……魏源和徐继畲的著作是在中国系统地介绍世界各国——特别是西方各国的历史和地理情形的最早的两部书。

——摘自胡绳:《从鸦片战争到五四运动》(上),人民出版社 1997 年版,第 74 页。

材料2：在鸦片战争的整个过程中里，中国以中世纪的武器、中世纪的政府、中世纪的社会来对付近代化的敌人。战争以严酷的事实暴露了这种差距，促使一批爱国知识分子在比较中思考。

——摘自陈旭麓：《近代中国社会的新陈代谢》，上海人民出版社1992年版，第65页。

问题1：在近代中国，民族意识的觉醒是在什么历史背景下开始的？

问题2：从鸦片战争到辛亥革命，先进的中国人相继提出了哪些主张？

问题3：进入近代后，中国人民民族意识的觉醒经历了怎样的过程？

第二章 对国家出路的早期探索

内容概述

第一节 农民群众斗争风暴的起落

一、太平天国农民战争

1. 金田起义和太平天国的建立。鸦片战争后,封建地主阶级与农民阶级矛盾的日益尖锐化。残酷的压迫和剥削,迫使广大人民尤其是农民阶级走上反抗斗争的道路。1843年,洪秀全创立了拜上帝教,并利用它发动和组织群众。1851年1月,洪秀全率拜上帝教教众在广西桂平县金田村发动起义,建号太平天国。1853年3月,占领南京,定为首都,改名天京,正式宣告太平天国农民政权的建立。到1856年上半年,除北伐失利外,太平军在湖北、江西、安徽和天京附近等战场都取得了重大胜利,控制了大片地区,达到了军事上的全盛时期。

2.《天朝田亩制度》和《资政新篇》。《天朝田亩制度》颁布于1853年冬,是最能体现太平天国社会理想和这次农民战争特点的纲领性文件。它确立了平均分配土地的方案。太平天国领导人希望通过施行这个方案,建立"有田同耕,有饭同食,有衣同穿,有钱同使,无处不均匀,无处不饱暖"的理想社会。所以,《天朝田亩制度》实际上是起义农民提出的一个以解决土地问题为中心的比较完整的社会改革方案。《天朝田亩制度》的主张,从根本上否定了封建社会的基础即封建地主的土地所有制,体现了广大农民要求平均分配土地的强烈愿望,具有进步意义。不过,它并没有超出农民小生产者的狭隘眼界。它所描绘的理想天国,具有不切实际的空想的性质。实际上,《天朝田亩制度》中平分土地方案即使在太平军占领地区也并未能付诸实行。《资政新篇》是太平天国后期颁布的社会发展方案。其主要内容是:在政治方面,主张"禁朋党之弊",加强中央集权,并学习西方,制定法律、制度。在经济方面,主张发展近代工矿、交通、邮政、银行等事业,奖励科技发明和机器制造。在文化方面,建议设立新闻馆,破除陈规陋俗,提倡兴办学校、医院和社会福利事业。在外交方面,主张同外国平等交往、自由通商,"与番人并雄",但严禁鸦片输入,强调外人不得干涉天朝内政。《资政新篇》是一个具有鲜明资本主义色彩的方案。但是限于当时的历史条件,未能付诸实施。

3. 从天京事变到太平天国败亡。太平天国起义者们想要建立一个以"天王"为首的农民政权。但是,在以小农业和家庭手工业相结合的分散的小生产的基础上,虽然可以建立暂时的劳动者政权,但它最终还是会向封建专制政权演变的。在太平军取得重大胜利的同时,太平天国内部潜在的矛盾和弱点也日益明显地暴露出来。1856年发生的天京事变严重地削弱了太平天国的领导和军事力量,成为太平天国由盛转衰的分水岭。1864年6月,洪秀全病故。7月,天京被湘军攻破。太平天国起义失败。

二、农民斗争的意义和局限

1. 太平天国起义的历史意义。第一,太平天国起义沉重打击了封建统治阶级,强烈撼动了清政府的统治根基。在太平天国的影响下,各地各族人民反清斗争风起云涌。第二,太平天国起义是中国旧式农民战争的最高峰。它把千百年来农民对拥有土地的渴望在《天朝田亩制度》中比较完整地表达了出来。《资政新篇》则是中国近代历史上第一个比较系统的发展资本主义的方案。这反映了太平天国某些领导人在后期试图通过向外国学习来寻求出路的一种努力。第三,太平天国起义冲击了孔子和儒家经典的正统权威。这在一定程度上削弱了封建统治的精神支柱。第四,太平天国起义有力地打击了外国侵略势力。第五,在19世纪中叶的亚洲民族解放运动中,太平天国起义是其中时间最久、规模最大、影响最深的一次,它和其他亚洲国家的民族解放运动汇合在一起,冲击了西方殖民主义在亚洲的统治。

2. 太平天国农民起义失败的原因和教训。从主观方面看,农民阶级不是新的生产力和生产关系的代表,无法克服阶级的局限性,因而无法从根本上提出完整的、正确的政治纲领和社会改革方案,无法制止和克服领导集团自身腐败现象的滋生,也无法长期保持领导集团的团结。太平天国依靠的拜上帝教教义,不仅不能正确指导斗争,而且给农民战争带来了危害。太平天国也未能正确地对待儒学。太平天国不能把西方国家的侵略者与人民群众区别开来。从客观方面看,中外反动势力勾结起来,联合镇压了太平天国。太平天国起义及其失败表明,在半殖民地半封建的中国,农民具有伟大的革命潜力,但它自身不能担负起领导反帝反封建斗争取得胜利的重任,单纯的农民战争不可能完成争取民族独立和人民解放的历史任务。

第二节 洋务运动的兴衰

一、洋务事业的兴办

洋务运动是在19世纪60年代初清政府镇压太平天国起义的过程中和第二次鸦片战争结束后兴起的。为了挽救清政府的统治危机,封建统治阶级中的部分成员如奕䜣、曾国藩、李鸿章、左宗棠、张之洞等,主张引进、仿造西方的武器装备和学习西方的科学技术,创设近代企业,兴办洋务。这些官员被称为"洋务派"。对洋务派兴办洋务事业的指导思想最先作出比较完整表述的是冯桂芬。这个思想后来被进一步概括为"中学为体,西学为用",即以中国封建伦理纲常所维护的统治秩序为主体,用西方的近代工业和技术为辅助,并以前者来支配后者。从19世纪60年代到90年代,洋务派举办的洋务事业归纳起来有三方面:

1. 兴办近代企业。洋务派首先兴办的是军用工业。其中规模较大的有:曾国藩支持、李鸿章筹办的上海江南制造总局,李鸿章在南京设立的金陵机器局,左宗棠在福建创办的福州船政局,崇厚创办的天津机器局,张之洞在汉阳创办的湖北枪炮厂。从19世纪70年代开始,洋务派还兴办一些民用企业,多数都采取官督商办的方式。其中最重要的有:轮船招商局、开平矿务局、天津电报局和上海机器织布局。它们基本上是资本主义性质的近代企业。

2. 建立新式海陆军。19世纪60年代,京师和天津等地的军队纷纷改用洋枪、洋炮,聘用外国教练。到19世纪90年代,分别建成福建水师、广东水师、南洋水师、北洋水师。

3. 创办新式学堂,派遣留学生。从19世纪60年代到90年代,创办新式学堂30多所,主要有三种:一是翻译学堂,主要培养翻译人才;二是工艺学堂,主要培养电报、铁路、矿务、西医等专门人才;三是军事学堂,主要培养新式海军人才。在创办新式学堂的同时,还先后派遣赴美幼童及官费赴欧留学生200多人。

二、洋务运动的历史作用及失败

1. 洋务运动的历史作用。洋务派继承了魏源"师夷长技以制夷"的思想,提出"自强""求富"的主张,通过所掌握的国家权力集中力量优先发展军事工业,同时也试图"稍分洋商之利",发展若干民用企业,在客观上对中国的早期工业和民族资本主义的发展起了某些促进作用。但是,洋务派兴办洋务新政,主要是为了维护封建统治,并不是要使中国朝着独立的资本主义方向发展。洋务运动时期,为了培养通晓洋务的人才,开办了一批新式学堂,派出了最早的官派留学生,这是中国近代教育的开始。与此同时,还翻译了一批近代自然科学书籍,给当时的中国带来了新的知识,使人们开阔了眼界。洋务运动时期,伴随着资本主义生产方式的出现,传统的"重本抑末"等观念受到冲击,社会风气和价值观念开始变化,工商业者的地位上升。

2. 洋务运动失败的原因。洋务运动历时30多年,虽然办起了一批企业,建立了海军,却没有使中国富强起来。甲午战争一役,洋务派经营多年的北洋海军全军覆没,标志着以"自强""求富"为目标的洋务运动的失败。其原因主要是:首先,洋务运动具有封建性。洋务运动的指导思想是"中学为体,西学为用",洋务派企图以吸取西方近代生产技术为手段,来达到维护和巩固中国封建统治的目的,这就决定了它必然失败的命运。其次,洋务运动对列强具有依赖性。西方列强依据种种特权,从政治、经济等各方面加紧对中国的侵略和控制,它们并不希望中国真正富强起来,而洋务派处处依赖外国,企图以此来达到"自强""求富"的目的,无异于与虎谋皮。最后,洋务企业的管理具有腐朽性。洋务派所创办的新式企业虽然具有一定的资本主义性质,但其管理基本上仍是封建衙门式的。企业内部极其腐败,充斥着营私舞弊、贪污受贿、挥霍浪费等官场恶习。

第三节 维新运动的兴起和夭折

一、戊戌维新运动的开展

1. 维新派倡导救亡和变法的活动。19世纪90年代以后,中国民族资本主义有了初步发展。新兴的民族资产阶级迫切要求挣脱外国资本主义和国内封建势力的压迫和束缚,为在中国发展资本主义开辟道路。甲午战争的惨败,激发了新的民族觉醒。资产阶级的改良思想迅速传播,逐步形成为变法维新思潮,并发展成一场变法维新的政治运动。以康有为、梁启超、谭嗣同、严复等为主要代表人物的资产阶级维新派,采取了下列行动宣传维新主张:① 向皇帝上书;② 著书立说;③ 介绍外国变法的经验教训;④ 办学会;⑤ 设学堂;⑥ 办报纸。维新派以各种方式宣传变法维新主张,制造维新舆论,培养变法骨干,组织革新力量,而重点则放在争取光绪皇帝及其周围的帝党官员的支持上,希望通过他们自上而下地实行变法。

2. 维新派与守旧派的论战。维新派和守旧派之间的论战主要围绕三个问题展开:① 要不要变法;② 要不要兴民权、设议院,实行君主立宪;③ 要不要废八股、改科举和兴西学。维新派与守旧派的这场论战,实质上是资产阶级思想与封建主义思想在中国的第一次正面交锋。论战所涉及的领域十分广泛,进一步开阔了新型知识分子的眼界,解放了人们长期受到束缚的思想。通过论战,西方资产阶级社会政治学说在中国得到进一步的传播,戊戌变法运动的帷幕随之拉开。

3. 昙花一现的百日维新。1898年6月11日,光绪皇帝颁布了"明定国是"谕旨,宣布开始变法。在此后的103天里,他接连发布了一系列推行新政的政令,史称"百日维新"。其主要内容包括几个方面:① 政治方面;② 经济方面;③ 军事方面;④ 文化教育方面。

"百日维新"期间颁布的各项政令大多是接受了维新派的建议而制定的,旨在开放一定程度的言论、出版、结社自由,使资产阶级享受一定程度的政治权利,促进资本主义工商业的发展,因此,戊戌维新是一场资产阶级性质的改良运动。但是,在光绪皇帝发布的新政诏令中,并没有采纳维新派多次提出的开国会等政治主张。这些政令和措施并未触及封建制度的根本,所要推行的是一种十分温和的不彻底的改革方案。

维新派试图通过光绪皇帝推行的改革方案,遭到了封建守旧势力的激烈反对。经过密谋策划,守旧势力于1898年9月21日发动政变,慈禧太后以"训政"的名义,重新独揽大权,将光绪皇帝软禁于中南海瀛台,同时下令搜捕维新人士。9月28日,谭嗣同等6人同遭杀害,史称"戊戌六君子"。1898年的"百日维新"如同昙花一现,只经历了103天就夭折了。除京师大学堂(北京大学的前身)被保留下来以外,其余新政措施大都被废除,维新派人士和参与或同情变法的官员,或被囚禁,或被革职,或遭放逐。以慈禧太后为首的保守势力扼杀维新变法的政变,史称"戊戌政变"。戊戌维新运动宣告失败。

二、戊戌维新运动的意义及教训

1. 戊戌维新运动的意义。戊戌维新运动虽然失败了,但它在中国近代史上仍然有着重大的历史意义。第一,戊戌维新运动是一次爱国救亡运动。维新派在民族危亡的关键时刻,高举救亡图存的旗帜,要求通过变法,发展资本主义,使中国走上富强的道路,推动了中华民族的觉醒。第二,戊戌维新运动是一场资产阶级性质的政治改良运动。维新派主张用君主立宪制取代君主专制制度,并提出了一系列改革措施,在一定程度上冲击了封建制度。第三,戊戌维新运动更是一场思想启蒙运动。在维新运动期间,维新派大力传播西方资产阶级的社会政治学说和自然科学知识,宣传自由平等、社会进化观念,批判封建君权和封建纲常伦理,从而把顽固的封建主义思想壁垒打开了一个缺口,有利于民主思想在中国的传播,有利于人们的思想解放。在维新派的推动下,形成了广泛的文化革新运动。维新派在改革社会风习方面也提出了许多新的主张。

2. 戊戌维新运动失败的原因和教训。戊戌维新运动的失败,主要是由于维新派自身的局限和以慈禧太后为首的强大的守旧势力的反对。维新派本身的局限性突出地表现在以下三个方面:① 不敢否定封建主义。在政治上,维新派不敢根本否定封建君主制度;在经济上,他们虽然要求发展民族资本主义,却未触及封建主义的经济基础——封建土地所有制;在思想上,他们虽然提倡学习西学,却仍要打着孔子的旗号,借古代圣贤之名"托古改制"。② 对帝国主义抱有幻想。他们虽然大声疾呼救亡图存,却又幻想西方列强能帮助自己变法维新。

③ 惧怕人民群众。维新派的活动基本上局限于官僚士大夫和知识分子的小圈子,他们不但脱离人民群众,而且惧怕甚至仇视人民群众,因此,运动未能得到人民群众的支持。

戊戌维新运动的失败,不但暴露了中国民族资产阶级的软弱性,同时也说明在半殖民地半封建的旧中国,企图通过统治者走自上而下的改良的道路,是根本行不通的。要想争取国家的独立、民主、富强,必须用革命的手段,推翻帝国主义、封建主义联合统治的半殖民地半封建的社会制度。

习题训练

一、单项选择题

1. 太平天国农民起义爆发的时间是(　　)。
   A. 1851年　　　　　　　　B. 1853年
   C. 1856年　　　　　　　　D. 1864年
2. 太平天国正式建立与清政府对峙的农民政权是在(　　)。
   A. 金田起义后　　　　　　B. 长沙战役后
   C. 永安建制后　　　　　　D. 定都天京后
3. 太平天国由盛而衰的转折点是(　　)。
   A. 永安建制　　　　　　　B. 北伐失利
   C. 天京事变　　　　　　　D. 洪秀全病逝
4. 太平天国在1853年冬颁布的纲领性文件是(　　)。
   A. 《天朝田亩制度》　　　B. 《十款天条》
   C. 《原道醒世训》　　　　D. 《原道觉世训》
5. 太平天国在《天朝田亩制度》中提出的社会改革方案是(　　)。
   A. 以解决土地问题为中心　　B. 以发展资本主义为中心
   C. 以反对封建的等级制度为中心　D. 以废除儒学的纲常伦理为中心
6. 太平天国后期,提出《资政新篇》这一具有资本主义色彩改革方案的是(　　)。
   A. 洪秀全　　B. 杨秀清　　C. 洪仁玕　　D. 石达开

7. 1856 年发生在太平天国内部的天京事变说明的最基本道理是（　　）。

A. 农民阶级的领袖缺乏革命的进取心

B. 农民政权内部的斗争不可避免

C. 农民阶级缺乏彻底的反抗精神

D. 农民阶级无法克服阶级局限性和不能形成坚强的领导核心

8. 太平天国运动失败的根本原因是（　　）。

A. 无法克服小生产者所固有的阶级局限性

B. 拜上帝教不符合中国国情

C. 在军事策略上屡犯错误

D. 未能正确对待儒学

9. 中国旧式农民战争的最高峰是（　　）。

A. 义和团运动　　　　　　B. 三元里人民抗英斗争

C. 太平天国运动　　　　　D. 小刀会斗争

10. 洋务运动的兴起是在（　　）。

A. 19 世纪 60 年代　　　　B. 19 世纪 70 年代

C. 19 世纪 80 年代　　　　D. 19 世纪 90 年代

11. 最早对兴办洋务的指导思想作出完整表述的人是（　　）。

A. 冯桂芬　　　　　　　　B. 马建忠

C. 王韬　　　　　　　　　D. 郑观应

12. 19 世纪 60 年代后，封建统治阶级中的洋务派开展洋务运动的指导思想是（　　）。

A. 中学为体、西学为用　　B. 师夷长技以制夷

C. 物竞天择、适者生存　　D. 变法维新以救亡图存

13. 从 19 世纪 60 年代到 90 年代，洋务派兴办洋务事业的主要目的是（　　）。

A. 发展中国的资本主义经济　　B. 维护和巩固清王朝的封建统治

C. 学习西方资本主义的制度　　D. 捍卫国家的主权独立和民族尊严

14. 洋务运动时期，洋务派首先兴办的洋务事业是（　　）。

A. 军用工业　　　　　　　B. 民用企业

C. 新式军队　　　　　　　D. 新式学堂

15. 洋务派创办的第一个规模较大的近代军事工业是（　　）。
   A. 江南制造总局   B. 福州船政局
   C. 天津机器局   D. 湖北枪炮厂

16. 近代中国派遣第一批留学生是在（　　）。
   A. 洋务运动时期   B. 戊戌维新时期
   C. 清末"新政"时期   D. 辛亥革命时期

17. 洋务运动时期最早创办的翻译学堂是（　　）。
   A. 京师同文馆   B. 广方言馆
   C. 译书局   D. 译书馆

18. 洋务运动破产的标志是（　　）。
   A. 福建水师的覆没   B. 北洋水师全军覆没
   C.《中法新约》的签订   D.《辛丑条约》的签订

19. 1866年，左宗棠创办的当时国内最大的造船厂是（　　）。
   A. 江南制造总局   B. 金陵机器局
   C. 福州船政局   D. 轮船招商局

20. 下列关于洋务运动的论述正确的是（　　）。
   A. 洋务运动的指导思想是"振兴中华"
   B. 洋务运动的目的是促进中国资本主义的发展
   C. 洋务运动是一场资产阶级性质的政治改革运动
   D. 洋务运动是封建统治阶级中的部分成员开展的一场自救运动

21. 资产阶级维新运动兴起的时代背景是（　　）。
   A. 中法战争结束和《中法新约》的签订
   B. 甲午战争结束和《马关条约》的签订
   C. 第二次鸦片战争结束和《北京条约》的签订
   D. 八国联军侵华战争和《辛丑条约》的签订

22. 谭嗣同在戊戌维新时期撰写的宣传变法维新主张的著作是（　　）。
   A.《新学伪经考》   B.《变法通议》
   C.《日本变政考》   D.《仁学》

23. 在甲午战争后，通过翻译《天演论》为戊戌维新运动提供理论根据的是（　　）。

A. 康有为 B. 梁启超 C. 谭嗣同 D. 严复

24. 戊戌维新时期,维新派在上海创办的影响较大的报刊是( )。
A.《时务报》 B.《国闻报》 C.《湘报》 D.《万国公报》

25. 在近代中国资产阶级思想与封建主义思想的第一次正面交锋是( )。
A. 维新派与守旧派的论战 B. 洋务派与顽固派的论战
C. 改良派与革命派的论战 D. 革命派与洋务派的论战

26. 梁启超在戊戌维新时期撰写的宣传变法维新主张的著作是( )。
A.《新学伪经考》 B.《变法通议》
C.《日本变政考》 D.《孔子改制考》

27. 中国民族资产阶级登上政治舞台的第一次表演是( )。
A. 戊戌维新运动 B. 洋务运动
C. 辛亥革命 D. 太平天国革命

28. 资产阶级维新运动宣告失败的标志是( )。
A. 康有为发起"公车上书"
B. 光绪皇帝颁布"明定国是"
C. 张之洞发表《劝学篇》
D. 以慈禧太后为首的保守势力发动"戊戌政变"

29. 在近代中国,资产阶级新文化开始打破封建文化独占文化阵地的历史起点是( )。
A. 洋务运动 B. 戊戌维新运动
C. 新文化运动 D. 五四运动

二、多项选择题

1. 导致太平天国运动爆发的原因有( )。
A. 封建统治者的腐朽
B. 外国资本主义的侵略
C. 赋税加重和白银外流导致农民负担沉重
D. 鸦片战争后阶级矛盾的激化

2. 洪秀全据以指导太平天国农民革命斗争的理论著作有( )。

A. 《原道救世歌》 B. 《新学伪经考》
C. 《原道醒世训》 D. 《原道觉世训》

3. 太平天国起义在定都天京后先后颁布的主要纲领是（　　）。

A. 《天朝田亩制度》 B. 《资政新篇》
C. 《校邠庐抗议》 D. 《明定国是》

4. 太平天国失败的原因包括（　　）。

A. 农民阶级不是新生产力的代表者 B. 没有科学的指导思想
C. 对侵略者本质认识不清 D. 领导集团内部的腐败

5. 太平天国运动和义和团运动对中国社会发展所起的积极作用是（　　）。

A. 直接推动了中国近代化的进程
B. 沉重地打击了封建统治阶级
C. 有力打击了外国侵略势力
D. 冲击了西方殖民主义者在亚洲的统治

6. 与以往的农民战争相比，太平天国运动体现的新特点是（　　）。

A. 运动规模宏大
B. 反封建同时反侵略
C. 颁布的《天朝田亩制度》包含平均主义理想
D. 提出的《资政新篇》具有资本主义色彩

7. 洋务派在清朝地方官吏中的主要代表人物有（　　）。

A. 奕䜣 B. 李鸿章
C. 左宗棠 D. 张之洞

8. 洋务运动的主要内容是（　　）。

A. 兴办近代军事工业 B. 兴办民用企业
C. 编练新式海陆军 D. 创办新式学堂

9. 从19世纪60年代到90年代，洋务派举办的洋务事业主要包括（　　）。

A. 兴办近代工业 B. 建立新式海陆军
C. 创办新式学堂 D. 派遣留学生

10. 洋务派创办的军用工业包括（　　）。

A. 江南制造总局　　　　　　B. 金陵机器局
C. 福州船政局　　　　　　　D. 天津机器局

11. 洋务运动失败的原因主要有（　　　）。

A. 具有封建性

B. 对外国具有依赖性

C. 管理具有腐朽性

D. 触动了封建体制，遭到顽固派的反对

12. 资产阶级维新派的主要代表人物有（　　　）。

A. 康有为　　　　　　　　　B. 梁启超
C. 谭嗣同　　　　　　　　　D. 严复

13. 资产阶级维新派创办的报纸有（　　　）。

A. 《民报》　　　　　　　　B. 《时务报》
C. 《国闻报》　　　　　　　D. 《湘报》

14. 资产阶级维新派宣传维新变法的著作有（　　　）。

A. 《新学伪经考》　　　　　B. 《孔子改制考》
C. 《仁学》　　　　　　　　D. 《变法通议》

15. 19世纪90年代，资产阶级维新派与封建守旧派激烈论战的主要问题是（　　　）。

A. 要不要变法　　　　　　　B. 要不要实行民主共和
C. 要不要废科举和兴西学　　D. 要不要实行君主立宪

16. 戊戌维新运动在中国近代史上的重大历史意义，主要体现在戊戌维新运动是（　　　）。

A. 一场反帝反封建的革命运动

B. 一场爱国救亡运动

C. 一场资产阶级性质的政治改革运动

D. 一场思想启蒙运动

三、辨析题

1. 《天朝田亩制度》是中国近代历史上第一个比较系统的发展资本主义的方案。

2. 《资政新篇》是最能体现太平天国农民运动社会理想的纲领性文件。

3. 义和团运动是中国旧式农民战争的最高峰。

4. 在近代中国,资产阶级与封建主义在思想上的首次正面交锋是改良派与革命派的论战。

5. 戊戌维新运动迅速失败了,因而在中国近代史上不具有重大意义。

四、简答题

1. 太平天国农民战争的历史意义和失败教训。

2. 洋务运动失败的主要原因。

3. 戊戌维新运动时期维新派与守旧派论战的主要问题及意义。

五、论述题

1. 洋务运动及其失败原因和历史意义。

2. 1898 年的"百日维新"。

3. 戊戌维新运动失败的主要原因及其历史教训。

参考答案

一、单项选择题

1. A 2. D 3. C 4. A 5. A 6. C 7. D 8. A 9. C 10. A 11. A 12. A 13. B 14. A 15. A 16. A 17. A 18. B 19. C 20. D 21. B 22. D 23. D 24. A 25. A 26. B 27. A 28. D 29. B

二、多项选择题

1. ABCD 2. ACD 3. AB 4. ABCD 5. BCD 6. BD 7. BCD 8. ABCD 9. ABCD 10. ABCD 11. ABC 12. ABCD 13. BCD 14. ABCD 15. ACD 16. BCD

三、辨析题

1. 错误。太平天国定都天京后提出的《天朝田亩制度》,是一个以解决土地问题为中心的比较完整的社会改革方案。太平天国运动后期,洪仁玕提出的《资政新篇》是中国近代历史上第一个比较系统的发展资本主义的方案,它反映了太平天国运动领导人在后期试图通过发展资本主义来寻求出路的一种新努力。

2. 错误。《天朝田亩制度》是最能体现太平天国社会理想和这次农民起义特色的纲领性文件。《天朝田亩制度》的主张从根本上否定了封建社会的基础即封建地主的土地所有制,表现了广大农民要求平均分配土地的强烈愿望。而《资政新篇》是太平天国后期颁布的社会发展方案。

3. 错误。太平天国运动是中国旧式农民战争的最高峰。它把千百年来农民对拥有土地的渴望在《天朝田亩制度》中比较完整地表达了出来。《资政新篇》则是中国近代历史上第一个比较系统的发展资本主义的方案,这反映了太平天国领导人洪秀全等在后期试图通过发展资本主义来寻求出路的一种新努力。因此,太平天国起义具有不同于以往农民战争的新的历史特点。

4. 错误。在近代中国,资产阶级与封建主义在思想上的首次正面交锋是资产阶级维新派与封建守旧派的论战。论战主要围绕三个问题展开:要不要变法;要不要兴民权、设议院和实行君主立宪;要不要废八股、改科举和兴西学。通过论战,西方资产阶级社会政治学说得到进一步传播,戊戌变法运动的帷幕随之拉开。

5. 错误。资产阶级维新派领导发动的戊戌维新运动虽然迅速失败了,但这场运动在中国近代史上仍然有着重大的历史意义。它是一次爱国救亡运动,是一场资产阶级性质的政治改良运动,更是一场思想启蒙运动。

四、简答题

1. ① 历史意义:太平天国起义沉重打击了封建统治阶级,强烈撼动了清政府的统治根基;它是中国旧式农民战争的最高峰;它冲击了孔子和儒家经典的正统权威;它有力地打击了外国侵略势力;它和其他亚洲国家的民族解放运动汇合在一起,冲击了西方殖民主义者在亚洲的统治。② 历史教训:在半殖民地半封建的中国,农民具有伟大的革命潜力,但它自身不能担负起领导反帝反封建斗争取得胜利的重任;单纯的农民战争不可能完成争取民族独立和人民解放的历史任务。

2. 首先,洋务运动具有封建性。洋务运动的指导思想是"中学为体,西学为用",即在封建主义思想的指导下,企图以吸取西方近代生产技术为手段,来达到维护和巩固中国封建统治的目的,这就决定了它必然失败的命运。其次,洋务运动对西方列强具有依赖性,而西方列强则从政治、经济等各方面加紧对中国的侵略和控制,它们并不希望中国真正富强起来。最后,洋务企业具有腐朽性。洋务派所创办的一些新式企业虽然具有一定的资本主义性质,但其管理基本上仍是封建衙门式的。

3. 维新派与守旧派之间的论战主要围绕着以下三个问题展开的:① 要不要变法;

② 要不要兴民权、设议院，实行君主立宪；③ 要不要废八股、改科举和兴西学。维新派与守旧派的这场论战，实质上是资产阶级思想与封建主义思想在中国的第一次正面交锋。论战所涉及的领域十分广泛，进一步开阔了新型知识分子的眼界，解放了人们长期受到束缚的思想。通过论战，西方资产阶级社会政治学说在中国得到进一步传播，戊戌变法运动的帷幕随之拉开。

五、论述题

1. ① 从19世纪60年代至90年代，在中央以奕䜣为代表，在地方以曾国藩、李鸿章、左宗棠、张之洞等清朝洋务派官僚为代表，掀起了一场以"中学为体，西学为用"为宗旨，"师夷长技以自强"，维护封建统治的自救运动。② 洋务派以"自强""求富"为旗号，采用西方先进生产技术，兴办了一批近代军用工业和民用企业。③ 洋务派创办京师同文馆、福州船政学堂等一些新式学堂，培养翻译人才、军事人才和科技人才，又选派几批留学生出国深造。④ 洋务运动没有使中国走上富强的道路，甲午战争一役，洋务派经营多年的北洋海军全军覆没，标志着洋务运动的失败。洋务运动失败的原因主要是：洋务运动具有封建性；对列强具有依赖性；洋务企业的管理具有腐朽性。⑤ 洋务运动在客观上促进了中国早期工业和民族资本主义的发展；成为中国近代教育的开端；传播了新知识，开阔了人们的眼界；引起了社会风气和价值观念的变化。

2. "百日维新"的主要内容有以下几个方面：① 政治方面：改革行政机构，裁撤闲散、重叠机构；裁汰冗员，澄清吏治，提倡廉政；提倡向皇帝上书言事；准许旗人自谋生计，取消他们享受国家供养的特权。② 经济方面：保护、奖励农工商业和交通采矿业，中央设立农工商总局与铁路矿务总局，各省设立商务局；提倡开办实业，奖励发明创造；改革财政，编制国家预决算等。③ 军事方面：裁减旧式绿营兵，改练新式陆军；采用西洋兵制，练洋操，习洋枪等。④ 文化教育方面：创设京师大学堂，各省书院改为高等学堂，在各地设立中、小学堂；提倡西学，废除八股；设立译书局，翻译外国书籍，派人出国留学；准许自由组织学会等。

"百日维新"期间颁布的各项政令大多是接受了维新派的建议而制定的，旨在开放一定程度的言论、出版、结社自由，使资产阶级享受一定程度的政治权利，促进资本主义工商业的发展，因此，戊戌维新是一场资产阶级性质的改良运动。但是，在光绪皇帝发布的新政诏令中，并没有采纳维新派多次提出的开国会等政治主张。这些政令和措施并未触及封建制度的根本，所要推行的是一种十分温和的不彻底的改革方案。

3. 戊戌维新运动的失败，主要是由于维新派自身的局限和以慈禧太后为首的强大的守旧势力的反对。维新派本身的局限性突出地表现在以下三个方面：首先，不敢否定封建主义。他们在政治上不敢否定封建君主制度；在经济上，他们虽然要求发展民族资本主义，却未触及封建主义的经济基础——封建土地所有制；在思想上，他们虽然提倡学习西学,却仍要打着孔子的旗号,借古代圣贤之名"托古改制"。其次,对帝国主义抱有幻想。他们虽然大声疾呼救亡图存,却又幻想西方列强能帮助自己变法维新。最后,惧怕人民群众。维新派的活动基本上局限于官僚士大夫和知识分子的小圈子。他们不但脱离人民群众,而且惧怕甚至仇视人民群众。

戊戌维新运动的失败,不但暴露了中国民族资产阶级的软弱性,同时也说明在半殖民地半封建的旧中国,企图通过统治者走自上而下的改良的道路,是根本行不通的。要想争取国家的独立、民主、富强,必须用革命的手段推翻帝国主义、封建主义联合统治的半殖民地半封建的社会制度。

阅读思考

一

材料1:朱元璋、洪秀全各起自布衣,提三尺剑,驱逐异胡,即位于南京。朱明不数年,奄有汉家故土,传世数百,而皇祀弗衰;洪朝不十余年,及身而亡。无识者特唱种种谬说,是朱非洪,是盖以成功论豪杰也。

——摘自孙中山:《〈太平天国战史〉序》(1904年),广东省社会科学院历史研究室、中国社会科学近代史研究所中华民国史研究室、中山大学历史系孙中山研究室合编:《孙中山全集》(第1卷),中华书局1981年版,第258页。

材料2:自从一八四〇年鸦片战争失败那时起,先进的中国人,经过千辛万苦,向西方国家寻找真理。洪秀全、康有为、严复和孙中山,代表了在中国共产党出世以前向西方寻找真理的一派人物。

——摘自毛泽东:《论人民民主专政》(1949年6月30日),中共中央文献编辑委员会编:《毛泽东选集》(第4卷),人民出版社1967年版,第1358页。

问题1:太平天国农民战争是在什么社会历史条件下爆发的?
问题2:为什么说太平天国农民战争是中国历代农民战争的最高峰?
问题3:太平天国农民战争的历史作用、失败原因及历史教训是什么?

二

材料1:事实证明,对于传播西方近代文明起了积极作用的"中体西用"文化观,因其自身的局限性和内在的矛盾,无法构成一种严整的新型的文化观念体系。这也恰恰证明,中国社会发展的实际,需要创造一种既符合时代进程又符合中国国情的新文化观的时代使命,已经提上了中国近代历史发展的日程。

——摘自丁伟志、陈崧:《中体西用之间——晚清文化思潮述论》,社会科学文献出版社2011年版,第149页。

材料2: 所谓洋务运动的破产,是指洋务活动的结果与洋务活动的开创者树立的目标相对而言的。实际结果与他们当初设定的目标相距甚远。"自强"的目的难以达到,"求富"的目的也未能达到。通过甲午战争的失败,通过《马关条约》的签订,国家更弱了,人民更穷了。

——摘自张海鹏:《洋务活动及其现代的解释》,《东厂论史录——中国近代史研究的评论与思考》,广东人民出版社2005年版,第99页。

问题1: 洋务运动是在怎样的历史背景下兴起的?
问题2: 洋务派举办洋务运动的主要目的和思想主张是什么?
问题3: 如何正确评价洋务运动及其代表性人物?

三

材料1: 在近代变革与守旧的理论斗争和文化冲突中,主变者一直没有建立起系统的变革理论体系,没有真正突破传统话语,所以只能一直居于守势,往往只有招架之功。

——摘自雷颐:《戊戌变法失败的文化因素》,《光明日报》2002年6月18日。

材料2: "百日维新"虽然失败了,但它毕竟触动了传统的中国政治体制,为现代国家的建立作出了有益的尝试。以后发生的历次革命运动,从现代化的进程看,都是以实现政治制度的现代变革为目的的,因而与戊戌变法有着历史的连续性。也正因为如此,史学界才会把戊戌变法视作近代中国现代化进程的起点。

——摘自《回顾戊戌·重温历史——在戊戌变法110周年之际》,《光明日报》2008年12月7日。

材料3: 变法失败的根本原因不在康梁维新派的变法内容和具体策略上,而在于当时没有出现一个使变法成功的整体的社会环境以及与此相联系的强大的促进改革的政治和经济力量。

——摘自李喜所:《梁启超对戊戌变法的反思——兼评百年来学术界对变法失败原因的考察》,《河北学刊》2001年第3期。

问题1：戊戌维新运动在怎样的历史背景下兴起的？
问题2：怎样理解戊戌维新运动的历史作用？
问题3：戊戌维新运动失败的历史原因及其历史教训是什么？

第三章 辛亥革命与君主专制制度的终结

内容概述

第一节 举起近代民族民主革命的旗帜

一、辛亥革命爆发的历史条件

1. 民族危机加深，社会矛盾激化。20世纪初，帝国主义列强对中国的侵略日益扩大。它们在迫使中国签订《辛丑条约》以后，加强了对清政府的政治控制，多方扩展在华经济势力。为了对外支付巨额赔款等，清政府加强了对人民的剥削，致使民怨沸腾。正是在中外反动派的严重压迫下，20世纪初，各阶层人民的斗争风起云涌，遍及全国。在一些运动中，资产阶级开始成为主要的角色。这些情况说明，随着晚清政局的演变，人民群众已经不能照旧生活下去了。

2. 清末"新政"及其破产。为了摆脱困境，清政府于1901年4月成立督办政务处，宣布实行"新政"。此后，陆续推行了一些方面的改革，包括：设立商部、学部、巡警部等中央行政机构；裁撤绿营，建立新军；颁布商法商律，奖励工商；鼓励留学，颁布新的学制，并下令从1906年起正式废除科举考试。迫于内外压力，清政府又于1906年宣布"预备仿行宪政"，并于1908年颁布了《钦定宪法大纲》，制定了一个仿效日本实行君主立宪的方案，但又规定了9年的预备立宪期限。预备立宪并没有能够挽救清王朝，反而激化了社会矛盾，加重了危机。主要原因在于，清政府改革的根本目的是延续其反动统治。事实表明，清政府已陷入无法照旧统治下去的境地，革命的发生已无法避免。

3. 资产阶级革命派的阶级基础和骨干力量。中国资产阶级民主革命是以孙中山为代表的资产阶级革命派首先发动的。19世纪末20世纪初,中国民族资本主义得到了初步的发展。随着民族资本主义企业数量的增多和规模的扩大,民族资产阶级及与它相联系的社会力量有了明显的发展。民族资产阶级为了冲破帝国主义、封建主义的桎梏,发展资本主义,需要自己政治利益的代言人和经济利益的维护者。这正是资产阶级革命派形成的阶级基础。资产阶级革命派的骨干是一批资产阶级、小资产阶级知识分子,青年知识分子成为辛亥革命的中坚力量。

二、资产阶级革命派的活动

1. 孙中山与资产阶级民主革命的开始。1894年,孙中山北上京津向李鸿章上书,但李鸿章并没有重视他的意见。由此,孙中山确信"和平方法,无可复施",决心以革命的方式推翻清朝的统治。同年11月,孙中山到檀香山组建了第一个革命团体兴中会,提出了"驱除鞑虏,恢复中华,创立合众政府"的革命纲领,并筹划发动反清起义。

2. 资产阶级革命派的宣传与组织工作。1903年,章炳麟发表了《驳康有为论革命书》,邹容写了《革命军》,陈天华写了《警世钟》《猛回头》。在资产阶级革命思想的传播过程中,资产阶级革命团体也在各地次第成立。从1904年开始,出现了十多个革命团体,其中重要的有华兴会、科学补习所、光复会、岳王会等。这些革命团体的成立为革命思想的传播及革命运动的发展提供了不可缺少的组织力量。1905年8月20日,孙中山和黄兴、宋教仁等人在日本东京成立中国同盟会,孙中山被公举为总理。中国同盟会以《民报》为机关报,并确立了革命纲领。中国同盟会是近代中国第一个领导资产阶级革命的全国性政党,它的成立标志着中国资产阶级民主革命进入了一个新的阶段。

三、三民主义学说和资产阶级共和国方案

同盟会的政治纲领是"驱除鞑虏,恢复中华,创立民国,平均地权"。1905年11月,在同盟会机关报《民报》发刊词中,孙中山将同盟会的纲领概括为三大主义,即民族主义、民权主义、民生主义,后被称为三民主义。

民族主义包括"驱除鞑虏,恢复中华"两项内容。一是要以革命手段推翻清

朝政府,改变它一贯推行的民族歧视和民族压迫政策;二是建立中华民族"独立的国家"。但是,同盟会纲领中的民族主义没有从正面鲜明地提出反对帝国主义的主张。

民权主义的内容是"创立民国",即推翻封建君主专制制度,建立资产阶级民主共和国。这就是孙中山所说的政治革命。不过,民权主义虽然强调了要建立民主共和国,却忽略了广大劳动群众在国家中的地位,因而难以使人民的民主权利得到真正的保证。

民生主义在当时指的是"平均地权",也就是孙中山所说的社会革命。但是孙中山的"平均地权"脱离了中国的实际,它没有正面触动封建土地所有制,不能满足广大农民的土地要求,在革命中难以成为发动广大工农群众的理论武器。

孙中山的三民主义学说,初步描绘出中国还不曾有过的资产阶级共和国方案,是一个比较完整而明确的资产阶级民主革命纲领。它的提出,对推动革命的发展产生了重大而积极的影响。

四、关于革命与改良的辩论

1905年至1907年间,围绕中国究竟是采取革命手段还是改良方式这个问题,资产阶级革命派与改良派分别以《民报》《新民丛报》为主要舆论阵地,展开了一场大论战。投入这场论战的还有其他十几种报刊。

1. 要不要以革命手段推翻清王朝。这是双方论战的焦点。改良派说,革命会引起下层社会暴乱,招致外国的干涉、瓜分,使中国"流血成河""亡国灭种",所以要爱国就不能革命,只能改良、立宪。革命派针锋相对地指出,清政府是帝国主义的"鹰犬",因此爱国必须革命,只有通过革命,才能"免瓜分之祸",获得民族独立和社会进步。

2. 要不要推翻帝制,实行共和。改良派认为,中国"国民恶劣""智力低下",没有实行民主共和政治的能力,如果实行,非亡国不可。因此,只能实行君主立宪,这才是中国政治的现实出路。革命派针锋相对地指出,不是"国民恶劣",而是"政府恶劣",只有"兴民权改民主",才是中国的唯一出路。中国国民自有颠覆专制制度、建立民主共和的能力。

3. 要不要进行社会革命。改良派反对土地国有,反对平均地权。他们认为中国社会经济组织优良,土地问题不是中国最重要的问题,不存在社会革命的可能。社会革命只会导致中国的大动乱。革命派强调，必须通过平均地权以实现土地国有，在进行政治革命的同时实现社会革命，才能避免贫富不均等社会问题的出现。

这场论战具有重大的意义。通过这场论战，划清了革命与改良的界限，传播了民主革命思想，促进了革命形势的发展。但这场论战也暴露了革命派在思想理论方面的弱点，一些理论和认识的局限不可避免地会影响辛亥革命的进程和结局。

第二节　辛亥革命与建立民国

一、封建帝制的覆灭

1. 武装起义与保路风潮。孙中山领导的同盟会不仅提出了革命纲领，而且从事实际的革命活动，先后发动了多次武装起义。其中影响最大的是 1911 年 4 月 27 日举行的广州起义。是日，黄兴率敢死队 120 余人在广州举行起义，大部在激战中牺牲。其中 72 位烈士的遗骸被葬于黄花岗，故是役史称"黄花岗起义"。1911 年 5 月，清政府宣布"铁路干线收归国有"，并借"国有"名义把铁路利权出卖给帝国主义，同时借此"劫夺"商股。这激起了湖北、湖南、广东、四川四省的保路风潮，其中以四川为最烈。立宪派本来主张把保路运动限制在"文明争路"的范围之内，但署理四川总督赵尔丰竟下令军警向手无寸铁的请愿群众开枪，造成"成都血案"。广大群众忍无可忍，在同盟会会员的参与下，掀起了全川的武装暴动。

2. 武昌首义与各地响应。由于革命形势已经成熟，湖北新军中的共进会和文学社两个革命团体决定联合行动，在武昌举行武装起义。1911 年 10 月 10 日晚，驻武昌的新军工程第八营的革命党人打响了起义的第一枪。起义军一夜之间就占领武昌，取得首义的胜利。革命军在三天之内就光复了武汉三镇，成立了湖北军政府。武昌起义掀起了辛亥革命的高潮，打开了清王朝统治的缺口。大江南北、长城内外，到处燃起革命的烈火。1912 年 2 月 12 日，清帝被迫退位，在中国延续了两千多年的封建帝制终于覆灭。在武昌起义和各省政权更迭的过程中，资产阶级革命派既表现出了革命性和勇敢精神，又暴露出了软弱性和妥协态度。

二、中华民国的建立

1. 中华民国临时政府宣告成立。1912年1月1日,孙中山在南京宣誓就职临时大总统,改国号为中华民国,定1912年为民国元年,并成立中华民国临时政府。南京临时政府是一个资产阶级共和国性质的革命政权。资产阶级革命派在这个政权中占有领导和主体的地位。南京临时政府制定的各项政策措施,集中代表和反映了中国民族资产阶级的愿望和利益,在相当程度上也符合广大中国人民的利益。

南京临时政府也有它的局限性。例如,在南京临时政府的《告友邦书》中,就企图用承认清政府与列强所签订的一切不平等条约和清政府所欠的一切外债,来换取列强承认中华民国。南京临时政府也没有提出任何可以满足农民土地要求的政策和措施,反而以保护私有财产为借口,去维护封建土地制度以及官僚、地主所占有的土地和财产。

2. 中华民国临时约法。1912年3月,临时参议院颁布《中华民国临时约法》。这是中国历史上第一部具有资产阶级共和国宪法性质的法典。《中华民国临时约法》以根本大法的形式废除了两千多年来的封建君主专制制度,确认了资产阶级共和国的政治制度。

3. 辛亥革命的历史意义。辛亥革命是一次比较完全意义上的资产阶级民主革命。在近代历史上,辛亥革命是中国人民为救亡图存、振兴中华而奋起革命的一个里程碑,它使中国发生了历史性的巨变:第一,辛亥革命推翻了封建势力的政治代表、帝国主义在中国的代理人清王朝的统治,沉重打击了中外反动势力,使中国反动统治者在政治上乱了阵脚。第二,辛亥革命结束了统治中国两千多年的封建君主专制制度,建立了中国历史上第一个资产阶级共和政府,使民主共和的观念开始深入人心,并在中国形成了"敢有帝制自为者,天下共击之"的民主主义观念。第三,辛亥革命推动了中国人民的思想解放,激发了人民的爱国热情和民族觉醒,打开了禁锢思想进步的闸门。第四,辛亥革命推动了中国的社会变革,促使中国的社会经济、思想习惯和社会风俗等方面发生了新的积极变化。这不仅改变了社会风气,也有助于人们的精神解放。第五,辛亥革命在一定程度上打击了帝国主义的侵略势力,推动了亚洲各国民族解放运动的高涨。

第三节　辛亥革命的失败

一、封建军阀专制统治的形成

1. 袁世凯窃国，辛亥革命流产。北洋军阀首领袁世凯在帝国主义和国内反动势力以及附从革命的旧官僚、立宪派的共同支持下，窃夺了辛亥革命的果实。1912 年 3 月 10 日，袁世凯在北京就任临时大总统。随后，临时参议院议决将临时政府迁往北京。

2. 北洋军阀的专制统治。袁世凯窃夺辛亥革命的果实之后，建立了代表大地主和买办资产阶级利益的北洋军阀反动政权。在政治上，北洋政府实行军阀官僚的专制统治。以袁世凯为首的封建军阀大力扩充军队，建立特务、警察系统；炮制《中华民国约法》，用总统制取代内阁制；为了实行专制统治，不惜投靠帝国主义；为了达到专制独裁的目的，袁世凯公然进行帝制复辟活动。在经济上，北洋政府竭力维护帝国主义、地主阶级和买办资产阶级的利益。军阀、官僚本身就是大地主，他们还以各种手段兼并土地；借助于政治势力，组成官僚买办资本集团，操纵、垄断财政金融和工业、运输业。在文化思想方面，尊孔复古思潮猖獗一时。总之，北洋政府从政治上、经济上和文化思想上对辛亥革命进行了全面的反攻倒算。中国重新落入了黑暗的深渊。资产阶级革命派在中国建立一个独立、民主的资产阶级共和国的梦想破灭了。

二、旧民主主义革命的失败

1. 挽救共和的努力及其受挫。辛亥革命失败后，中国资产阶级革命派内部也发生了分化。孙中山也一度受到袁世凯的欺骗，表示"十年不预政治"，以修铁路、发展实业为己任。1913 年宋教仁被刺后，他开始看清了袁世凯的真面目，毅然发动武装反袁的"二次革命"，结果只坚持了两个月就失败了。1914 年，孙中山在日本组织中华革命党，坚持反袁武装斗争。1915 年 12 月，蔡锷等在云南组织"护国军"，宣布"独立"，很快形成席卷半个中国的护国运动。次年 3 月，袁世凯在全国人民的反对声中被迫取消帝制，不久忧惧而死。皖系军阀头子段祺瑞掌握北洋政府后，变本加厉地推行独裁卖国的反动统治，拒绝恢复《中华民国临时约法》和国会。因此,孙中山举起了"护法"的旗帜并在1917年发起护法运动,但这一运动也失败了。中国的旧民主主义革命已经陷入绝境,中国民族资产阶级再也不能领导中国革命前进了。

2. 辛亥革命失败的原因和教训。辛亥革命的失败从根本上说,是因为在帝国主义时代,在半殖民地半封建的中国,资本主义的建国方案是行不通的。客观原因是,帝国主义与以袁世凯为代表的大地主大买办势力以及旧官僚、立宪派一起勾结起来,从外部和内部绞杀了这场革命。主观原因,在于它的领导者资产阶级革命派本身存在着许多弱点和错误,主要有:① 没有提出彻底的反帝反封建的革命纲领。他们没有明确提出反帝的口号,甚至幻想以妥协退让来换取帝国主义对中国革命的承认和支持。② 不能充分发动和依靠人民群众。由于中国民族资产阶级同封建势力有着千丝万缕的联系,因而不敢依靠反封建的主力军农民群众。③ 不能建立坚强的革命政党,作为团结一切革命力量的强有力的核心。同盟会内部的组织比较松懈,派系纷杂,缺乏一个统一和稳定的领导核心。这些弱点和错误,根源于中国民族资产阶级的软弱性和妥协性。

辛亥革命的失败表明,资产阶级共和国的方案没有能够救中国,先进的中国人需要进行新的探索,为中国谋求新的出路。

习题训练

一、单项选择题

1. 1904年至1905年,为争夺侵略利益在中国东北进行战争的外国列强是(　　)。

　　A. 英国和法国　　　　　　B. 德国和美国
　　C. 美国和日本　　　　　　D. 日本和俄国

2. 20世纪初,清政府推行的"新政"最终破产的主要原因是(　　)。

　　A. 帝国主义列强的反对
　　B. 没有顺应资产阶级国会请愿运动的要求
　　C. 实行的是仿效日本实现君主立宪的方案
　　D. 清政府改革的根本目的是延续其反动统治

3. 孙中山在 1894 年领导建立的第一个资产阶级革命团体是（　　）。

　　A. 同盟会　　　　　　　　B. 华兴会

　　C. 兴中会　　　　　　　　D. 光复会

4. 1903 年在《驳康有为论革命书》中歌颂革命为"启迪民智，除旧布新"良药的是（　　）。

　　A. 邹容　　　　　　　　　B. 章炳麟

　　C. 陈天华　　　　　　　　D. 严复

5. 在民主革命思想传播中，将清政府称为"洋人的朝廷"并号召人民奋起革命的是（　　）。

　　A. 章炳麟的《驳康有为论革命书》　　B. 邹容的《革命军》

　　C. 陈天华的《警世钟》《猛回头》　　D. 孙中山的《中国问题的真解决》

6. 孙中山在 1895 年策划的武装起义是（　　）。

　　A. 广州起义　　　　　　　B. 惠州起义

　　C. 萍浏醴起义　　　　　　D. 镇南关起义

7. 近代中国第一个资产阶级革命政党是（　　）。

　　A. 中国同盟会　　　　　　B. 中华革命党

　　C. 兴中会　　　　　　　　D. 光复会

8. 1905 年 11 月，孙中山在《民报》发刊词中将中国同盟会的政治纲领概括为（　　）。

　　A. 创立民国、平均地权

　　B. 驱除鞑虏、恢复中华、创立合众政府

　　C. 民族主义、民权主义、民生主义

　　D. 联俄、联共、扶助农工

9. 在 1905 年提出"驱除鞑虏，恢复中华，创立民国，平均地权"的政治纲领的是（　　）。

　　A. 兴中会　　　　　　　　B. 华兴会

　　C. 光复会　　　　　　　　D. 中国同盟会

10. 同盟会的政治纲领中，社会革命是指（　　）。

　　A. 驱除鞑虏　　　　　　　B. 恢复中华

　　C. 创立民国　　　　　　　D. 平均地权

11. 在孙中山提出的三民主义思想中,民族主义的内容是(　　)。
    A. 驱除鞑虏、恢复中华　　　　B. 反对帝国主义
    C. 创立民国　　　　　　　　　D. 平均地权

12. 在1905年至1907年关于"革命与改良"的论战中,革命派的主要舆论阵地是(　　)。
    A.《新民丛报》　　　　　　　B.《民报》
    C.《中国丛报》　　　　　　　D.《湘报》

13. 在1905年至1907年关于"革命与改良"的论战中,改良派的主要舆论阵地是(　　)。
    A.《申报》　　　　　　　　　B.《新民丛报》
    C.《时务报》　　　　　　　　D.《国闻报》

14. 在武昌起义爆发前,资产阶级革命派发动的影响最大的武装起义是(　　)。
    A. 黄花岗起义　　　　　　　　B. 惠州起义
    C. 萍浏醴起义　　　　　　　　D. 镇南关起义

15. 在1911年爆发的保路运动中,规模最大、斗争最激烈的省份是(　　)。
    A. 湖南　　　　　　　　　　　B. 湖北
    C. 广东　　　　　　　　　　　D. 四川

16. 1911年10月,资产阶级革命派在武昌起义成功后最早建立的政权是(　　)。
    A. 湖北军政府　　　　　　　　B. 安徽都督府
    C. 中华民国政府　　　　　　　D. 南京临时政府

17. 在1912年1月建立的资产阶级共和国性质的革命政权是(　　)。
    A. 湖北军政府　　　　　　　　B. 护法军政府
    C. 中华民国政府　　　　　　　D. 中华民国临时政府

18. 中国历史上第一部具有资产阶级共和国宪法性质的法典是(　　)。
    A.《钦定宪法大纲》　　　　　B.《中华民国临时约法》
    C.《中华民国约法》　　　　　D.《训政纲领》

19. 在1840年至1919年间发生的比较完全意义上的资产阶级民主革命是(　　)。

A. 太平天国革命　　　　　　B. 辛亥革命
C. "二次革命"　　　　　　　D. 国民革命

20. 在袁世凯帝制复辟活动中,被确定为"中华帝国洪宪元年"的是(　　)。
    A. 1913 年　　　　　　　　B. 1914 年
    C. 1915 年　　　　　　　　D. 1916 年

21. 为反对袁世凯刺杀宋教仁和"善后大借款",孙中山在 1913 年领导革命党人发动了(　　)。
    A. "二次革命"　　　　　　B. 护国战争
    C. 护法战争　　　　　　　D. 北伐战争

22. 1914 年,孙中山在日本组织建立的政党是(　　)。
    A. 中国同盟会　　　　　　B. 国民党
    C. 中华革命党　　　　　　D. 中国国民党

23. 为挽救辛亥革命的成果,资产阶级革命派在 1915 年发起的运动是(　　)。
    A. 国会请愿运动　　　　　B. 护国运动
    C. 护法运动　　　　　　　D. 新文化运动

24. 在 20 世纪初期推动中国发生深刻历史性巨变的是(　　)。
    A. 辛亥革命　　　　　　　B. "二次革命"
    C. 护国运动　　　　　　　D. 护法运动

25. 辛亥革命失败的主观原因是(　　)。
    A. 帝国主义的破坏　　　　B. 南京临时政府的涣散和软弱
    C. 袁世凯的政治欺骗和军事压力　D. 资产阶级的软弱性和妥协性

二、多项选择题

1. 1902 年至 1911 年,在我国发生的爱国运动主要有(　　)。
   A. 拒俄运动　　　　　　　B. 收回利权运动
   C. 保路运动　　　　　　　D. 抵制美货运动

2. 20 世纪初,在民主革命思想传播过程中建立的资产阶级革命团体有(　　)。
   A. 华兴会　　　　　　　　B. 光复会

C. 兴中会　　　　　　　　　D. 岳王会

3. 在20世纪初民主革命思想传播中涌现的著作包括(　　　)。
   A. 《革命军》　　　　　　　B. 《警世钟》
   C. 《猛回头》　　　　　　　D. 《驳康有为论革命书》

4. 1905年至1907年间,资产阶级革命派与改良派论战围绕的主要问题是(　　　)。
   A. 要不要以革命手段推翻清王朝　　B. 要不要推翻帝制和实行民主共和
   C. 要不要社会革命　　　　　　　　D. 要不要废科举和兴西学

5. 中国同盟会在1905年8月成立时制定的政治纲领是(　　　)。
   A. 驱除鞑虏　　　　　　　　B. 恢复中华
   C. 创立民国　　　　　　　　D. 平均地权

6. 在1911年直接参与领导武昌起义的革命组织是(　　　)。
   A. 共进会　　　　　　　　　B. 文学社
   C. 中华革命党　　　　　　　D. 中国国民党

7. 辛亥革命失败后,资产阶级革命派为挽救革命成果而进行的斗争主要有(　　　)。
   A. "二次革命"　　　　　　　B. 护国运动
   C. 护法运动　　　　　　　　D. 保路运动

8. 下列关于"二次革命"、护国运动和护法运动的表述,正确的是(　　　)。
   A. 都是孙中山直接领导的　　B. 都是为了维护辛亥革命成果
   C. 都反对北洋军阀的反动统治　D. 最终都未取得成功

9. 下列关于辛亥革命历史功绩的表述,正确的是(　　　)。
   A. 推翻了清朝的统治
   B. 建立了第一个资产阶级共和国政府
   C. 推动了中国人民的思想解放
   D. 为民族资本主义的发展创造了一定的条件

10. 辛亥革命之所以是比较完整的意义上的资产阶级民主革命,因为它(　　　)。
    A. 建立了领导资产阶级革命的全国性政党

B. 提出了比较系统的资产阶级革命纲领

C. 建立了资产阶级共和国性质的革命政权

D. 颁布了具有资产阶级共和国宪法性质的《临时约法》

11. 在辛亥革命的成果被北洋军阀窃取后,先后炮制帝制复辟丑剧的是（ ）。

  A. 袁世凯   B. 段祺瑞

  C. 张勋   D. 冯国璋

12. 辛亥革命对中国社会变革的推动主要体现在南京临时政府（ ）。

  A. 颁布了一系列有利于工商业发展的政策

  B. 宣布改革文化教育制度,否定忠君尊孔教育

  C. 提倡社会新风,扫除旧时代的"风俗之害"

  D. 禁止买卖人口、废除奴婢与禁止种植和吸食鸦片

13. 袁世凯窃取辛亥革命成果后建立的北洋军阀统治所代表的是（ ）。

  A. 大地主阶级的利益   B. 买办资产阶级的利益

  C. 城市小资产阶级的利益   D. 民族资产阶级的利益

14. 袁世凯为首的北洋政府建立后所颁布或修改的法律有（ ）。

  A.《暂行新刑律》   B.《戒严法》

  C.《中华民国约法》   D.《总统选举法》

15. 辛亥革命的失败主要体现在（ ）。

  A. 对帝国主义列强抱有幻想   B. 无法促进中国革命向前发展

  C. 革命的成果被北洋军阀窃取   D. 没有完成反帝反封建的任务

三、辨析题

1. 新三民主义学说是中国同盟会的革命纲领。

2.《中华民国约法》是中国历史上第一部具有资产阶级共和国宪法性质的法典。

3. 辛亥革命是一次比较完全意义上的资产阶级民主革命。

4. 帝国主义与袁世凯反动势力的联合绞杀是辛亥革命失败的根本原因。

四、简答题

1. 孙中山提出的三民主义的主要内容及意义。
2. 资产阶级革命派与改良派论战的主要内容及意义。
3. 辛亥革命失败的原因和教训。

五、论述题

1. 中华民国临时政府的性质。
2. 辛亥革命的历史意义。

参考答案

一、单项选择题

1. D 2. D 3. C 4. B 5. C 6. A 7. A 8. C 9. D 10. D 11. A 12. B 13. B 14. A 15. D 16. A 17. D 18. B 19. B 20. D 21. A 22. C 23. B 24. A 25. D

二、多项选择题

1. ABCD 2. ABD 3. ABCD 4. ABC 5. ABCD 6. AB 7. ABC 8. BCD 9. ABCD 10. ABCD 11. AC 12. ABCD 13. AB 14. ABCD 15. CD

三、辨析题

1. 错误。三民主义学说是中国同盟会的政治纲领。其中,民族主义包括"驱除鞑虏,恢复中华"两项内容;民权主义的内容是"创立民国",即推翻封建专制制度,建立资产阶级民主共和国,也就是孙中山所说的政治革命;民生主义在当时指的是"平均地权",也就是孙中山所说的社会革命。

2. 错误。南京临时政府1912年颁布的《中华民国临时约法》是中国历史上第一部具有资产阶级共和国宪法性质的法典,它以根本大法的形式废除了两千多年来的封建君主专制制度,确认了资产阶级共和国的政治制度,而《中华民国约法》是袁世凯在1914年公然撕毁《中华民国临时约法》时所炮制的一个产物。

3. 正确。辛亥革命推翻了清王朝的统治,沉重打击了中外反动势力;结束了中国两千多年的封建君主专制制度,使民主共和的观念开始深入人心;推动了中国人民的思想解放,激发了人民的爱国热情和民族觉醒,打开了禁锢思想进步的闸门;推动了中国的社会变革,促使社会经济、思想习惯和社会风俗等方面发生了新的积极变化;推动了亚洲各国民族解放运动的高涨。

4. 错误。帝国主义与以袁世凯为代表的反动势力的联合绞杀是辛亥革命失败的重要原因,但是辛亥革命失败的根本原因,在于资产阶级革命派本身存在着许多弱点和错误。主要是:第一,没有提出彻底的反帝反封建的革命纲领;第二,不能充分发动和依靠人民群众;第三,不能建立坚强的革命政党作为团结一切革命力量的强有力的核心。

四、简答题

1. ① 民族主义包括"驱除鞑虏,恢复中华"两项内容:一是要以革命手段推翻清朝政府;二是建立中华民族的"独立的国家"。民权主义的内容是"创立民国",即推翻封建专制制度,建立资产阶级民主共和国,这就是孙中山所说的政治革命。民生主义在当时指的是"平均地权",也就是孙中山所说的社会革命。② 孙中山的三民主义学说,初步描绘出中国还不曾有过的资产阶级共和国方案,是一个比较完整而明确的资产阶级民主革命纲领。它的提出,对推动革命的发展产生了重大而积极的影响。

2. 1905年至1907年间,围绕中国究竟是采取革命手段还是改良方式这个问题,革命派与改良派各自分别以《民报》《新民丛报》为主要舆论阵地,展开了一场大论战。论战主要围绕三个问题展开:要不要以革命手段推翻清王朝;要不要推翻帝制,实行共和;要不要进行社会革命。这场论战具有重大的意义。通过这场论战,划清了革命与改良的界限,传播了民主革命思想,促进了革命形势的发展。但这场论战也暴露了革命派在思想理论方面的弱点,一些理论和认识的局限不可避免地会影响辛亥革命的进程和结局。

3. ① 从客观上说,帝国主义与以袁世凯为代表的大地主大买办势力以及旧官僚、立宪派勾结起来,从外部和内部绞杀了这场革命。从主观方面来说,这场革命失败的根本原因在于它的领导者资产阶级革命派本身存在着许多弱点和错误。主要是:第一,没有提出彻底的反帝反封建的革命纲领;第二,不能充分发动和依靠人民群众;第三,不能建立坚强的革命政党作为团结一切革命力量的强有力的核心。② 辛亥革命的失败表明,资产阶级共和国的方案没有能够救中国,先进的中国人需要进行新的探索,为中国谋求新的出路。

五、论述题

1. 中华民国临时政府是一个资产阶级共和国性质的革命政权。① 在人员构成上,资产阶级革命派在这个政权中占有领导和主体地位。革命党人和同盟会会员担任着政府重要部门的主要职务。② 在制定的各项政策措施上,集中体现了中国民族资产阶级的愿望和利益,在相当程度上也符合广大中国人民的利益。③ 南京临时政府内政外交方面的局限性。如在《告友邦书》中,用企图承认清政府与列强所签订的一切不平等条约和清政府所欠的一切外债,来换取列强承认中华民国;它也没有提出可以满足农民土地要求的政策和措施,反而以保护私有财产为借口,去维护封建地主土地制度以及官僚、地主所占有的土地和财产。

2. 辛亥革命是资产阶级领导的以反对君主专制制度、建立资产阶级共和国为目的的革命,是一次比较完全意义上的资产阶级民主革命。在近代历史上,辛亥革命是中国人民为救亡图存、振兴中华而奋起革命的一个里程碑,它使中国发生了历史性的巨变,具有伟大的历史意义:① 辛亥革命推翻了封建势力的政治代表、帝国主义在中国的代理人清王朝的统治,沉重打击了中外反动势力,使中国反动统治者在政治上乱了阵脚。② 辛亥革命结束了中国两千多年封建社会的君主专制制度,建立了中国历史上第一个资产阶级共和政府,使民主共和的观念开始深入人心,并在中国形成了"敢有帝制自为者,天下共击之"的民主主义观念。③ 辛亥革命推动了中国人民的思想解放,激发了人民的爱国热情和民族觉醒,打开了禁锢思想进步的闸门。④ 辛亥革命推动了中国的社会变革,促使社会经济、思想习惯和社会风俗等方面发生了新的积极变化,不仅改变了社会风气,也有助于人们的精神解放。⑤ 辛亥革命不仅在一定程度上打击了帝国主义的侵略势力,而且推动了亚洲各国民族解放运动的高涨。

阅读思考

一

材料1:150年前,孙中山先生出生之时,中国正遭受帝国主义列强的野蛮侵略和封建专制制度的腐朽统治,战乱频发,民生凋敝,中华民族陷入内忧外患的灾难深渊,中国人民处于水深火热的悲惨境地。

——摘自习近平:《在纪念孙中山先生诞辰150周年大会上的讲话》(2016年11月11日),www.xinhuanet.com/politics 2016-11/11/c-1119897047.htm。

材料2:辛亥革命的发生,是客观形势使然。当时的清政府,正如孙中山所形容的,"可以比作一座即将倒塌的房屋,整个结构已从根本上彻底地腐朽了,难道有人只要用几根小柱子斜撑住外墙就能够使那座房屋免于倾倒吗?"革命形势已经成熟。

——摘自金冲及、龚书铎、李文海:《中国是怎样走向共和的?》,《光明日报》2003年8月12日。

材料3：纪念伟大的革命先行者孙中山先生！

纪念他在中国民主革命准备时期，以鲜明的中国革命民主派立场，同中国改良派作了尖锐的斗争。他在这一场斗争中是中国革命民主派的旗帜。

纪念他在辛亥革命时期，领导人民推翻帝制、建立共和国的丰功伟绩。

纪念他在第一次国共合作时期，把旧三民主义发展为新三民主义的丰功伟绩。

——摘自毛泽东：《纪念孙中山先生》(1956年11月12日)，中共中央文献研究室编：《毛泽东文集》(第7卷)，人民出版社1999年版，第156页。

问题1：辛亥革命的发生是偶然的还是必然的？

问题2：孙中山提出的资产阶级民主革命纲领是什么？

问题3：如何评价资产阶级革命派与改良派的论战？

二

材料1：至于资本主义外国侵略中国，则差不多有了一百年。一百年来，中国的斗争，从鸦片战争反对英国侵略起，后来有太平天国的战争，有甲午战争，有戊戌维新，有义和团运动，有辛亥革命，有五四运动，有北伐战争，有红军战争，这些虽然情形各不相同，但都是为了反抗外敌，或改革现状的。但是从孙中山先生开始，才有比较明确的资产阶级民主革命。

——摘自毛泽东：《青年运动的方向》(1939年5月4日)，《毛泽东选集》第2卷，人民出版社1991年版，第563—564页。

材料2：孙中山先生和辛亥革命先驱为中华民族建立的历史功绩彪炳史册！在辛亥革命中英勇奋斗和壮烈牺牲的志士们永远值得中国人民尊敬和纪念！辛亥革命永远是中华民族伟大复兴征程上一座巍然屹立的里程碑！

——摘自胡锦涛：《在纪念辛亥革命100周年大会上的讲话》(2011年10月9日)。

材料3：1911年，在他领导和影响下，震惊世界的辛亥革命取得成功，推翻了清王朝统治，结束了统治中国几千年的君主专制制度。由于历史进程和社会条件的制约，辛亥革命虽然没有改变旧中国半殖民地半封建的社会性质，没有改变中国人民的悲惨命运，没有完成实现民族独立、人民解放的历史任务，但开创了完全意义上的近代民族民主革命，打开了中国进步闸门，传播了民主共和理念，极大推动了中华民族思想解放，以巨大的震撼力和影响力推动了中国社会变革。

——摘自习近平:《在纪念孙中山先生诞辰 150 周年大会上的讲话》(2016 年 11 月 11 日),www. xinhuanet. com/politics/2016 - 11/11/c - 1119897047. htm。

问题 1:怎样理解辛亥革命是一次"比较明确的资产阶级民主革命"?

问题 2:怎样理解辛亥革命是中华民族伟大复兴征程上的一座"巍然屹立的里程碑"?

问题 3:为什么说辛亥革命既是成功的,又是失败的?

中 编

从五四运动到新中国成立
（1919—1949）

综述　翻天覆地的三十年

内容概述

一、中国所处的时代和国际环境

（一）第一次世界大战和俄国十月革命后的世界

19世纪末20世纪初，西方发达国家从自由资本主义阶段进入垄断资本主义阶段即帝国主义阶段。外国在华侵略势力中，英国占主要地位。1914年至1918年第一次世界大战的后果之一，是欧洲走向衰落和美国、日本的兴起。第一次世界大战结束后，继英国侵华势力卷土重来后，日本侵略势力日益构成对中国的主要威胁。

1917年俄国爆发的十月社会主义革命开辟了人类历史的新纪元。十月革命给世界人民的解放事业开辟了广大的可能性和现实的道路。十月革命建立了一条从西方无产者经过俄国革命到东方被压迫民族的新的反对世界帝国主义的革命战线。中国反帝反封建的民主革命成了世界无产阶级社会主义革命的一部分。

（二）世界反法西斯战争及其胜利

1929年至1933年，资本主义国家爆发的世界性经济危机激化了种种矛盾，导致国际格局发生重大变化。20世纪30年代，意大利、德国、日本先后确立法西斯统治，成为欧洲和亚洲的战争策源地。

1931年，日本发动九一八事变，随之武装侵占中国东北，中国人民由此开始进行抗日战争。1937年,日本制造七七事变,发动全面侵华战争,中国进入全民族抗战阶段。中国是首先进行反法西斯战争的国家。它揭开了世界反法西斯战争的序幕。1939年9月1日,德军入侵波兰,第二次世界大战全面开始。

对于法西斯国家的野蛮侵略,世界人民进行了顽强的抵抗。1945年5月,德国宣布无条件投降,欧洲战场的反法西斯战争胜利结束。对于日本的侵略,亚洲各国人民在长时间里进行了英勇的斗争。中国军民是在亚洲大陆上抵抗日本侵略的主力。1945年9月,日本签署无条件投降书,中国人民抗日战争和世界反法西斯战争胜利结束。

(三)反法西斯战争胜利后国际格局的深刻变化

反法西斯战争胜利后,世界政治形势出现了新情况:① 德、意、日被彻底打败,英、法也被严重削弱,美国则成为资本主义世界的霸主。② 苏联经过战争考验,成为足以与美国抗衡的世界一流强国,同时社会主义冲破一国范围在多国赢得胜利。③ 亚、非、拉及南太平洋地区的民族解放运动蓬勃兴起,殖民主义体系急剧瓦解。此外,在资本主义国家,共产党的影响显著增长,工人运动有了新的发展。

战后世界政治形势的一个重大变化,就是原来以维持欧洲大国均势为中心的传统的国际格局被美、苏两极格局所取代。在此基础上,逐步形成分别以美、苏为首的帝国主义和社会主义两个阵营的对立。美国竭力向全世界扩张,并将控制中国作为其全球战略的重要组成部分。为此,美国政府采取了扶蒋反共的政策。

1946年春,美国等日益加紧反苏、反共、反人民的活动,在世界范围内挑起长期的"冷战"。在国际共产主义运动中,有人主张为了实现美苏之间的妥协,被压迫国家的人民应当随之实行国内妥协。毛泽东进行了科学分析,认为各国人民仍将按照不同情况进行不同的斗争。正是按照这种科学分析,当蒋介石集团倚仗美国政府做靠山,发动全面内战时,中国共产党领导人民以革命战争反对反革命战争,并且赢得了胜利。

二、"三座大山"的重压

(一)外国垄断资本在中国的扩张

以外国帝国主义列强为靠山的北洋政府为了维护自身的统治,不惜出卖国家利权,从而使外国侵略势力在中国得到进一步的扩展。

国民党政府是在帝国主义的支持下建立的。蒋介石集团上台之后,即宣言"要联合各国共同对付第三国际",公开站到了国际帝国主义阵线一边,不过,他们在口头上仍标榜反对帝国主义。1928年6月,南京政府发表"修改"不平等条约宣言,要求与外国列强"重订新约"。其主要内容是要求关税自主和废除领事裁判权两项,并非要求废除帝国主义国家在华的一切特权,如外国在华的租界、租借地和驻兵、内河航行等特权。至于废除领事裁判权,在长时间里并未付诸实行。

从根本上说,国民党统治的建立,并没有使中国摆脱帝国主义的压迫,而是为外国侵略势力深入中国进一步敞开了大门。从1927年国民党政府成立到1937年卢沟桥事变之前的十年间,帝国主义的经济势力在中国得到进一步扩展,并且牢牢地控制了中国的经济命脉。在国民党全国统治建立以后的一个时期内,中国主要是美、英、日等国互相争夺的对象。日本发动侵华战争后,中国东北、华北、华中、华东、华南的大片地区成了日本帝国主义的独占殖民地。抗日战争胜利后,作为接受美国援助的交换条件,国民党政府与美国签订了一系列丧权辱国的条约和协定,使美国在中国享有了种种特权,美国资本迅速在国民党统治区的经济生活中占据了支配的地位。

正因为如此,反对帝国主义,打破外国垄断资本的控制,就成为中国新民主主义革命必须实现的首要任务。

(二) 占优势地位的中国封建经济

这个时期,在中国社会经济生活中占优势地位的,仍然是封建经济。

封建剥削制度是以地主占有大量土地,把土地出租给无地或少地的农民,借以收取地租,剥削农民的剩余劳动为基础的。地租剥削不仅侵占了农民的全部剩余劳动,而且侵占了他们相当一部分的必要劳动。农民还受到商业资本、高利贷资本的剥削。政府当局在运用自己的权力维护封建剥削制度的同时,还通过征收苛重的赋税等直接对农民进行掠夺:一是征收田赋,二是征收盐税,三是征收各种杂税,四是强迫农民服劳役和服兵役。在残酷的封建压迫和剥削下,中国农村的经济日益陷入绝境,并从根本上严重限制了中国工业的发展。占全国总人口80%以上的农民过着极端贫困的生活。

正因为如此,反对封建主义,进行土地制度的彻底改革,就成为中国新民主主义革命的一项基本任务。

(三) 官僚资本的急剧膨胀

中国人民在受到封建地主阶级压迫的同时,还受到官僚资产阶级的压迫。1927年国民党在全国的统治建立以后,官僚买办资本急剧地膨胀起来,买办资产阶级发展成为官僚资产阶级,控制了全国政权。

官僚资本是中国的垄断资本。这个垄断资本和国家政权结合在一起,成为国家垄断资本。这个垄断资本同外国帝国主义、本国地主阶级和旧式富农密切地结合着,成为买办的封建的国家垄断资本。这就是蒋介石反动政权的经济基础。除国家垄断资本外,官僚的私人资本也属于官僚资本。而掌握着官僚资本的阶级,就是官僚资产阶级,即中国的大资产阶级。

官僚资本的垄断活动,首先和主要是在金融业方面开始的。官僚资本集团在垄断金融的同时,利用自己的政治特权,依靠雄厚的金融力量,从事大规模的商业投机活动。官僚资本集团还利用国家政权的力量对工业实行垄断性的掠夺。总之,官僚资本是官僚资产阶级利用超经济的特权,主要在从事金融和商业投机的过程中,在充当外国帝国主义的买办的过程中,通过掠夺广大劳动人民和兼并民族工商业而发展起来的。它是社会生产力发展的严重阻碍。

正因为如此,反对官僚资本主义、没收官僚资本归新民主主义国家所有,就成为中国新民主主义革命的一项重要任务。

(四) 民族资本主义经济的艰难处境

中国的民族资产阶级所经营的,是中等规模和小规模的资本主义经济。民族资本主义经济在中国整个资本主义经济中不占主体地位,其发展受到了多方面的阻碍:外国资本的压迫;官僚资本的排挤;封建生产关系的束缚;军阀官僚政府的压榨。

正因为中国民族资本主义经济是在半殖民地半封建社会条件下艰难地生长起来的,它也就具有了以下特点:① 民族资本主义经济在国民经济中所占比重很小,它始终没有成为中国社会经济的主要形式。② 在民族资本中,工业资本所占的比重小,商业资本和金融资本所占的比重大。③ 民族资本主义工业主要是以纺织、食品工业为主的轻工业,缺乏重工业的基础,不能构成一个完整的工业体系和国民经济体系,在技术、设备以至原材料方面不得不依赖外国垄断资本和本国官僚资本。④ 民族资本所经营的工业,规模狭小,经营分散,技术设备落后,劳动生产率低。多数工厂没有现代化的机器设备,为手工业工场。⑤ 民族资本主义经济和封建势力也有千丝万缕的联系。

上述情况,决定了民族资产阶级是带两重性的阶级。他们在一定时期中和一定程度上能够参加反帝国主义和反官僚军阀政府的革命,成为无产阶级的同盟军;而在另一个时期,就有跟在买办资产阶级后面,成为它的助手的危险。民族资产阶级虽然人数不多,经济实力不强,但在政治上有着很大的重要性,是中国的一些民主党派和无党派人士的社会基础。

三、两个中国之命运

(一) 三种政治力量,三种建国方案

在 1921 年中国共产党诞生至 1949 年新中国成立以前的时期,中国存在着三种主要的政治力量:一是地主阶级和买办性的大资产阶级(1927 年后形成为官僚资产阶级),其政治代表先是北洋政府,以后主要是国民党统治集团。二是民族资产阶级,其政治代表是民主党派的某些领导人物和若干无党派民主人士。三是工人阶级、农民阶级和城市小资产阶级,其政治代表是中国共产党。

三种政治力量分别提出了三种不同的建国方案:第一种是地主阶级和买办性的大资产阶级的方案。该方案主张继续实行地主阶级、买办性的大资产阶级的军事独裁统治,使中国继续走半殖民地半封建社会的道路。第二种是民族资产阶级的方案。该方案的基本政治主张是建立一个名副其实的资产阶级共和国,以便使资本主义得到自由的和充分的发展,使中国成为一个独立的资本主义社会。这种方案,对于地主阶级与买办性的大资产阶级专政的政治现实是一种批判。第三种是工人阶级和其他进步势力的方案。该方案由工人、农民和城市小资产阶级的政治代表中国共产党提出,主张中国人民应当在工人阶级及其政党的领导下,首先进行一场彻底的反帝反封建的新民主主义革命,以便建立一个工人阶级领导的人民共和国,并经过这个人民共和国,逐步到达社会主义和共产主义。

（二）两种基本的选择，两个中国之命运

尽管在很长时期里，上列三种建国方案始终摆在中国人民的面前，由他们在自己的政治实践中去作出选择。但是，从根本上说，由于资产阶级共和国的方案并不具备现实性，可供中国人民选择的方案主要是两个：或者是继续半殖民地半封建的旧中国，或者是创建新民主主义的新中国。

资产阶级共和国的方案之所以行不通，是由当时中国所处的时代条件和国内阶级关系的状况所决定的。地主阶级与买办性的大资产阶级的方案由于违背中国人民的根本利益，遭到了广大中国人民的唾弃，他们的反动统治也在根本上被推翻了。只有中国共产党提出的关于建立人民共和国的方案，逐步地获得了工人、农民、城市小资产阶级乃至民族资产阶级及其政治代表的拥护，由此成了中国最广大人民群众共同的选择。

习题训练

一、单项选择题

1. 在五四运动后至新中国成立前，中国的社会性质是（　　）。
   A. 封建主义社会　　　　　　B. 半殖民地社会
   C. 资本主义社会　　　　　　D. 半殖民地半封建社会

2. 五四运动后，中国反帝反封建的革命性质是（　　）。
   A. 无产阶级社会主义革命　　B. 农民阶级革命
   C. 资产阶级民主主义革命　　D. 小资产阶级革命

3. 自五四运动开始，中国反帝反封建的革命进入到（　　）。
   A. 旧民主主义革命时期
   B. 新民主主义革命时期
   C. 旧民主主义向新民主主义过渡时期
   D. 新民主主义向社会主义过渡时期

4. 自五四运动开始，成为中国反帝反封建革命领导力量的是（　　）。
   A. 工人阶级　　　　　　　　B. 农民阶级
   C. 城市小资产阶级　　　　　D. 民族资产阶级

5. 19世纪末20世纪初,在外国侵华势力中占主要地位的是(   )。
   A. 英国   B. 法国
   C. 日本   D. 美国

6. 1917年发生的开辟人类历史新纪元的重大事件是(   )。
   A. 第一次世界大战   B. 俄国的十月社会主义革命
   C. 资本主义世界性经济危机 D. 中国的五四运动

7. 在第二次世界大战中,首先进行反法西斯战争的国家是(   )。
   A. 波兰   B. 苏联
   C. 中国   D. 美国

8. 标志世界反法西斯战争发生根本性转折的战役是(   )。
   A. 缅印战役   B. 斯大林格勒战役
   C. 诺曼底战役   D. 中途岛战役

9. 在第二次世界大战结束后,外国垄断资本在华扩张中取代日本地位的是(   )。
   A. 英国   B. 法国
   C. 德国   D. 美国

10. 中国新民主主义革命的首要任务是(   )。
    A. 反对帝国主义   B. 反对封建主义
    C. 反对官僚资本主义   D. 反对民族资本主义

11. 在五四运动至新中国成立前,中国社会经济生活中占优势地位的是(   )。
    A. 外国垄断资本   B. 官僚垄断资本
    C. 封建主义经济   D. 民族资本主义经济

12. 国民党在全国的统治建立后,蒋介石反动政权的主要经济基础是(   )。
    A. 外国垄断资本   B. 封建小农经济
    C. 买办的封建的国家垄断资本 D. 民族资本主义经济

13. 国民党在全国的统治建立后,官僚资本的垄断活动首先和主要是(   )。
    A. 从金融业方面开始的   B. 从商业方面开始的

C. 从重工业方面开始的　　　　D. 从交通业方面开始的

14. 在近代中国，由于经济地位决定了在政治上带有两重性的阶级是（　　）。

A. 工人阶级　　　　　　　　B. 农民阶级

C. 城市小资产阶级　　　　　D. 民族资产阶级

15. 在新民主主义革命中，工人阶级、农民阶级和城市小资产阶级的政治代表是（　　）。

A. 中国国民党　　　　　　　B. 中国共产党

C. 中国民主同盟　　　　　　D. 中国民主建国会

16. 中国共产党领导新民主主义革命在政治上所要实现的基本目标是（　　）。

A. 建立资产阶级专政的民主共和国

B. 建立工农民主专政的人民共和国

C. 建立工农兵联合专政的苏维埃共和国

D. 建立人民民主专政的人民共和国

二、多项选择题

1. 在五四运动后至新中国成立前，中国社会的主要矛盾是（　　）。

A. 中华民族同帝国主义的矛盾　　B. 农民阶级同地主阶级的矛盾

C. 人民大众同封建主义的矛盾　　D. 工人阶级同资产阶级的矛盾

2. 中国共产党领导新民主主义革命要完成的历史任务是（　　）。

A. 争取民族独立　　　　　　B. 争取人民解放

C. 实现国家繁荣富强　　　　D. 实现人民共同富裕

3. 第一次世界大战结束后，作为世界大国而兴起的是（　　）。

A. 法国　　　　　　　　　　B. 美国

C. 日本　　　　　　　　　　D. 英国

4. 发动第二次世界大战的法西斯国家是（　　）。

A. 奥匈帝国　　　　　　　　B. 德国

C. 意大利　　　　　　　　　D. 日本

5. 1942年，在反法西斯战争中领衔签署《联合国家宣言》的国家是

(　　)。

　　A. 美国　　　　B. 英国　　　　C. 苏联　　　　D. 中国

6. 在第二次世界大战结束后,逐步形成的两大国际阵营是(　　)。

　　A. 协约国阵营　　　　　　　B. 同盟国阵营

　　C. 帝国主义国家阵营　　　　D. 社会主义国家阵营

7. 在五四运动后至新中国成立前,压在中国人民身上的"三座大山"是(　　)。

　　A. 帝国主义　　　　　　　　B. 封建主义

　　C. 官僚资本主义　　　　　　D. 民族资本主义

8. 在辛亥革命失败后,相继作为中国反动势力的政治代表是(　　)。

　　A. 满清政府　　　　　　　　B. 南京临时政府

　　C. 北洋政府　　　　　　　　D. 国民党政府

9. 北洋政府和国民党政府维护封建剥削制度,并直接对农民进行掠夺的主要手段是(　　)。

　　A. 征收田赋　　　　　　　　B. 征收盐税

　　C. 征收各种杂税　　　　　　D. 强迫农民服劳役和服兵役

10. 在近代中国,民族资本主义经济的发展受到的阻碍包括(　　)。

　　A. 外国资本的压迫　　　　　B. 官僚资本的排挤

　　C. 封建生产关系的束缚　　　D. 军阀官僚政府的压榨

11. 在五四运动后至新中国成立前,中国社会存在的三种主要政治力量是(　　)。

　　A. 地主阶级与买办性的大资产阶级

　　B. 农民阶级和城市小资产阶级

　　C. 民族资产阶级

　　D. 工人阶级、农民阶级和城市小资产阶级

12. 在五四运动后至新中国成立前,中国社会内部存在的反动势力是(　　)。

　　A. 地主阶级　　　　　　　　B. 买办性的大资产阶级

　　C. 民族资产阶级　　　　　　D. 城市小资产阶级

13. 在新民主主义革命中,进步势力和革命的主要力量是(　　)。

A. 工人阶级 B. 农民阶级
C. 城市小资产阶级 D. 民族资产阶级

14. 在五四运动后至新中国成立前,民族资产阶级的政治代表是(   )。

A. 中国国民党 B. 中国共产党
C. 民主党派的某些领导人物 D. 若干无党派民主人士

15. 在中国共产党产生以后,中国社会存在的三种主要建国方案是(   )。

A. 地主阶级与买办性大资产阶级的方案

B. 农民阶级的方案

C. 民族资产阶级的方案

D. 工人阶级和其他进步势力的方案

16. 在五四运动后至新中国成立前,实际上可供中国人民选择的建国方案是(   )。

A. 地主阶级与买办性大资产阶级的方案

B. 农民阶级的方案

C. 民族资产阶级的方案

D. 工人阶级和其他进步势力的方案

三、辨析题

1. 俄国十月社会主义革命对中国反帝反封建的民主革命产生了深刻的历史影响。

2. 在二战结束后,正确制定应对美国的政策和策略成为中国革命胜利发展极为重要的条件。

3. 反对封建主义是中国新民主主义革命必须实现的首要任务。

4. 中国共产党关于建立人民共和国的方案是中国最广大人民群众共同的历史选择。

四、简答题

1. 在反法西斯战争结束后,世界政治形势出现的新情况。

2. 反对官僚资本主义、没收官僚资本是中国新民主主义革命的一项重要任务。

3. 在半殖民地半封建社会条件下,中国民族资本主义经济的主要特点。

4. 在中国共产党成立后至新中国成立前,中国社会存在的三种政治力量及其政治代表。

五、论述题

1. 在中国共产党诞生后,近代中国存在的三种建国方案及其历史命运。
2. 在近代中国,民族资产阶级的建国主张无法实施的历史原因。

参考答案

一、单项选择题

1. D 2. C 3. B 4. A 5. A 6. B 7. C 8. B 9. D 10. A 11. C 12. C 13. A 14. D 15. B 16. D

二、多项选择题

1. AC 2. AB 3. BC 4. BCD 5. ABCD 6. CD 7. ABC 8. CD 9. ABCD 10. ABCD 11. ACD 12. AB 13. ABC 14. CD 15. ACD 16. AD

三、辨析题

1. 正确。1917年俄国爆发的十月社会主义革命,开辟了人类历史的新纪元。十月革命给世界人民的解放事业开辟了广大的可能性和现实的道路,建立了一条从西方无产者经过俄国革命到东方被压迫民族的新的反对世界帝国主义的革命战线。列宁领导的共产国际积极帮助包括中国在内的一些国家的先进分子创建共产党。从此,中国反帝反封建的民主革命成了世界无产阶级社会主义革命的一部分。

2. 正确。第二次世界大战结束后,美国一手拿着金元,一手拿着原子弹,竭力向全世界扩张。控制中国,成为战后美国全球战略的重要组成部分。为此,美国政府采取了扶蒋反共的政策。这对于中国革命的发展是一个严重的障碍。正确制定应对美国的政策和策略,成为中国革命胜利发展的极为重要的条件。

3. 错误。反对封建主义,进行土地制度的彻底改革,是中国新民主主义革命的一项基本任务。而反对帝国主义,打破外国垄断资本的控制,则是中国新民主主义革命必须实现的首要任务。因为：在北洋政府和国民党政府统治期间，帝国主义的经济势力在中国得到进一步扩展，并牢牢掌握了中国的经济命脉。这给中国社会经济和中国人民带来了深重的灾难。

4. 正确。在中国共产党成立以后，中国存在的三种政治力量分别提出了三种不同的建国方案。地主阶级与买办性的大资产阶级的方案由于违背中国人民的根本利益，遭到了广大中国人民的唾弃。民族资产阶级的方案由于脱离中国实际，也没有得到中国广大群众的拥护。只有中国共产党提出的关于建立人民共和国的方案，逐步地获得工人、农民、城市小资产阶级乃至民族资产阶级及其政治代表的拥护，由此成了中国最广大人民群众共同的历史选择。

四、简答题

1. 第一，在主要的帝国主义国家中，德、意、日三个法西斯国家被彻底打败；战胜国英、法也被严重削弱；美国则成为资本主义世界的霸主。第二，苏联经过战争考验，成为足以与美国抗衡的世界一流强国。欧洲东部、中南部和亚洲东部、东南部出现一系列由工人阶级政党领导的人民民主国家，社会主义冲破一国范围在多国赢得胜利。第三，亚洲、非洲、拉丁美洲及南太平洋地区的民族解放运动蓬勃兴起，许多原殖民地、附属国争得了或正在争取政治上的独立，殖民主义体系急剧瓦解。在资本主义国家，共产党的影响显著增长，工人运动有了新的发展。这些给全世界工人阶级和被压迫民族的解放事业开辟了更加广大的可能性和更加现实的道路。

2. 1927年国民党在全国的统治建立以后，官僚买办资本急剧地膨胀起来。官僚资本和国家政权结合在一起，成为国家垄断资本。它同外国帝国主义、本国地主阶级和旧式富农密切地结合，成为买办的封建的国家垄断资本。中国官僚资本的形成过程，也就是军阀、官僚政府建立和加强军事独裁统治的过程。官僚资本是官僚资产阶级利用超经济的特权，主要在从事金融和商业投机的过程中，在充当外国帝国主义的买办的过程中，通过掠夺广大劳动人民和兼并民族工商业而发展起来的，它是社会生产力发展的严重阻碍。正因为如此，反对官僚资本主义、没收官僚资本归新民主主义国家所有，就成为中国新民主主义革命的一项重要任务。

3. 第一，民族资本主义经济在国民经济中所占比重很小，它始终没有成为中国社会经济的主要形式。第二，在民族工业中，工业资本所占的比重小，商业资本和金融资本所占的比重大。第三，民族资本主义工业主要是以纺织、食品工业为主的轻工业，缺乏重工业的基础，不能构成一个完整的工业体系和国民经济体系，在技术、设备以至原材料方面不得不依赖外国垄断资本和本国官僚资本。第四，民族资本所经营的工业，规模狭小，经营分散，技术设备落后，劳动生产率低。第五，民族资本主义经济和封建势力也有千丝万缕的联系。

4. 在中国共产党成立后至新中国成立以前,中国社会存在着三种主要的政治力量:一是地主阶级和买办性的大资产阶级(1927年后成为官僚资产阶级)。他们是反动势力(有时称顽固势力),是民主革命的对象,其政治代表先是北洋政府,以后主要是国民党统治集团。二是民族资产阶级。他们是中间势力,是民主革命的力量之一,其政治代表是民主党派的某些领导人物和若干无党派民主人士。三是工人阶级、农民阶级和城市小资产阶级。他们是进步势力,是民主革命的主要力量,其政治代表是中国共产党。

五、论述题

1. 在中国共产党产生以后,中国存在的三种政治力量,分别提出了三种不同的建国方案:第一种是地主阶级与买办性的大资产阶级的方案。该方案主张继续实行地主阶级、买办性的大资产阶级的军事独裁统治,使中国继续走半殖民地半封建社会的道路。第二种是民族资产阶级的方案。该方案主张建立一个名副其实的资产阶级共和国,以便使资本主义得到自由的和充分的发展,使中国成为一个独立的资本主义社会。第三种是工人阶级和其他进步势力的方案。该方案由中国共产党提出,主张首先进行一场彻底的反帝反封建的新式资产阶级民主革命,即新民主主义革命,以便建立一个工人阶级领导的人民共和国,并经过这个人民共和国,逐步到达社会主义和共产主义。

由于资产阶级共和国的方案并不具备现实性,可供中国人民选择的方案主要是两个:或者是继续半殖民地半封建的旧中国,或者是创建新民主主义的新中国。地主、买办资产阶级的方案由于违背中国人民的根本利益,遭到了广大中国人民的唾弃,它们的反动统治也在根本上被推翻了。只有中国共产党提出的关于建立人民共和国的方案,逐步地获得工人、农民、城市小资产阶级乃至民族资产阶级及其政治代表的拥护,由此成了中国最广大人民群众的共同选择。

2. 中国民族资产阶级的主张是建立一个名副其实的资产阶级共和国,以便使资本主义得到自由的和充分的发展,使中国成为一个独立的资本主义社会。这种建国方案之所以无法实施,是由当时中国所处的时代条件和国内阶级关系的状况所决定的。

一方面是因为中国是受帝国主义压迫的国家。帝国主义列强来到中国,不是为了使中国成为一个独立、富强的资本主义国家,而是为了掠夺中国,发展它们自己的资本主义。对于它们来说,政治上、经济上不独立的中国,才是理想的倾销商品的市场、投资的场所与廉价原料、廉价劳动力的供应地。它们不愿意失去在中国的殖民主义利益,更不愿意看到中国在国际市场上成为它们的竞争对手。另一方面,民族资产阶级力量过于软弱,没有勇气和能力领导人民进行彻底反帝反封建的革命斗争,从而为建立资产阶级共和国扫清障碍。代表这个阶级要求的中间派,由于提不出彻底的土地革命的纲领,无法动员农民这个最广大的群众;由于不敢进行革命的武装斗争,根本不掌握军队。因此,他们在政治上没有很大的分量。在这种情况下,他们往往把实现民主政治的希望寄托在统治阶级让步这种幻想之上。而中国的反动统治阶级者由于自身社会基础的极其狭窄,其统治是十分残暴、同时又是十分虚弱的,它不能容忍、更经受不住任何的民主改革。它绝不会对中间势力关于建立民主共和国的要求作出原则性让步。

阅读思考

一

材料1：应该说第一次世界大战和大战期间爆发的十月革命,这两者都是影响中国历史发展进程的重大国际事件。十月革命对中国近代历史转变所起的作用,主要在于它的正面教育和在方向上的启发、引导作用。而第一次世界大战的影响主要是起了反面教员的作用和客观上为中国革命的转变准备了条件。只有这样看待第一次世界大战和十月革命对中国的影响和作用,我们才能理解"第一次帝国主义世界大战和第一次胜利的社会主义十月革命,改变了整个世界历史的方向,划分了整个世界历史的时代"这个论断的含意,进而得出结论：第一次世界大战和十月革命都是改变中国历史方向,划分中国历史时代的重要国际条件。

——摘自陈国清：《简论第一次世界大战对中国社会发展进程的若干影响》,《武汉大学学报(人文科学版)》2004年第1期。

材料2：请大家想一想,假如没有苏联的存在,假如没有反法西斯的第二次世界大战的胜利,假如没有打倒日本帝国主义,假如没有各人民民主国家的出现,假如没有东方各被压迫民族正在起来斗争,假如没有美国、英国、法国、德国、意大利、日本等等资本主义国家内部的人民大众和统治他们的反动派之间的斗争,假如没有这一切的综合,那末,堆在我们头上的国际反动势力必定比现在不知要大多少倍。在这种情形下,我们能够胜利吗？显然是不能的。

——摘自毛泽东：《论人民民主专政》(1949年6月30日)，cpu. people. com. cn/GB/64184/64185/66618/4488978.html。

问题1：第一次世界大战对世界、对中国产生了怎样的历史影响？

问题 2：俄国十月革命对世界、对中国产生了怎样的历史影响？

问题 3：世界反法西斯战争胜利对世界、对中国产生了怎样的历史影响？

二

材料 1：在中国人民面前摆着两条路，光明的路和黑暗的路。有两种中国之命运，光明的中国之命运和黑暗的中国之命运。……或者是一个独立、自由、民主、统一、富强的中国，就是说，光明的中国，中国人民得到解放的新中国；或者是另一个中国，半殖民地半封建的、分裂的、贫弱的中国，就是说，一个老中国。一个新中国还是一个老中国，两个前途，仍然存在于中国人民的面前，存在于中国共产党的面前，存在于我们这次代表大会的面前。

——摘自毛泽东：《两个中国之命运》(1945 年 4 月 23 日)，cpc. people. com. cn/GB/64184/64185/66617/4488949. html。

材料 2：资产阶级的民主主义让位给工人阶级领导的人民民主主义，资产阶级共和国让位给人民共和国。这样就造成了一种可能性：经过人民共和国到达社会主义和共产主义，到达阶级的消灭和世界的大同。康有为写了《大同书》，他没有也不可能找到一条到达大同的路。资产阶级的共和国，外国有过的，中国不能有，因为中国是受帝国主义压迫的国家。唯一的路是经过工人阶级领导的人民共和国。

——摘自毛泽东：《论人民民主专政》(1949 年 6 月 30 日)，cpc. people. cn/GB/64184/64185/66618/4488978. html。

问题 1：在中国共产党建立后，中国有哪些主要的政治力量？他们各自的政治代表提出了怎样的建国方案？

问题 2：这些政治力量在建国问题上的较量为什么演变成了"两个中国命运"的斗争？其历史结局如何？

问题 3：为什么资产阶级共和国的方案在中国行不通？

第四章 开天辟地的大事变

内容概述

第一节 新文化运动和五四运动

一、新文化运动与思想解放的潮流

1. 新文化运动的兴起。辛亥革命的失败和北洋军阀统治的建立，使人们陷入了深深的绝望、苦闷和彷徨之中。一些先进的中国知识分子认为，"欲图根本之救亡"，必须改造中国的国民性。他们决心发动一场新的启蒙运动，这个运动后来被称为新文化运动。1919年五四运动以前的新文化运动是资产阶级民主主义的新文化反对封建主义的旧文化的斗争。《新青年》杂志和北京大学是新文化运动的主要阵地。

2. 新文化运动的基本口号。《新青年》提出的基本口号是民主和科学，即所谓拥护"德先生"和"赛先生"。在陈独秀看来，民主，既是指资产阶级民主主义的制度，也是指资产阶级民主主义的思想；科学，则有广狭二义："狭义的是指自然科学而言，广义的是指社会科学而言。"他提倡民主和科学，是为了实现在中国"建设西洋式之新国家"即西方式的资产阶级国家这个目标。新文化运动的倡导者们认定，为了提倡民主和科学，给发展资本主义扫清思想障碍，必须对孔学进行批判。

3. 反封建的思想解放运动。新文化运动的倡导者提倡民主、反对专制，提倡科学、反对迷信盲从，在当时即获得了人们的广泛赞同，并产生了深远的影响；

新文化运动的倡导者批判孔学,动摇孔学的绝对权威的地位,从而使人们敢于冲破封建思想的牢笼,去进行独立思考;新文化运动的倡导者们在社会上掀起了一股思想解放的潮流。

4. 五四运动以前新文化运动的局限。① 新文化运动的倡导者提倡资产阶级民主主义,并不能为人们提供一种有效的思想武器去认识中国,去对中国社会进行改造。② 他们把改造国民性置于优先的地位。③ 他们中的许多领导人物还没有马克思主义的批判精神,他们使用的方法,一般还是资产阶级的方法。

事实上,在当时的先进分子中,有的人在宣传西方资产阶级民主主义时,就已经开始对它有所怀疑和保留了。这是因为:① 在帝国主义时代,资本主义制度的内在矛盾已经比较充分地暴露出来。② 1914年至1918年的第一次世界大战,以极端的形式进一步暴露了资本主义制度固有的不可克服的矛盾。③ 中国人学习西方的努力屡遭失败的事实,更使他们对资产阶级共和国方案在中国的可行性产生了极大的疑问。这推动着他们去探索挽救危亡的新的途径,为他们以后接受马克思主义准备了合宜的土壤。

二、十月革命与马克思主义在中国的传播

1917年俄国爆发的十月社会主义革命,推动中国的先进分子把目光从西方转向东方,从资产阶级民主主义转向社会主义:① 十月革命给予中国人的一个启示是,经济文化落后的国家也可以用社会主义思想指引自己走向解放之路。② 十月革命诞生的社会主义俄国号召反对帝国主义,并以新的平等的态度对待中国,有力地推动了社会主义思想在中国的传播。③ 十月革命中俄国工人、农民和士兵群众的广泛发动并由此赢得胜利的事实,给予中国的先进分子以新的革命方法的启示,推动他们去研究这个革命所遵循的主义。

在十月革命以后、五四运动前后的中国思想界,产生了一批赞成俄国十月社会主义革命、具有初步共产主义思想的知识分子。在中国大地上率先举起马克思主义旗帜的是李大钊,他是从爱国的立场出发,从民主主义者转变为共产主义者的。

三、五四运动:新民主主义革命的开端

1. 五四运动的爆发。1919年5月爆发的五四运动,是在新的时代条件和社会历史条件下发生的:首先,是新的社会力量的成长、壮大;其次,是新文化运动

掀起的思想解放的潮流；最后，是俄国十月革命对中国的影响。五四运动的直接导火线，是巴黎和会上中国外交的失败。

2. 五四运动的历史特点。① 五四运动表现了反帝反封建的彻底性。② 五四运动是一次真正的群众运动。③ 五四运动促进了马克思主义在中国的传播及其与中国工人运动的结合。正因为五四运动具备了上述新的历史特点，它也就成了中国革命的新阶段即新民主主义革命阶段的开端。

第二节　马克思主义进一步传播与中国共产党诞生

一、中国早期马克思主义思想运动

1. 早期马克思主义者的队伍。五四运动以后，社会主义思潮在中国蓬勃兴起，马克思主义开始在知识界得到传播。中国早期信仰马克思主义的人物，主要有三种类型：① 五四以前的新文化运动的精神领袖，其代表是李大钊、陈独秀。② 五四爱国运动的左翼骨干，其代表为毛泽东等。③ 一部分原中国同盟会会员、辛亥革命时期的活动家，其代表为董必武等。

2. 早期马克思主义思想运动的特点。为适应中国社会发展和革命发展的需要，早期马克思主义者在中国掀起了一场研究、传播马克思主义的思想运动。其特点是：① 重视对马克思主义基本理论的学习，明确地同第二国际的社会民主主义划清界限。② 注意从中国的实际出发，学习、运用马克思主义的理论。③ 开始提出知识分子应当同劳动群众相结合的思想。

3. 新文化运动的发展。中国的先进分子在接受马克思主义之后，继承了五四运动的科学和民主的精神，并赋予它们以新的含义，使它们在更高的层次上得到了发扬。民主不再指狭隘的资产阶级民主，而是指多数人的民主、以劳动群众为主体的民主。科学，除自然科学外，就对社会的研究来说，主要是指马克思主义的科学世界观和社会革命论了。五四以后的新文化运动已经发展到了一个新阶段，马克思主义开始逐步地在思想文化领域中发挥指导作用了。

二、马克思主义与中国工人运动的结合

1. 中国共产党的早期组织。随着中国工人阶级开始作为独立的政治力量

登上历史舞台和马克思主义在中国逐步传播,建立一个以马克思主义理论为指导的工人阶级政党的任务被提上了日程。大约在 1920 年 8 月,陈独秀、李汉俊、李达等在上海建立了中国工人阶级政党最早的组织。此后在北京、武汉、长沙、济南和广州相继出现了共产党的早期组织。在日本、法国留学的中国先进分子也成立了这样的组织。

2. 中国共产党早期组织的活动。中国共产党早期组织成立以后,着重进行了以下几方面的工作:① 研究和宣传马克思主义,并同反马克思主义的思想流派进行了斗争;② 到工人中进行宣传和组织工作;③ 进行关于建党问题的讨论和实际组织工作。这些活动促进了马克思列宁主义的传播及其与中国工人运动的结合。

三、中国共产党的创建及其意义

1. 中国共产党第一次全国代表大会。1921 年 7 月 23 日,中国共产党第一次全国代表大会在上海举行。参加大会的有 12 名代表,他们来自 7 个地方,代表 50 多名党员;出席会议的还有共产国际代表马林和尼科尔斯基。大会确定党的名称为中国共产党。党的纲领是:以无产阶级革命军队推翻资产阶级,采用无产阶级专政以达到阶级斗争的目的——消灭阶级,废除资本私有制,以及联合第三国际等。大会在讨论实际工作计划时,决定首先集中精力组织工人。

2. 中国共产党成立的历史特点和意义。中国共产党成立于俄国十月革命取得胜利,第二国际社会民主主义、修正主义遭到破产之后,所接受的是马克思主义的完整的科学世界观、社会革命论和科学社会主义。它是在半殖民地半封建中国的工人运动的基础上产生的。中国工人阶级身受帝国主义、本国资产阶级和封建势力的三重压迫,具有极强的革命性。所以,中国共产党一开始就是一个以马克思列宁主义理论为基础的党,是一个区别于第二国际旧式社会改良党的新型工人阶级革命政党。中国共产党的成立,是中华民族发展史上一个开天辟地的大事变。它给灾难深重的中国人民带来了光明和希望,使中国革命有了一个先进的、坚强的领导核心,使中国革命的局面发生了根本性的改变。中国共产党人的初心和使命,就是为中国人民谋幸福,为中华民族谋复兴。中国共产党的成立,深刻改变了近代以后中华民族发展的方向和进程,深刻改变了中国人民和中华民族的前途和命运,深刻改变了世界发展的趋势和格局。

第三节 中国革命的新局面

一、制定革命纲领,发动工农运动

1. 制定反帝反封建的民主革命纲领。中国共产党一经成立,中国革命就展现了新的面貌。① 第一次提出了反帝反封建的民主革命的纲领,为中国人民指出了明确的斗争目标。1922年7月召开的中国共产党第二次全国代表大会提出,党的最高纲领是实现社会主义、共产主义。党在当前阶段的纲领应当是:打倒军阀;推翻国际帝国主义的压迫;统一中国为真正民主共和国。② 开始采取民族资产阶级、小资产阶级的政党和政治派别没有采取过、也不可能采取的革命方法,即群众路线的方法。

2. 发动工农群众开展革命斗争。在中国共产党的领导、组织、推动下,从1922年1月香港海员罢工到1923年2月京汉铁路工人罢工,中国掀起了第一个工人运动的高潮。中国共产党领导的工人斗争,显示了中国工人阶级的坚定的革命性和坚强的战斗力,扩大了中国共产党在全国的政治影响,密切了中国共产党同工人阶级的联系,党的自身建设也由此得到了加强。1921年9月,经过共产党人的努力,浙江萧山县衙前村成立了中国第一个农民协会,开展反抗地主压迫的斗争。1923年元旦,彭湃在广东海丰县宣告成立了海丰总农会,全县范围的农民运动轰轰烈烈地开展了起来。

二、实行国共合作,掀起大革命高潮

1. 国共合作的形成。1923年2月7日,京汉铁路罢工遭到北洋政府的血腥镇压,中国的工人运动暂时转入了低潮。中国共产党决定采取更为积极的步骤去联合孙中山领导的国民党。1923年6月召开的中国共产党第三次全国代表大会就国共合作的方针和办法作出了正式的决定。1924年1月,中国国民党第一次全国代表大会在广州举行。大会提出的新三民主义的政纲同中共在民主革命阶段的纲领基本一致,因而成为国共合作的政治基础。大会实际上确定了联俄、联共、扶助农工三大革命政策。国民党一大的成功召开,标志着第一次国共合作的正式形成。

2. 大革命的准备与进行。1924年,工人运动开始复兴,农民运动也有了初步开展。国共合作创办了黄埔陆军军官学校,为未来的革命战争准备了军事力量的骨干。1925年,以五卅运动为起点,掀起了全国范围的大革命高潮。1926年7月,以推翻北洋军阀统治为目标的北伐战争开始。随着北伐的胜利进军,中国形成了历史上空前广大的人民解放运动。1925年至1927年中国反帝反封建的革命,比之以往任何一次革命,群众的动员程度更为广泛,斗争的规模更加宏伟,革命的社会内涵更加深刻,因此被称作大革命。

3. 大革命中的中国共产党。中国共产党在大革命中起着独特的、不可代替的作用:提出了反对帝国主义、反对军阀的政治口号;倡导和组织了以国共合作为基础的国民革命统一战线;发动和组织了近代中国历史上空前广泛而深刻的群众运动;帮助和推动了国民革命军的建立,并通过卓有成效的政治工作提高了国民革命军的素质,共产党员在战斗中更是身先士卒,起着先锋作用和表率作用。

4. 大革命的意义、失败原因和教训。1927年3月发生的南京事件加速了蒋介石同帝国主义势力勾结的步伐。同年4月12日,蒋介石在上海发动反共政变。同年7月15日,汪精卫在武汉发动反共政变,国共合作全面破裂,大革命最终失败。大革命的失败从客观方面来讲,是由于反革命力量的强大,是由于资产阶级发生严重的动摇、统一战线出现剧烈的分化,是由于蒋介石集团、汪精卫集团先后被帝国主义势力和地主阶级、买办资产阶级拉进反革命营垒里去了;从主观方面来说,是由于中国共产党的中央领导机关在大革命的后期犯了以陈独秀为代表的右倾机会主义的错误。大革命实际上是未来胜利的革命的一次伟大的演习,并为把中国革命推进到一个新的阶段——土地革命战争阶段准备了必要的条件。

习题训练

一、单项选择题

1. 1915年在上海创办《青年杂志》的是( )。

A. 胡适　　　　　　　　　B. 鲁迅

C. 李大钊　　　　　　　　D. 陈独秀

2. 1919年五四运动以前的新文化运动是（   ）。

   A. 农民阶级民粹主义的文化运动
   B. 小资产阶级无政府主义的文化运动
   C. 无产阶级社会主义的文化运动
   D. 资产阶级民主主义的文化运动

3. 新文化运动的基本口号是（   ）。

   A. 民主和自由   B. 平等和博爱
   C. 民主和科学   D. 理性和科学

4. 在新文化运动中率先举起马克思主义旗帜的是（   ）。

   A. 毛泽东   B. 蔡和森
   C. 陈独秀   D. 李大钊

5. 1919年五四运动爆发的直接导火线是（   ）。

   A. 北洋政府与日本签订"二十一条" B. 北洋政府拒绝恢复《临时约法》
   C. 巴黎和会上中国外交的失败   D. 华盛顿会议上中国外交的失败

6. 中国近代史上第一次彻底的不妥协的反帝反封建斗争运动是（   ）。

   A. 护国运动   B. 护法运动
   C. 五四运动   D. 五卅运动

7. 1919年爆发的五四运动是（   ）。

   A. 中国旧民主主义革命阶段的开端   B. 中国新民主主义革命阶段的开端
   C. 中国社会主义革命阶段的开端   D. 世界社会主义革命阶段的开端

8. 在中国早期信仰马克思主义的先进分子中，来自五四爱国运动左翼骨干的代表是（   ）。

   A. 陈独秀   B. 毛泽东
   C. 李大钊   D. 董必武

9. 1920年建立的中国最早的共产党组织是（   ）。

   A. 北京共产主义小组   B. 上海共产主义小组
   C. 武汉共产主义小组   D. 广州共产主义小组

10. 1921年诞生的中国共产党是（   ）。

    A. 新文化运动与中国革命相结合的产物
    B. 中国知识分子与工人阶级相结合的产物

C. 五四运动与中国革命相结合的产物

D. 马克思主义与中国工人运动相结合的产物

11. 中国共产党第一次明确提出反帝反封建民主革命纲领的会议是（   ）。

    A. 中共一大   B. 中共二大

    C. 中共三大   D. 中共四大

12. 1921年9月，中国共产党领导成立的第一个农民协会是在（   ）。

    A. 浙江省萧山县   B. 广东省海丰县

    C. 湖南省湘潭县   D. 福建省上杭县

13. 中国共产党正式确定第一次国共合作方针和办法的会议是（   ）。

    A. 中共二大   B. 中共西湖会议

    C. 中共三大   D. 中共瓦窑堡会议

14. 第一次国共合作正式形成的标志是（   ）。

    A. 中国共产党一大的召开   B. 中国共产党三大的召开

    C. 中国国民党一大的召开   D. 中国国民党三大的召开

15. 第一次国共合作的政治基础是（   ）。

    A. 中共一大制定的最高纲领   B. 孙中山提出的三民主义

    C. 中共二大制定的最低纲领   D. 孙中山提出的新三民主义

16. 第一次国共合作建立后，全国范围的大革命高潮兴起的起点是（   ）。

    A. 五四运动   B. 香港海员罢工

    C. 五卅运动   D. 省港工人罢工

17. 1927年，蒋介石在上海制造的破坏国共合作的事件是（   ）。

    A. 中山舰事件   B. 整理党务案事件

    C. 四一二政变   D. 七一五政变

18. 1927年，汪精卫在武汉制造的导致国共合作全面破裂的事件是（   ）。

    A. 中山舰事件   B. 整理党务案事件

    C. 四一二政变   D. 七一五政变

二、多项选择题

    1. 新文化运动的主要阵地是（   ）。

A. 北京大学 B. 中山大学
   C.《新青年》编辑部 D.《湘江评论》编辑部
2. 五四运动在1919年6月3日后发生的重要转变是(　　　)。
   A. 运动的中心从北京转到西安 B. 运动的中心从北京转到上海
   C. 运动的主力从学生转为工人 D. 运动的主力从工人转为农民
3. 五四运动具有的历史特点是(　　　)。
   A. 反帝反封建的彻底性
   B. 真正的群众运动
   C. 促进了马克思主义在中国的传播
   D. 促进了马克思主义与中国工人运动的结合
4. 中国早期信仰马克思主义的先进分子的主要类型是(　　　)。
   A. 五四以前新文化运动的精神领袖 B. 五四爱国运动的左翼骨干
   C. 一部分原中国同盟会的会员 D. 中国产业工人中的优秀分子
5. 在中国早期信仰马克思主义的先进分子中，来自辛亥革命时期的活动家的是(　　　)。
   A. 杨匏安 B. 董必武
   C. 吴玉章 D. 林伯渠
6. 在中国早期马克思主义者的队伍中，作为先驱者和擎旗人的是(　　　)。
   A. 陈独秀 B. 李大钊
   C. 毛泽东 D. 蔡和森
7. 中国各地共产党早期组织成立后着重进行的工作是(　　　)。
   A. 研究和宣传马克思主义
   B. 建立革命统一战线
   C. 到工人中去开展宣传和组织工作
   D. 开展关于建党问题的讨论和实际组织工作
8. 中国共产党早期组织的成员同反马克思主义思潮进行的主要论战是(　　　)。
   A. 同康有为关于"改良与革命"的论战
   B. 同胡适围绕"问题与主义"的论战

C. 同张东荪等关于社会主义的论战

D. 同黄凌霜等无政府主义者的论战

9. 中国早期共产党组织成立后出版的工人通俗刊物有（　　）。

A.《劳动界》　　　　　　　　B.《劳动音》

C.《工人月刊》　　　　　　　D.《济南劳动月刊》

10. 中共二大制定的民主革命纲领的主要内容是（　　）。

A. 打倒军阀　　　　　　　　B. 推翻国际帝国主义的压迫

C. 统一中国为真正的民主共和国　　D. 实现共产主义

11. 在中国工人运动第一个高潮中，中国共产党领导的罢工斗争有（　　）。

A. 香港海员罢工　　　　　　B. 安源路矿工人罢工

C. 开滦五矿工人罢工　　　　D. 京汉铁路工人罢工

12. 中国国民党第一次全国代表大会实际上确立的三大政策是（　　）。

A. 联俄　　　　　　　　　　B. 联共

C. 打倒军阀　　　　　　　　D. 扶助农工

13. 1926 年 7 月开始的北伐战争的主要对象是（　　）。

A. 皖系军阀段祺瑞　　　　　B. 直系军阀吴佩孚

C. 直系军阀孙传芳　　　　　D. 奉系军阀张作霖

14. 1927 年，中国人民在北伐战争胜利进军推动下收回的租界是（　　）。

A. 广州法租界　　　　　　　B. 上海法租界

C. 汉口英租界　　　　　　　D. 九江英租界

三、辨析题

1. 俄国十月革命的胜利推动了中国先进分子在思想上转向社会主义。

2. 新文化运动是中国新民主主义革命阶段的开端。

3. 中国共产党的成立是一个开天辟地的大事变。

4. 三民主义是第一次国共合作的政治基础。

四、简答题

1. 五四以前新文化运动的历史意义和历史局限。
2. 中国早期马克思主义者队伍形成和早期马克思主义思想运动的特点。
3. 1925 年至 1927 年的国民革命是一场规模宏伟的大革命。
4. 中国共产党在大革命中的历史作用。

五、论述题

1. 中国共产党成立的历史特点。
2. 第一次国共合作期间的大革命的失败原因和历史意义。

参考答案

一、单项选择题

1. D 2. D 3. C 4. D 5. C 6. C 7. B 8. B 9. B 10. D 11. B 12. A 13. C 14. C 15. D 16. C 17. C 18. D

二、多项选择题

1. AC 2. BC 3. ABCD 4. ABC 5. BCD 6. AB 7. ACD 8. BCD 9. ABCD 10. ABC 11. ABCD 12. ABD 13. BCD 14. CD

三、辨析题

1. 正确。十月革命给予中国人的一个启示是，经济文化落后的国家也可以用社会主义思想指引自己走向解放之路。十月革命诞生的社会主义俄国号召反对帝国主义，并以新的平等的态度对待中国，有力地推动了社会主义思想在中国的传播。十月革命中俄国工人、农民和士兵群众的广泛发动并由此赢得胜利的事实，给予中国的先进分子以新的革命方法的启示，推动他们去研究这个革命所遵循的主义。

2. 错误。五四运动具有以辛亥革命为代表的旧民主主义革命所不具备的特点：① 表现了反帝反封建的彻底性；② 是一次真正的群众运动；③ 促进了马克思主义在中国的传播及其与中国工人运动的结合，为 1921 年中国共产党的成立作了思想上和干部上的准备。正因为具备了上述新的历史特点，五四运动成为中国新民主主义革命阶段的开端。

3. 正确。中国共产党的成立，给灾难深重的中国人民带来了光明和希望，使中国革命有了一个先进的、坚强的领导核心，使中国革命的局面发生了根本性的改变。中国共产党人的初心和使命，就是为中国人民谋幸福，为中华民族谋复兴。中国共产党的成立，深刻改变了近代以后中华民族发展的方向和进程，深刻改变了中国人民和中华民族的前途和命运，深刻改变了世界发展的趋势和格局。

4. 错误。1924年中国国民党一大通过的宣言对三民主义作出了新的解释：在民族主义中突出了反帝的内容，强调对外实行中华民族的独立，同时主张国内各民族一律平等；在民权主义中强调了民主权利应"为一般平民所共有"，不应为"少数人所得而私"；把民主主义概括为"平均地权"和"节制资本"两大原则，并提出要改善工农的生活状况。这个新三民主义的政纲同中国共产党在民主革命阶段的纲领基本一致，因而成为国共合作的政治基础。

四、简答题

1. 历史意义：新文化运动的倡导者提倡民主、反对专制，提倡科学、反对迷信盲从，是切中时弊的。正因为如此，这两个口号在当时即获得了人们广泛的赞同，并产生了深远的影响。当封建主义还在政治和社会生活中占据支配地位的时候，对于资产阶级民主主义的提倡，在客观上仍然具有振聋发聩的作用。新文化运动的倡导者们在社会上掀起了一股思想解放的潮流。历史局限：① 新文化运动的倡导者批判孔学，是为了给中国发展资本主义扫清障碍。② 他们把改造国民性置于优先的地位。③ 那时的许多领导人物还没有马克思主义的批判精神，他们使用的方法一般还是资产阶级的方法。

2. 五四运动以后，中国一批先进分子经过各自的摸索，逐步划清了资产阶级民主主义和无产阶级社会主义、科学社会主义和其他社会主义流派的界限，走上了马克思主义的道路。他们主要有三种类型：五四以前的新文化运动的精神领袖，其代表是李大钊、陈独秀；五四爱国运动的左翼骨干，其代表为毛泽东等；一部分原中国同盟会会员、辛亥革命时期的活动家，其代表为董必武等。中国早期马克思主义思想运动具有以下几个特点：① 重视对马克思主义基本理论的学习，明确地同第二国际的社会民主主义划清界限。② 注意从中国的实际出发，学习、运用马克思主义的理论。③ 开始提出知识分子应当同劳动群众相结合的思想。

3. 1924年第一次国共合作的形成，加快了中国革命前进的步伐。1925年，以五卅运动为起点，掀起了全国范围的大革命高潮。国民革命军举行了征讨地方军阀陈炯明、邓本殷的广东战争，统一并巩固了广东革命根据地。1926年7月，以推翻北洋军阀统治为目标的北伐战争开始。国民革命军在工农群众的支援下，先后基本上摧毁了北洋军阀吴佩孚、孙传芳的主力，革命势力发展到了长江流域和黄河流域的大部分地区。随着北伐的胜利进军，中国形成了历史上空前广大的人民解放运动，帝国主义、封建主义的统治受到沉重的打击。1925年至1927年中国反帝反封建的革命,比之以往任何一次革命,群众的动员程度更为广泛,斗争的规模更加宏伟,革命的社会内涵更加深刻。

4. 大革命是在反对帝国主义、反对军阀的政治口号下进行的。而提出这个口号的正是中国共产党。大革命是在以国共合作为基础的统一战线的组织形式下进行的,而中国共产党正是国共合作的倡导者和统一战线的组织者。大革命是近代中国历史上空前广泛而深刻的群众运动,而中国共产党正是人民群众的主要发动者和组织者。经过共产党人深入细致的工作,中国人民的力量逐步地组织起来,为国民革命的发展、广东战争和北伐战争的胜利奠定了群众基础。大革命的主要斗争形式是革命战争。共产党人不仅帮助和推动了国民革命军的建立,而且在军队中进行了卓有成效的政治工作,增强了它的凝聚力和战斗力;共产党员在战斗中更是身先士卒,起着先锋作用和表率作用。

五、论述题

1. 中国共产党是在特定的社会历史条件下成立的:一方面,它成立于俄国十月革命取得胜利,第二国际社会民主主义、修正主义遭到破产之后。它所接受的,是马克思主义的完整的科学世界观和社会革命论,是在帝国主义和无产阶级革命时代发展了的马克思主义即列宁主义,是在斗争中同资产阶级、小资产阶级社会主义划清了界限的科学社会主义。另一方面,它是在半殖民地半封建中国的工人运动的基础上产生的。中国工人阶级深受帝国主义、本国资产阶级和封建势力的三重压迫,具有坚强的革命性。在这个阶级中,不存在欧洲那种工人贵族阶层,没有社会改良主义的基础。而且在半殖民地的中国,工人阶级根本不可能进行和平的议会斗争,他们不可能对资产阶级民主制度抱有期望。所以,中国共产党一开始就是一个以马克思列宁主义理论为基础的党,是一个区别于第二国际旧式社会改良党的新型工人阶级革命政党。

中国共产党的成立,是中华民族发展史上一个开天辟地的大事变。中国共产党的成立给灾难深重的中国人民带来了光明和希望,使中国革命有了一个先进的、坚强的领导核心,使中国革命的局面发生了根本性的改变。

2. 大革命失败的原因,从客观方面来说,是由于反革命力量的强大,是由于资产阶级发生严重的动摇、统一战线出现剧烈的分化,是由于蒋介石集团、汪精卫集团先后被帝国主义势力和地主阶级、买办资产阶级拉进反革命营垒里去了。从主观方面来说,是由于中国共产党的中央领导机关在大革命的后期犯了以陈独秀为代表的右倾机会主义的错误,放弃了无产阶级对于农民群众、城市小资产阶级和民族资产阶级的领导权,尤其是武装力量的领导权。

这场失败了的革命,实际上是未来胜利的革命的一次伟大的演习。因为正是在这个时期,中国共产党人进行了轰轰烈烈的革命工作,领导了全国反帝反封建的伟大斗争,在中国革命史上写下了光荣的一页,同时开始探索马克思主义中国化的途径,初步提出了无产阶级领导的、人民大众的、反帝反封建的新民主主义革命的基本思想,并且从大革命的失败中汲取了严重的历史教训,开始懂得进行土地革命和掌握革命武装的重要性。正是由于经历了这场大革命,中国人民的觉悟程度和组织程度有了明显的提高,中国共产党开始掌握了一部分革命武装。这些为把中国革命推进到一个新的阶段——土地革命战争阶段准备了必要的条件。

阅读思考

一

材料1:帝国主义的侵略打破了中国人学西方的迷梦。很奇怪,为什么先生老是侵略学生呢?中国人向西方学得很不少,但是行不通,理想总是不能实现。多次奋斗,包括辛亥革命那样全国规模的运动,都失败了。国家的情况一天一天坏,环境迫使人们活不下去。怀疑产生了,增长了,发展了。

——摘自毛泽东:《论人民民主专政》(1949年6月30日),cpc.people.com.cn/GB/64184/64185/66618/4488978.html。

材料2:一九一七年的俄国革命唤醒了中国人,中国人学得了一样新的东西,这就是马克思列宁主义。中国产生了共产党,这是开天辟地的大事变。孙中山也提倡"以俄为师",主张"联俄联共"。总之是从此以后,中国改换了方向。

——摘自毛泽东:《唯心历史观的破产》(1949年9月16日),cpc.people.com.cn/GB/64184/64185/66618/4488973.html。

问题1:在辛亥革命失败后"国家的情况一天一天坏"的状况下,中国先进分子重新寻找救国救民方案经历了怎样的转变过程?

问题2:中国共产党成立的社会历史条件是什么?

问题3:为什么说"中国产生了共产党,这是开天辟地的大事变"?

二

材料1:国民党之主义维何?即孙先生所提倡之三民主义是已。本此主义以立政纲,吾人以为救国之道,舍此末由。国民革命之逐步进行,皆当循此原则。

此次毅然改组,于组织及纪律特加之意,即期于使党员各尽所能,努力奋斗,以求主义之贯彻。去年十一月二十五日孙先生之演说,及此次大会孙先生对于中国现状及国民党改组问题之演述,言之綦详。兹综合之,对于三民主义为郑重之阐明。盖必了然于此主义之真释,然后对于中国之现状而谋救济之方策,始得有所依据也。

——摘自《中国国民党第一次全国代表大会宣言》(1924年1月23日),中国社科院近代史研究所编:《孙中山全集》(第9卷),中华书局1981年版,第118页。

材料2: 因此,一九二四年国民党改组以前的三民主义,乃是旧范畴的三民主义,乃是过时了的三民主义。如不把它发展到新三民主义,国民党就不能前进。聪明的孙中山看到了这一点,得了苏联和中国共产党的助力,把三民主义重新作了解释,遂获得了新的历史特点,建立了三民主义同共产主义的统一战线,建立了第一次国共合作,取得了全国人民的同情,举行了一九二四年至一九二七年的革命。

——摘自毛泽东:《新民主主义论》(1940年1月9日),cpc.people.com.cn/GB/64184/64185/66616/4488916.html。

问题1: 第一次国共合作是在什么历史背景下形成的?

问题2: 孙中山对三民主义作了怎样的重新解释?其意义是什么?

问题3: "一九二四年至一九二七年的革命"产生了怎样的历史影响?中国共产党在这场革命中发挥了怎样的历史作用?

第五章 中国革命的新道路

内容概述

第一节 对革命新道路的艰苦探索

一、国民党在全国统治的建立

1927年七一五政变以后,国民党的南京国民政府和武汉国民政府互相对峙。1928年2月,南京国民政府改组,武汉国民政府不复存在。12月,随着张学良在东北宣布"改易旗帜",国民党就在全国范围内建立了自己的统治。

大革命失败以后,国民党变成了一个由代表地主阶级、买办性的大资产阶级利益的反动集团所控制的政党。国民党政府所实行的是代表地主阶级、买办性的大资产阶级利益的一党专政和军事独裁统治:首先,为了镇压人民和消灭异己力量,国民党建立了庞大的军队;其次,为了镇压人民和消灭异己力量,国民党建立了庞大的全国性特务系统;再次,为了控制人民,禁止革命活动,国民党大力推行保甲制度;最后,为了控制舆论,剥夺人民的言论和出版自由,国民党还厉行文化专制主义。因此,中国人民要争得民族独立和自身解放,就必须同这个反动统治进行坚决的斗争。

二、土地革命战争的兴起

1. 大革命失败后的艰难环境。在国民党的统治下,白色恐怖笼罩着全国城乡,中国革命转入低潮。敢不敢坚持革命?怎样坚持革命?这是中国共产党人和革命群众必须回答的两个根本性的问题。在严峻的考验面前,中国共产党人表现了坚定的革命立场和大无畏的英雄气概,独立高举起反帝反封建的革命旗帜。但是,为了回答"怎样坚持革命,即坚持革命应当走什么道路"这个问题,中国共产党人开始了长时间的艰苦的探索。

2. 开展武装反抗国民党反动统治的斗争。1927年8月7日,中共中央在汉口召开紧急会议,彻底清算了大革命后期的陈独秀右倾机会主义错误,确定了土地革命和武装反抗国民党反动统治的总方针。毛泽东在会上着重阐述了党必须依靠农民和掌握枪杆子的思想。八七会议使中国共产党开始了从大革命失败到土地革命战争兴起的转折。1927年8月1日的南昌起义打响了武装反抗国民党反动统治的第一枪,成为中国共产党独立领导革命战争、创建人民军队和武装夺取政权的开端。9月9日,毛泽东等领导的湘赣边界秋收起义爆发,并开始了创建井冈山农村革命根据地的斗争。12月11日,中共广东省委书记张太雷和叶挺、叶剑英等领导了广州起义。从1927年大革命失败到1928年初,中国共产党还先后在各地领导了近百次武装起义。中国革命由此发展到了一个新的阶段,即土地革命战争时期。

三、走农村包围城市、武装夺取政权的道路

1. 对中国革命新道路的探索。为了坚持中国革命,必须进行武装斗争。在一个时期内,中国共产党领导的武装斗争的主攻方向是城市。然而,所有以占领中心城市为目标的起义很快就失败了。这些起义失败后保留下来的部队,大都经过摸索,逐步转移到了远离国民党统治中心的农村区域,在那里发动农民群众、开展游击战争、进行土地革命和创建工农政权的斗争。

毛泽东不仅在实践中首先把革命的进攻方向指向了农村,而且从理论上阐明了武装斗争的极端重要性和农村应当成为党的工作中心的思想。1928年10月和11月,毛泽东写了《中国的红色政权为什么能够存在?》和《井冈山的斗争》两篇文章。1930年5月,毛泽东在《反对本本主义》一文中,阐明了坚持辩证唯物主义的思想路线即坚持理论与实际相结合的原则的极端重要性。农村包围城市、武装夺取政权理论的提出,标志着中国化的马克思主义即毛泽东思想的初步形成。

随着革命新道路的开辟,中国革命开始走向复兴。到1930年初,中国共产

党领导人民群众建立了大小十几块农村根据地,红军发展到7万人,连同地方武装共约10万人。

2. 反"围剿"战争与土地革命。从1930年10月起,蒋介石集中重兵,向南方各根据地的红军发动大规模的"围剿"。从1930年10月到1931年7月,红一方面军在毛泽东、朱德等指挥下,连续粉碎了国民党军队的三次"围剿"。1932年底,又取得了第四次反"围剿"战争的胜利。

红军反"围剿"战争的胜利,革命根据地的发展,是同土地革命的开展密切相关的。开展土地革命,就是要消灭封建地主的土地私有制,实行农民的土地私有制,使广大农民在政治上得到翻身,农村生产力得到解放和发展。1931年,毛泽东等制定了可以付诸实施的比较完整的土地革命纲领和路线。在中国共产党的土地革命纲领和路线的指引下,根据地开展了热火朝天的"打土豪,分田地"的斗争,充分调动了广大农民发展生产和参军参战的积极性。

在革命根据地军民进行军事上反"围剿"作战的同时,国民党统治区的共产党人和进步文化界人士还在文化战线上开展了反"围剿"斗争,形成了声势浩大的左翼文化运动。

第二节　中国革命在探索中曲折前进

一、土地革命战争的发展及其挫折

1. 农村革命根据地的建设。红一方面军三次反"围剿"作战的胜利,使赣南、闽西根据地连成一片,形成了中央革命根据地。与此同时,鄂豫皖、湘鄂西、湘赣、湘鄂赣等根据地也都得到了发展。

1931年11月,中华苏维埃第一次全国代表大会在江西省瑞金县叶坪村举行,成立了中华苏维埃共和国临时中央政府,毛泽东当选为主席。中华苏维埃共和国实行工农兵代表大会制度,体现了广大人民群众的根本利益和要求。在苏维埃政府的领导下,根据地军民积极进行经济建设,着重发展农业生产,努力打破敌人的经济封锁。苏维埃政府注重文化教育事业的发展,提高工农群众的文化水平。中国共产党领导的农村革命根据地成为新民主主义共和国的雏形,它使身陷苦难深渊的中国人民看到了一线光明和希望。

2. 土地革命战争的严重挫折。大革命失败后,由于对中国情况的复杂性和中国革命的长期性缺乏认识,中国共产党党内开始滋长一种"左"的急躁情绪。从1927年7月大革命失败到1935年1月遵义会议召开之前,"左"倾错误先后三次在党中央的领导机关取得了统治地位,尤其是以王明为代表的"左"倾教条主义错误,使中国革命受到严重挫折。在20世纪30年代前期、中期,中国共产党内屡次出现严重"左"倾错误的主要原因,在于不善于把马克思列宁主义与中国实际全面地、正确地结合起来。

对于王明等人的"左"倾错误,毛泽东等进行过坚决的抵制和斗争。但是,王明等人破坏党的民主集中制、压制党内民主,大搞宗派主义。王明等人的"左"倾教条主义错误对中国革命造成了极其严重的危害。其最大的恶果,就是使红军在第五次反"围剿"作战中遭到失败,不得不退出南方根据地实行战略转移——长征。

二、中国革命的历史性转折

1. 遵义会议。1934年10月中旬,中共中央机关和中央红军开始长征。长征初期,中共中央领导人博古依靠与共产国际有关系的军事顾问、德国人李德,犯了退却中的逃跑主义错误。1935年1月,中共中央政治局在贵州遵义召开了扩大会议,集中解决了当时具有决定意义的军事问题和组织问题。遵义会议开始确立以毛泽东为主要代表的马克思主义的正确路线在党中央的领导地位,从而在极其危急的情况下挽救了中国共产党、挽救了中国工农红军、挽救了中国革命,成为中国共产党历史上一个生死攸关的转折点。

2. 红军长征的胜利。遵义会议后,在毛泽东等的领导下,中央红军采取灵活机动的战略战术,赢得了战争的主动权。1935年6月,中央红军抵达四川懋功地区,同红四方面军会师。之后,中共中央又同红四方面军领导人张国焘分裂中央、分裂红军的严重错误进行了坚决的斗争。为了贯彻北上方针,红军经过茫茫草地,历经艰险。随后中共中央决定将北上红军改称陕甘支队,先行北上,于10月19日到达陕北吴起镇;11月初,在甘泉地区同在陕甘根据地的红十五军团会合,中国共产党所领导的革命力量有了新的落脚点和战略基地。1936年10月,红二、四方面军先后同红一方面军在甘肃会宁、静宁将台堡会师。至此,三大主力红军的长征胜利结束。

中国共产党领导的中国工农红军长征的胜利,是中国革命转危为安的关键。中国工农红军的长征是一部伟大的革命英雄主义的史诗。它向全中国和全世界宣告,中国共产党及其领导的人民军队是一支不可战胜的力量。红军长征,铸就了伟大的长征精神,为中国革命不断从胜利走向胜利提供了强大的精神动力。长征一结束,中国革命的新局面就开始了。

三、总结历史经验,迎接全民族抗日战争

在中国革命最艰苦的年代,中国共产党内一部分领导人在一定时期内之所以犯了全局性的、严重的错误,主要是因为他们对于马克思列宁主义的理论和中国革命的实践没有统一的理解。因此,毛泽东强调,为了纠正错误,必须端正思想路线,实行马克思列宁主义与中国实际相结合的原则。红军长征到达陕北以后,毛泽东、中共中央用很大的精力,去总结历史经验,加强共产党自身的思想理论建设。1935年12月,毛泽东作了《论反对日本帝国主义的策略》的报告,阐明党的抗日民族统一战线的新政策,系统地解决了党的政治路线上的问题。1936年12月,他写了《中国革命战争的战略问题》这部著作,系统地说明了有关中国革命战争战略方面的诸多问题。1937年夏,他在延安抗日军政大学讲授《实践论》《矛盾论》,从马克思主义认识论的高度,深入论证马克思列宁主义基本原理同中国具体实际相结合的原则,科学地阐明了党的马克思主义的思想路线。以毛泽东为主要代表的中共中央所进行的理论工作,对党的政治路线、军事路线和思想路线进行了拨乱反正,从思想上、理论上武装了中国共产党人,使他们满怀信心地去迎接即将到来的伟大的抗日民族解放战争。

习题训练

一、单项选择题

1. 1928年10月,国民党中央常务委员会通过的废除议会制度的文件是( )。

A.《中华民国临时约法》 B.《中华民国约法》

C.《军政纲领》 D.《训政纲领》

2. 1928年12月,在东北宣布"改易旗帜"、服从国民党南京国民政府的是( )。
   A. 张学良　　　　　　　　B. 冯玉祥
   C. 张作霖　　　　　　　　D. 冯国璋

3. 中国共产党在大革命向土地革命战争转变的关键时刻召开的重要会议是( )。
   A. 八七会议　　　　　　　B. 古田会议
   C. 遵义会议　　　　　　　D. 洛川会议

4. 中共八七会议确定的总方针是( )。
   A. 推翻北洋军阀黑暗统治
   B. 开辟农村革命根据地
   C. 土地革命和武装反抗国民党反动统治
   D. 建立工农民主统一战线

5. 毛泽东在中共八七会议上提出的著名论断是( )。
   A. 没有调查,没有发言权　　B. 须知政权是由枪杆子中取得的
   C. 兵民是胜利之本　　　　　D. 一切反动派都是纸老虎

6. 中国共产党独立领导革命战争、创建人民军队的开端是( )。
   A. 南昌起义　　　　　　　B. 秋收起义
   C. 广州起义　　　　　　　D. 百色起义

7. 1927年9月,毛泽东领导发动的武装起义是( )。
   A. 海陆丰秋收起义　　　　B. 湘赣边界秋收起义
   C. 黄麻起义　　　　　　　D. 湘南起义

8. 毛泽东创建的中共历史上第一个农村革命根据地是( )。
   A. 闽浙赣革命根据地　　　B. 湘鄂西革命根据地
   C. 左右江革命根据地　　　D. 井冈山革命根据地

9. 1930年5月,毛泽东在《反对本本主义》中提出的重要思想是( )。
   A. 枪杆子里面出政权　　　B. 兵民是胜利之本
   C. 没有调查,没有发言权　　D. 一切反动派都是纸老虎

10. 毛泽东明确提出"中国革命斗争的胜利要靠中国同志了解中国情况"论断的著作是( )。

A. 《井冈山的斗争》
B. 《中国的红色政权为什么能够存在?》
C. 《星星之火,可以燎原》
D. 《反对本本主义》

11. 毛泽东思想初步形成的标志是(　　)。
A. 反帝反封建民主革命纲领的提出
B. 新民主主义基本纲领的提出
C. 新民主主义革命总路线的提出
D. 农村包围城市、武装夺取政权理论的提出

12. 在红一方面军第一、二、三次反"围剿"斗争胜利的基础上形成的农村革命根据地是(　　)。
A. 鄂豫皖革命根据地　　　B. 左右江革命根据地
C. 湘鄂西革命根据地　　　D. 中央革命根据地

13. 1931年11月,中国共产党在江西瑞金召开的重要会议是(　　)。
A. 中共六届四中全会　　　B. 红四军第九次党代表大会
C. 中华苏维埃第一次全国代表大会　D. 中共六届六中全会

14. 1931年当选为中华苏维埃共和国临时中央政府主席的是(　　)。
A. 毛泽东　　　　　　　　B. 周恩来
C. 张国焘　　　　　　　　D. 王稼祥

15. 1931年至1935年,中国共产党内发生的对中国革命造成极其严重危害的错误是(　　)。
A. "左"倾盲动主义　　　　B. "左"倾冒险主义
C. 右倾机会主义　　　　　D. "左"倾教条主义

16. 1935年1月,中国共产党在红军长征途中召开的具有历史转折意义的会议是(　　)。
A. 古田会议　　　　　　　B. 遵义会议
C. 洛川会议　　　　　　　D. 瓦窑堡会议

二、多项选择题

1. 国民党政府在全国的统治建立后,实行一党专政军事独裁统治的主要方

法是（　　）。

A. 建立了庞大的军队　　　　　　B. 建立了庞大的全国性特务系统

C. 大力推行保甲制度　　　　　　D. 厉行文化专制主义

2. 1927年大革命失败后，中国共产党人和革命群众必须回答的两个根本性问题是（　　）。

A. 要不要建立统一战线　　　　　B. 怎样建立统一战线

C. 敢不敢坚持革命　　　　　　　D. 怎样坚持革命

3. 在1927年大革命失败的危急时刻毅然加入中国共产党队伍的革命人士有（　　）。

A. 徐特立　　　B. 郭沫若　　　C. 贺龙　　　D. 彭德怀

4. 1927年，中国共产党发动的武装反抗国民党黑暗统治的著名起义是（　　）。

A. 南昌起义　　　　　　　　　　B. 秋收起义

C. 广州起义　　　　　　　　　　D. 百色起义

5. 毛泽东提出的"工农武装割据"思想的基本方面是（　　）。

A. 土地革命　　　　　　　　　　B. 武装斗争

C. 统一战线　　　　　　　　　　D. 农村根据地建设

6. 到1930年初，中国共产党在全国建立的农村革命根据地中包括了（　　）。

A. 左右江根据地　　　　　　　　B. 湘鄂西根据地

C. 鄂豫皖根据地　　　　　　　　D. 闽浙赣根据地

7. 在开辟农村革命根据地的斗争中，毛泽东制定的土地革命中的阶级路线是（　　）。

A. 坚定地依靠贫农、雇农　　　　B. 联合中农，限制富农

C. 保护中小工商业者　　　　　　D. 消灭地主阶级

8. 在土地革命战争前中期，先后在中共中央领导机关取得统治地位的"左"倾错误包括（　　）。

A. "左"倾盲动主义　　　　　　　B. "左"倾冒险主义

C. 右倾机会主义　　　　　　　　D. "左"倾教条主义

9. 以王明为代表的"左"倾教条主义在党内斗争中实行的方针是

（　　）。

A. 残酷斗争　　　　　　　B. 无情打击
C. 惩前毖后　　　　　　　D. 治病救人

10. 以王明为代表的"左"倾教条主义在军事斗争问题上的主要错误是实行（　　）。

A. 作战中的自由主义　　　B. 进攻中的冒险主义
C. 防御中的保守主义　　　D. 退却中的逃跑主义

11. 中国共产党在长征途中召开的遵义会议上集中解决的主要问题是（　　）。

A. 军事问题　　　　　　　B. 作风问题
C. 思想问题　　　　　　　D. 组织问题

12. 在中央红军主力开始长征后，率领部分红军在南方坚持艰苦游击战争的有（　　）。

A. 彭德怀　　B. 项英　　C. 邓小平　　D. 陈毅

13. 1935年11月，在陕北甘泉地区胜利会师的红军部队是（　　）。

A. 中央红军陕甘支队　　　B. 红二方面军
C. 红四方面军　　　　　　D. 红十五军团

14. 1936年10月，在甘肃会宁、静宁将台堡胜利会师的红军三大主力是（　　）。

A. 红一方面军　　　　　　B. 红二方面军
C. 红十五军团　　　　　　D. 红四方面军

三、辨析题

1. 1927年大革命失败以后，国民党的性质发生了变化。
2. 遵义会议是中国共产党历史上一个生死攸关的转折点。

四、简答题

1. 中共八七会议的主要内容及意义。
2. 土地革命战争前、中期，中国共产党内屡次出现严重"左"倾错误的主要原因。

3. 在红军长征胜利后,中国共产党总结历史经验、加强思想理论建设的历史体现。

五、论述题

1. 大革命失败后毛泽东对开辟中国革命新道路的主要贡献。
2. 中国工农红军长征胜利的伟大意义。

参考答案

一、单项选择题

1. D 2. A 3. A 4. C 5. B 6. A 7. B 8. D 9. C 10. D 11. D 12. D 13. C 14. A 15. D 16. B

二、多项选择题

1. ABCD 2. CD 3. ABCD 4. ABC 5. ABD 6. ABCD 7. ABCD 8. ABD 9. AB 10. BCD 11. AD 12. BD 13. AD 14. ABD

三、辨析题

1. 正确。1927年大革命失败以后,国民党已经不再是工人、农民、城市小资产阶级和民族资产阶级的革命联盟,而是变成了一个由代表地主阶级、买办性的大资产阶级利益的反动集团所控制的政党。不过,国民党是一个复杂的政党。它虽然被这个反动集团所控制、所领导,但有一部分领导人物不属于这个集团,而且受到这个集团的打击、排挤和歧视;它的不少党员、干部并不满意甚至反对这个集团的领导;在国民党及其统治的军政机关里,都有不少民主分子。

2. 正确。1935年1月,中国共产党在红军长征途中召开的遵义会议,集中解决了当时具有决定意义的军事问题和组织问题。会议批评了博古、李德在第五次反"围剿"中的错误,增选毛泽东为中央政治局常务委员。会后不久,成立了新的"三人团",全权负责红军的军事行动。遵义会议开始确立以毛泽东为主要代表的马克思主义的正确路线在中共中央的领导地位,从而在极其危急的情况下挽救了中国共产党、挽救了中国工农红军、挽救了中国革命。

四、简答题

1. 在革命的危急关头,1927年8月7日,中共中央在汉口秘密召开紧急会议(即八七会议),彻底清算了大革命后期的陈独秀右倾机会主义错误,确定了土地革命和武装反抗国民党反动统治的总方针,并选出了以瞿秋白为书记的中央临时政治局。毛泽东在会上着重阐述了党必须依靠农民和掌握枪杆子的思想,强调党"以后要非常注意军事,须知政权是由枪杆子中取得的"。会议还提出了"整顿改编自己的队伍,纠正过去严重的错误,而找着新的道路"的任务。八七会议使中国共产党在政治上大大前进了一步,开始了从大革命失败到土地革命战争兴起的转折。

2. 在20世纪30年代前期、中期,中国共产党内屡次出现严重的"左"倾错误,其原因是多方面的。除了八七会议以后党内一直存在着的浓厚的"左"倾情绪始终没有得到认真的清理,共产国际对中国共产党内部事务的错误干预和瞎指挥以外,主要的原因在于:全党的马克思主义理论准备不足,理论素养不高,实践经验也很缺乏,对于中国的历史状况和社会状况、中国革命的特点、中国革命的规律不了解,对于马克思列宁主义的理论和中国革命的实践没有统一的理解。一句话,不善于把马克思列宁主义与中国实际全面地、正确地结合起来。

3. 红军长征到达陕北以后,毛泽东、中共中央用了很大的精力去总结历史经验,加强共产党自身的思想理论建设。1935年12月,毛泽东作了《论反对日本帝国主义的策略》的报告,阐明党的抗日民族统一战线的新政策,批判党内的关门主义和对于革命的急性病,系统地解决了党的政治路线上的问题。1936年12月,他写了《中国革命战争的战略问题》这部著作,系统地说明了有关中国革命战争战略方面的诸多问题。1937年夏,他在延安抗日军政大学讲授《实践论》《矛盾论》,从马克思主义认识论的高度,总结中国共产党的历史经验,揭露和批评党内的主观主义尤其是教条主义错误,深入论证马克思列宁主义基本原理同中国具体实际相结合的原则,科学地阐明了党的马克思主义的思想路线。

五、论述题

1. 在1927年革命的危急关头召开的八七会议上,毛泽东着重阐述了党必须依靠农民和掌握枪杆子的思想,强调党"以后要非常注意军事,须知政权是由枪杆子中取得的"。同年9月9日,毛泽东等领导了湘赣边界秋收起义,公开打出了"工农革命军"的旗帜;在攻打长沙遭遇严重挫折后,起义部队决定南下,向敌人控制比较薄弱的农村区域转移,并于10月7日抵达江西省宁冈县茅坪,开始了创建井冈山农村革命根据地的斗争。

毛泽东不仅在实践中首先把革命的进攻方向指向了农村,而且从理论上阐明了武装斗争的极端重要性和农村应当成为党的工作中心的思想。1928年10月和11月,毛泽东就写了《中国的红色政权为什么能够存在?》和《井冈山的斗争》两篇文章,明确地指出以农业为主要经济的中国革命,以军事发展暴动,是一种特征;同时还科学地阐述了共产党领导的土地革命、武装斗争与根据地建设这三者之间的辩证统一关系。1930年5月,毛泽东在《反对本本主义》一文中,阐明了坚持辩证唯物主义的思想路线即坚持理论与实际相结合的原则的极端重要性,提出了"没有调查,没有发言权"和"中国革命斗争的胜利要靠中国同志了解中国情况"的重要思想,表现了毛泽东开辟新道路、创造新理论的革命首创精神。

2. 中国工农红军长征的胜利,是中国革命转危为安的关键。红军的长征宣告了国民党反动派消灭中国共产党和红军的图谋彻底失败,宣告了中国共产党和红军肩负着民族希望胜利实现了北上抗日的战略转移,实现了中国共产党和中国革命事业从挫折走向胜利的伟大转折。经过长征,这些保存下来的力量,经历了千锤百炼,是党和红军的极为宝贵的精华。中国共产党正是依靠这支队伍作基干,使革命力量逐步恢复、发展、壮大,直到取得全国的胜利。

中国工农红军的长征是一部伟大的革命英雄主义的史诗。它向全中国和全世界宣告,中国共产党及其领导的人民军队,是一支不可战胜的力量。红军长征铸就了伟大的长征精神。长征精神,就是把全国人民和中华民族的根本利益看得高于一切,坚定革命的理想和信念,坚信正义事业必然胜利的精神;就是为了救国救民,不怕任何艰难险阻,不惜付出一切牺牲的精神;就是坚持独立自主、实事求是,一切从实际出发的精神;就是顾全大局、严守纪律、紧密团结的精神;就是紧紧依靠人民群众,同人民群众生死相依、患难与共、艰苦奋斗的精神。长征精神是中国共产党人和人民军队革命风范的生动反映,是中华民族自强不息的民族品格的集中展示,是以爱国主义为核心的民族精神的最高体现。长征精神为中国革命不断从胜利走向胜利提供了强大精神动力。

阅读思考

一

材料1:"在严重的环境之下,又是革命危机的时候,我们要整顿自己的队伍,纠正过去严重的错误,寻找新的道路。"

——摘自《中共中央执行委员会告全体党员书》(1927年8月7日),cpc. people. com. cn/GB/64184/64186/66630/4489471. html。

材料2:毛泽东同志创造性地解决了马克思列宁主义基本原理同中国实际相结合的一系列重大问题,……开辟了以农村包围城市、最后夺取全国胜利的革命道路。

——摘自习近平:《在纪念毛泽东同志诞辰120周年座谈会上的讲话》(2013年12月26日)。

问题1:材料1中的"严重的环境"所指的是什么历史情况?

问题2:在这"严重的环境"下,中国革命遇到了什么重大问题?中国共产党人又作出了怎样的回应?

问题3:在开辟中国革命新道路的过程中,毛泽东作出了哪些历史贡献?

二

材料1:我们说马克思主义是对的,决不是因为马克思这个人是什么"先哲",而是因为他的理论,在我们的实践中,在我们的斗争中,证明了是对的。我们的斗争需要马克思主义。我们欢迎这个理论,丝毫不存什么"先哲"一类的形式的甚至神秘的念头在里面。……马克思主义的"本本"是要学习的,但是必须同我国的实际情况相结合。我们需要"本本",但是一定要纠正脱离实际情况的本本主义。

——摘自毛泽东:《反对本本主义》(1930年5月),cpc. people. com. cn/GB/64184/64185/66615/4488895.html。

材料2:红军长征的那个年代,中国处在半殖民地半封建社会的黑暗境地,社会危机四伏,日寇野蛮侵略,国民党反动派置民族危亡于不顾,向革命根据地连续发动大规模"围剿",中国共产党和红军到了危急关头,中国革命到了危急关头,中华民族到了危急关头。

……

长征途中,党中央召开的遵义会议,是我们党历史上一个生死攸关的转折点。……

……

……长征走过的道路,不仅翻越了千山万水,而且翻越了把马克思主义当做一成不变的教条的错误思想障碍。

——摘自习近平:《在纪念红军长征胜利80周年大会上的讲话》(2016年10月21日)。

问题1:毛泽东所反对的"本本主义"主要是指当时中国共产党内出现的什么错误?

问题2：土地革命战争前期、中期，中国共产党内屡次出现这种错误的主要原因何在？

问题3：怎样理解"长征走过的道路，不仅翻越了千山万水，而且翻越了把马克思主义当做一成不变的教条的错误思想障碍"？

第六章 中华民族的抗日战争

内容概述

第一节 日本发动灭亡中国的侵略战争

一、日本灭亡中国的计划及其实施

1. 从九一八事变到华北事变。1927 年,日本召开"东方会议",企图把"满蒙"从中国本土彻底分割出去,并决心为之诉诸武力。1931 年,日本关东军制造了九一八事变。日本变中国为其独占殖民地的阶段由此开始。1932 年 2 月,中国东北全境沦陷。1935 年,日本在华北制造了一系列事端,史称华北事变。

2. 卢沟桥事变与日本的全面侵华战争。1937 年 7 月 7 日,卢沟桥事变发生,日本全面侵华战争由此开始。由于遭到中国军民的顽强抵抗,日军在 1938 年 10 月占领广州、武汉以后,被迫停止对正面战场的战略性进攻。1944 年 4 月至 1945 年 1 月,日本发动打通中国大陆交通线的豫湘桂战役,这是日军在中国的最后一次大规模进攻。

二、残暴的殖民统治和中华民族的深重灾难

1. 日本在其占领区的残暴统治。1895 年《马关条约》签订后,日本就开始了在台湾长达 50 年的殖民统治。1931 年日军占领中国东北后,开始了对东北长达 14 年的殖民统治。1932 年,在日军扶持下拼凑了伪"满洲国",中国东北三省成了日本的殖民地。1935 年华北事变后,日军策动、拼凑了一些地方性傀儡政

权。1940年3月,日本支持汪精卫在南京成立伪"中华民国国民政府"。

2. 侵华日军的严重罪行。首先,制造惨绝人寰的大屠杀。其次,疯狂掠夺中国的资源与财富。再次,强制推行奴化教育。日本侵略者在中国犯下的罪行罄竹难书。据不完全统计,战争期间,中国军民伤亡人数超过3 500万;按1937年的比价,中国直接经济损失1 000多亿美元,间接经济损失5 000多亿美元。

第二节　中国人民奋起抗击日本侵略者

一、中国共产党举起武装抗日的旗帜

在九一八事变后,中共中央即发表宣言,揭露日本帝国主义侵占东北的目的。中共中央发布一系列文告,号召全国工农武装起来,进行民族的自卫战争。1932年4月15日,中华苏维埃共和国临时中央政府宣布对日作战。中国共产党不仅积极参加和推动各地的抗日救亡运动,而且直接领导了东北人民的抗日武装斗争。

二、抗日救亡运动和共产党人与部分国民党人合作抗日

九一八事变后,抗日救亡运动在全国兴起。中国共产党及其领导的工农红军和广大的工人、农民是抗日救亡运动的中坚力量。北平、南京、上海等地大中学生举行罢课、示威、街头宣传等活动。民族资产阶级及其政治代表也要求国民党当局变更"剿共"政策,"全国一致对外"。

在东北,中共满洲省委同以原东北军为主体的抗日义勇军进行合作。1932年,中共中央号召各界民众组织义勇军,支援国民党第十九路军在淞沪一带的抗战。1933年5月,原西北军将领冯玉祥在张家口成立察哈尔民众抗日同盟军,并谋求同共产党合作。同年11月,国民党第十九路军将领蔡廷锴、蒋光鼐等在福州发动反蒋抗日事变。此前,第十九路军代表同中央根据地的红军代表签署了《反日反蒋的初步协定》。1934年4月,由中国共产党提出,宋庆龄等1 779人领衔发表《中国人民对日作战的基本纲领》。在纲领上签字的群众达几十万人。

三、停止内战,一致对外

1. 一二·九运动与中共的抗日民族统一战线新政策。在中国共产党号召和中国共产党地下党组织的领导下,北平学生在1935年12月发动了声势浩大的一二·九运动。该运动促进了中华民族的觉醒,标志着中国人民抗日救亡运动新高潮的到来。

1935年8月1日,中国共产党发表《为抗日救国告全国同胞书》,呼吁集中一切国力为抗日救国的神圣事业而奋斗。12月,中共中央在陕北瓦窑堡召开政治局扩大会议,提出了在抗日的条件下与民族资产阶级重建统一战线的新政策。1936年5月,在共产党人的积极参与下,宋庆龄等发起成立全国各界救国联合会。中国共产党对东北军和国民党第十七路军的统一战线工作取得突破性进展。

2. 西安事变及其和平解决。1936年12月,爱国将领张学良、杨虎城发动了西安事变。中国共产党派周恩来等到西安参加和平谈判,促成了事变的和平解决。西安事变的和平解决成为时局转换的枢纽,十年内战的局面由此结束,国内和平基本实现。1937年2月,中共中央致电国民党五届三中全会,提出停止内战、一致对外等五项要求和四项保证。国民党五届三中全会表示同意国共两党进行谈判。

四、全民族抗战开始

1. 国共合作,共赴国难。1937年卢沟桥事变爆发后,中国抗日战争进入全国性抗战的新时期。8月,国共两党达成将红军主力改编为国民革命军第八路军等协议。接着,南方的红军和游击队,除琼崖红军游击队外,改编为国民革命军新编第四军。国民党发表了《中共中央为公布国共合作宣言》;蒋介石发表了实际承认共产党合法地位的谈话。以国共两党第二次合作为基础的抗日民族统一战线正式形成。

2. 全民族同仇敌忾,奋起抗战。中国工人、农民、知识分子和其他爱国人士积极投入抗日洪流。民族工商业者踊跃为前线捐赠钱物,一些人还把工厂迁往大后方。宋庆龄接受中共中央建议,于1938年6月成立保卫中国同盟,呼吁世界人民援助中国抗战。在中国共产党的领导、影响下,各少数民族人民与汉族人民一起,以各种方式投入抗日斗争。香港、澳门同胞也积极支援内地的抗战。海外华侨始终与祖国同呼吸、共命运,他们以各种方式支援祖国的抗战。在祖国存亡危急的关头,中华儿女表现了空前的民族觉醒和民族团结,以自己的血肉之躯筑成了捍卫祖国的钢铁长城。

第三节　国民党与抗日的正面战场

一、战略防御阶段的正面战场

从1937年7月卢沟桥事变到1938年10月广州、武汉失守,中国抗战处于战略防御阶段。以国民党军队为主体的正面战场,担负了抗击日军战略进攻的主要任务。国民党军队组织了淞沪、忻口、徐州、武汉会战等一系列大战役。1938年3月,李宗仁等部进行台儿庄战役,取得大捷。国民党军队的爱国将士,表现了空前的民族义愤和抗战热情。在这个时期,国民党政府的对日作战是比较努力的。其政策的重点还是放在反对日本侵略者身上。但是国民党正面战场的其他战役几乎都是以退却、失败而结束的。造成这种状况的客观原因,是由于在敌我力量对比上日军占很大的优势,主观原因则是国民党实行的片面抗战路线和战略指导方针上的失误。

二、战略相持阶段的正面战场

抗日战争进入相持阶段后,日本对国民党政府采取以政治诱降为主、军事打击为辅的方针。国民党在重申坚持持久抗战的同时,其对内对外政策发生重大变化。1939年1月,国民党五届五中全会决定成立"防共委员会",确定了"防共、限共、溶共、反共"的方针。这标志着国民党政府逐步转变为消极抗战。此后,国民党军队也进行过几次较大的战役,大体上保住了西南、西北大后方地区。但是,这个时期国民党对抗战在全局上逐渐趋向消极,基本上实行保守的收缩战略,以便保存实力;同时又抽出相当多的兵力用来限制、打击共产党及其领导的八路军、新四军,制造了多起反共"摩擦"事件。1941年12月,日军发动太平洋战争,美、英对日宣战。为了配合英、美打击日军,国民政府命令各战区发起攻击。1942年元旦发起的第三次长沙会战,曾给日军以有力的打击。同年2月,中国远征军进入缅甸对日作战。1944年4月至1945年1月,国民党军队在豫湘桂战役中遭到大溃败,越来越多的人对国民党统治集团失去了信任。

第四节 中国共产党成为抗日战争的中流砥柱

一、全面抗战的路线和持久战的方针

1. 实行全面的全民族抗战的路线。中国共产党确信,只有动员和依靠群众,才能坚持抗战,并使抗战的胜利成为人民的胜利。因此,中国共产党一开始就主张实行全面抗战路线,即人民战争路线。1937年8月,中国共产党在陕北洛川召开政治局扩大会议,制定了抗日救国十大纲领,强调要打倒日本帝国主义,关键在于使已经发动的抗战成为全面的全民族的抗战。

2. 采取持久战的战略方针。1938年5月至6月间,毛泽东发表《论持久战》的讲演,系统地阐明了持久抗战的总方针。毛泽东指出:一方面,日本是强国,中国是弱国,强国弱国的对比,决定了抗日战争只能是持久战。另一方面,日本是小国,发动的是退步的、野蛮的侵略战争,在国际上失道寡助;而中国是大国,进行的是进步的、正义的反侵略战争,在国际上得道多助。因此,最后胜利又将是属于中国的。毛泽东还科学地预测了抗日战争的发展进程,即:抗日战争将经过战略防御、战略相持、战略反攻三个阶段。其中,战略相持阶段,是中国抗日战争取得最后胜利的最关键的阶段。

二、敌后战场的开辟与游击战争的发展及其战略地位

1. 敌后战场的开辟和发展。八路军刚开赴前线时,主要是直接在战役上配合国民党军队作战。1937年9月,八路军第一一五师主力取得平型关大捷,这是全民族抗战以来中国军队的第一次重大胜利。1937年11月太原失陷后,按照中共中央的部署,八路军在敌后实施战略展开,发动独立自主的敌后游击战争。在华北,以共产党为主体的游击战争上升到主要地位。中国抗日战争逐渐形成战略上互相配合的两个战场,一个是主要由国民党军队担负的正面战场,一个是由共产党领导的人民军队为主担负的敌后战场。

2. 游击战的战略地位和作用。在抗日战争的初期和中期,游击战被提到了

战略的地位,具有了全局性的意义。在战略防御阶段,从全局看,国民党正面战场的正规战是主要的,敌后的游击战是辅助的。但是,游击战在敌后的广泛开展和敌后抗日根据地的开辟,对阻止日军的进攻、减轻正面战场压力、使战争转入相持阶段起了关键性的作用。在战略相持阶段,敌后游击战争成为主要的抗日作战方式。在1945年8月反攻阶段到来前夕,人民军队已经发展到120万人、民兵扩展到220万人,抗日根据地达到了19块。敌后军民的大反攻,就是在此基础上展开的。在全民族抗战的过程中,中国共产党发挥了中流砥柱作用,领导全国人民,指挥八路军、新四军和华南抗日武装等全国各地的革命抗日武装力量,对敌作战12.5万余次,消灭日、伪军171.4万余人,其中日军52.7万余人,为坚持抗战、夺取抗战的最后胜利作出了贡献。

三、坚持抗战、团结、进步的方针

1. 统一战线中的独立自主原则。全民族抗战一开始,中国共产党就强调,必须在统一战线中坚持独立自主原则。其目的是保持共产党领导的革命力量已经取得的阵地,尤其是发展这些阵地,以动员千百万群众进入抗日民族统一战线。

2. 坚持抗战、团结、进步,反对妥协、分裂、倒退。抗日战争相持阶段到来以后,团结抗战的局面逐步发生严重危机,出现了中途妥协和内部分裂两大危险。针对这种情况,1939年7月,中国共产党明确提出了三大口号,坚决揭露打击汪精卫集团的叛国投降活动,继续争取同蒋介石集团合作抗日。针对国民党顽固派先后发动的三次反共高潮,中国共产党进行了针锋相对的斗争。

3. 巩固抗日民族统一战线的策略总方针。为了抗日民族统一战线的坚持、扩大和巩固,中国共产党总结反"摩擦"斗争的经验,制定了"发展进步势力,争取中间势力,孤立顽固势力"的策略总方针。

四、抗日民主根据地的建设

1. 三三制的民主政权建设。加强政权建设,是抗日根据地建设的首要的、根本的任务。中国共产党提出,根据地政权是几个革命阶级联合起来对于汉奸和反动派的民主专政。抗日民主政府在工作人员分配上实行"三三制"原则。抗日民主政权普遍采取民主集中制,各级抗日民主政权机构的领导人都经过人民选举产生。抗日民主政权实行各民族平等团结、共同抗日的基本政策。

2. 减租减息，发展生产。各地抗日民主政权十分重视根据地的经济建设。根据地内停止实行没收地主土地的政策，普遍实行减租减息政策。为了发展农业生产，抗日民主政府动员农民开垦荒地，兴修水利；发动农民组织劳动互助，提高劳动生产率；帮助农民改良耕作技术，推广优良品种。为了克服根据地面临的严重困难局面，在毛泽东"自己动手，丰衣足食"的号召下，根据地军民开展了大生产运动，为坚持抗战、争取胜利奠定了物质基础。

3. 文化建设与干部教育。全民族抗战开始后，大批知识青年冲破国民党的封锁线奔赴延安。中共中央及时作出大量吸收知识分子的决定，把发展抗日的革命文化运动提上重要议事日程，中国人民抗日军事政治大学、鲁迅艺术学院等一批干部学校和专门学校创办起来。各根据地还创办了大量的中、小学校，吸收农民子女入学。

五、推进大后方的抗日民主运动和进步文化工作

1. 抗日民主运动的开展。抗战时期，中国共产党在国民党统治区开展促进团结抗日等方面的大量工作。中国共产党对国民党统治区的工作，先是通过中共中央长江局具体领导，后由中共中央南方局具体领导。1939年10月，国民参政会中一些党派的代表发起宪政座谈会，批评国民党的一党专政，宪政运动在国民党统治区普遍开展起来。1944年9月，中共参政员林伯渠在国民参政会上提出废除国民党一党专政、召开各党派会议、成立民主联合政府的主张，得到民主党派、民主人士和社会各界的热烈响应。

2. 抗战文化工作的开展。全民族抗战开始以后，在中国共产党的推动和影响下，文化界各抗敌协会相继成立，成为文化界广泛的抗日民族统一战线建立的重要标志。国民政府军事委员会政治部第三厅在周恩来、郭沫若的参与和领导下，团聚了一大批文化界爱国人士，成为扩大统一战线、推动抗日文化工作的重要阵地。武汉失守前后，中共中央南方局设立了文化工作委员会具体领导大后方的进步文化工作。中国共产党的《新华日报》《群众》周刊在国民党统治区公开发行，及时向大后方人民宣传党的主张，鼓舞和激励群众的抗战热情。

六、中国共产党的自身建设

1. 马克思主义中国化命题的提出。1938年9月至11月，中国共产党在延

安举行了扩大的六届六中全会。毛泽东在全会上明确地提出了"马克思主义的中国化"这个命题,并向全党提出了普遍地深入地学习马克思列宁主义的理论、学习我们的历史遗产并给予批判的总结和调查研究当前运动的特点及其规律性的任务。全会基本上纠正了王明的右倾错误,进一步确立了毛泽东在全党的领导地位。

2. 新民主主义理论的系统阐明。在20世纪30年代后期和40年代前期,毛泽东撰写了《〈共产党人〉发刊词》《中国革命和中国共产党》《新民主主义论》等一批重要的理论著作,系统阐明了新民主主义理论,标志着毛泽东思想得到多方面展开而达到成熟。这个理论从思想上武装了中国共产党人,使他们极大地增强了参加和领导抗日战争和新民主主义革命的自觉性。

3. 整风运动和实事求是思想路线在全党的确立。20世纪40年代前期,中国共产党以延安为中心,在全党范围内开展了一场整风运动。整风运动是一场伟大的思想解放运动。一切从实际出发、理论联系实际、实事求是的马克思主义思想路线,在全党范围确立了起来。1945年4月,中共扩大的六届七中全会通过了《关于若干历史问题的决议》,对党的若干重大的历史问题作出结论。同年4月至6月召开的中国共产党第七次全国代表大会,将以毛泽东为主要代表的中国共产党人把马克思列宁主义基本原理同中国具体实际相结合所创造的理论成果,正式命名为毛泽东思想,并规定毛泽东思想为党的一切工作的指针。

第五节 抗日战争的胜利及其原因和意义

一、抗日战争的胜利

1945年上半年,世界反法西斯战争进入最后阶段。5月上旬,苏联红军攻克柏林,德国法西斯投降。7月26日,中、美、英三国发表波茨坦公告,敦促日本投降。8月上旬,苏联红军进入中国东北,攻击日本关东军。8月9日,毛泽东发表《对日寇的最后一战》的声明。9月2日,在东京湾密苏里号上举行日本向同盟国投降签字仪式。9月9日,侵华日军128万人向中国投降。1945年10月25日,中国政府在台湾举行受降仪式,成为抗日战争取得完全胜利的重要标志。

二、中国人民抗日战争在世界反法西斯战争中的地位

1. 世界反法西斯战争的东方主战场。中国人民抗日战争是世界反法西斯战争的重要组成部分,中国战场是世界反法西斯战争的东方主战场。中国人民的抗日战争开展时间最早、持续时间最长。中国是在亚洲大陆上反对日本侵略者的主要国家。中国的抗战牵制和削弱了日本的力量,大大减轻了美、英军队受到的压力,为同盟国军队实施战略反攻创造了有利条件。中国作为亚洲太平洋地区盟军对日作战的重要后方基地,还为盟国提供了大量战略物资和军事情报。

2. 世界反法西斯力量对中国的援助。中国人民抗日战争的胜利,是同世界所有爱好和平与正义的国家和人民、国际组织及各种反法西斯力量的同情和支持分不开的。苏联是最早为中国抗日战争提供援助的国家。太平洋战争爆发前后,美国采取了支持中国、联合中国共同抗日的政策。英国及法国等国也向中国提供了经济援助或与中国进行了军事合作。朝鲜、越南、加拿大等国的反法西斯战士直接参加了中国人民抗日战争。

三、抗日战争胜利的原因和意义

1. 抗日战争胜利的原因。第一,以爱国主义为核心的民族精神是中国人民抗日战争胜利的决定因素。第二,中国共产党的中流砥柱作用是中国人民抗日战争胜利的关键。第三,全民族抗战是中国人民抗日战争胜利的重要法宝。第四,中国人民抗日战争的胜利,同世界所有爱好和平和正义的国家和人民、国际组织以及各种反法西斯力量的同情和支持也是分不开的。

2. 抗日战争胜利的意义。中国人民抗日战争是 20 世纪中国和人类历史上的重大事件,为中华民族由近代以来陷入深重危机走向伟大复兴确立了历史转折点。第一,中国人民抗日战争的胜利,彻底粉碎了日本军国主义殖民奴役中国的图谋。第二,中国人民抗日战争的胜利,促进了中华民族的大团结,形成了伟大的抗战精神。第三,中国人民抗日战争的胜利,对世界各国夺取反法西斯战争的胜利、维护世界和平的事业产生了巨大影响。第四,中国人民抗日战争的胜利,开辟了中华民族复兴的光明前景。

习题训练

一、单项选择题

1. 日本帝国主义发动的变中国为其独占殖民地的侵华战争开始于(　　)。
   A. 九一八事变　　　　　　　B. 一·二八事变
   C. 华北事变　　　　　　　　D. 卢沟桥事变

2. 1932年3月，在日本侵略者阴谋策划下建立的傀儡政权是(　　)。
   A. 伪"满洲国"　　　　　　　B. 伪"华北自治政府"
   C. 伪"中华民国维新政府"　　D. 伪"中华民国国民政府"

3. 1935年，日本帝国主义制造的侵华事件是(　　)。
   A. 九一八事变　　　　　　　B. 一·二八事变
   C. 华北事变　　　　　　　　D. 卢沟桥事变

4. 1933年5月，原国民党西北军将领冯玉祥在张家口成立的抗日武装力量是(　　)。
   A. 东北抗日同盟军　　　　　B. 察哈尔民众抗日同盟军
   C. 东北抗日义勇军　　　　　D. 察哈尔抗日义勇军

5. 1934年4月，中国共产党提出并由宋庆龄、何香凝、李杜等领衔发表了(　　)。
   A.《反日反蒋的初步协定》　　B.《停战议和一致抗日通电》
   C.《为抗日救国告全国同胞书》D.《中国人民对日作战的基本纲领》

6. 1935年，北平学生在中国共产党的号召和领导下举行的抗日救亡运动是(　　)。
   A. 五四运动　　　　　　　　B. 一二·九运动
   C. 一二·一运动　　　　　　D. 一二三〇运动

7. 1935年12月，中国共产党召开的提出抗日民族统一战线新政策的会议是(　　)。
   A. 西湖特别会议　　　　　　B. 瓦窑堡会议
   C. 洛川会议　　　　　　　　D. 晋绥干部会议

8. 1936年5月,宋庆龄、沈钧儒等爱国民主人士发起成立的抗日团体是( )。

   A. 中华民族解放行动委员会　　B. 中国民权保障同盟
   C. 全国各界救国联合会　　　　D. 保卫中国同盟

9. 1936年9月,中共中央为促进抗战在党内指示中提出的总方针是( )。

   A. "反蒋抗日"　　　　　　　　B. "逼蒋抗日"
   C. "促蒋抗日"　　　　　　　　D. "联蒋抗日"

10. 1936年12月,国民党爱国将领张学良和杨虎城发动的"兵谏"事件是( )。

    A. 北京事变　　　　　　　　　B. 福建事变
    C. 西安事变　　　　　　　　　D. 皖南事变

11. 中国人民抗日战争进入全国性抗战的新阶段是在( )。

    A. 九一八事变爆发后　　　　　B. 一·二八事变爆发后
    C. 华北事变爆发后　　　　　　D. 卢沟桥事变爆发后

12. 1937年8月,国共两党达成协议将红军主力改编为( )。

    A. 国民革命军第四路军　　　　B. 国民革命军新编第四军
    C. 国民革命军第八路军　　　　D. 国民革命军新编第八军

13. 从1937年卢沟桥事变到1938年广州、武汉失守,中国抗日战争处于( )。

    A. 战略防御阶段　　　　　　　B. 战略相持阶段
    C. 战略反攻阶段　　　　　　　D. 战略决战阶段

14. 1938年3月,国民党军队在抗日正面战场取得大捷的战役是( )。

    A. 淞沪战役　　　　　　　　　B. 台儿庄战役
    C. 忻口战役　　　　　　　　　D. 武汉战役

15. 在抗日战争的淞沪会战中,率领"八百壮士"孤军据守上海四行仓库的爱国将领是( )。

    A. 佟麟阁　　　　　　　　　　B. 赵登禹
    C. 谢晋元　　　　　　　　　　D. 戴安澜

16. 标志着国民党政府在抗日战争中逐步转变为消极抗战的是( )。

A. 五届三中全会的召开　　　　B. 五届四中全会的召开
C. 五届五中全会的召开　　　　D. 五届六中全会的召开

17. 1937年8月,中国共产党洛川会议上制定了(　　)。
    A. 抗日救国十大纲领　　　　B. 抗日民族统一战线的策略总方针
    C. 中国人民对日作战的基本纲领　　D. 持久抗战的总方针

18. 抗日战争全面爆发后,中国军队取得第一次重大胜利的战役是(　　)。
    A. 平型关战役　　　　　　　B. 雁门关战役
    C. 阳明堡战役　　　　　　　D. 台儿庄战役

19. 毛泽东在《论持久战》中指出,中国抗日战争取得最后胜利最为关键的阶段是(　　)。
    A. 战略防御阶段　　　　　　B. 战略相持阶段
    C. 战略反攻阶段　　　　　　D. 战略决战阶段

20. 中国共产党在抗日民族统一战线中坚持的根本原则是(　　)。
    A. 独立自主　　　　　　　　B. 又团结又斗争
    C. 自力更生　　　　　　　　D. 有理、有利、有节

21. 中国共产党制定的抗日民族统一战线策略总方针的中心环节是(　　)。
    A. 打击顽固势力　　　　　　B. 争取中间势力
    C. 孤立顽固势力　　　　　　D. 发展进步势力

22. 中国共产党在抗日民主根据地实行的土地政策是(　　)。
    A. 减租减息　　　　　　　　B. 没收地主土地归农民所有
    C. 平均地权　　　　　　　　D. 没收一切土地归农民所有

23. 中国共产党领导的抗日根据地建立的政权是(　　)。
    A. 苏维埃政权　　　　　　　B. 无产阶级政权
    C. 人民民主政权　　　　　　D. 三三制的民主政权

24. 在抗日战争时期,中国共产党开展延安整风运动最主要的任务是(　　)。
    A. 反对主观主义以整顿学风　　B. 反对宗派主义以整顿党风
    C. 反对官僚主义以整顿作风　　D. 反对党八股以整顿文风

25. 1938年,毛泽东在中共六届六中全会上明确提出的命题是(　　)。
    A. 枪杆子里面出政权　　　　B. 马克思主义的中国化

C. 兵民是胜利之本　　　　　D. 没有调查就没有发言权

26. 1945年4月,在中国代表团中作为解放区代表的董必武出席的会议是(　　)。

A. 开罗会议　　　　　　　　B. 德黑兰会议
C. 雅尔塔会议　　　　　　　D. 旧金山会议

二、多项选择题

1. 日本帝国主义在20世纪30年代制造的一系列侵华事件包括(　　)。

A. 九一八事变　　　　　　　B. 一·二八事变
C. 华北事变　　　　　　　　D. 卢沟桥事变

2. 九一八事变后,被中共中央先后选派到东北领导抗日斗争的共产党员有(　　)。

A. 罗登贤　　　　　　　　　B. 杨靖宇
C. 赵尚志　　　　　　　　　D. 赵一曼

3. 1933年11月,在福州发动抗日反蒋事变的国民党爱国将领是(　　)。

A. 马占山　　　　　　　　　B. 蔡廷锴
C. 蒋光鼐　　　　　　　　　D. 杨虎城

4. 1935年,中国共产党在瓦窑堡会议上严厉批评的党内错误倾向是(　　)。

A. "左"倾冒险主义　　　　　B. "左"倾关门主义
C. 右倾机会主义　　　　　　D. 右倾投降主义

5. 在抗日战争的战略防御阶段,国民党军队在正面战场组织的重大战役有(　　)。

A. 淞沪会战　　　　　　　　B. 忻口会战
C. 徐州会战　　　　　　　　D. 武汉会战

6. 在抗日战争战略防御阶段的北平南苑战斗中,先后为国捐躯的国民党爱国将领是(　　)。

A. 佟麟阁　　　　　　　　　B. 赵登禹

C. 张自忠 D. 戴安澜

7. 1939年1月,国民党五届五中全会确定的方针是(　　)。
   A. 防共 B. 限共
   C. 溶共 D. 反共

8. 毛泽东在《论持久战》中分析指出,中日双方存在的互相矛盾的主要特点是(　　)。
   A. 敌强我弱 B. 敌小我大
   C. 敌退步我进步 D. 敌寡助我多助

9. 在中国共产党领导的敌后战场上为国捐躯的抗日将领有(　　)。
   A. 左权 B. 赵尚志
   C. 彭雪枫 D. 杨靖宇

10. 1939年7月,中国共产党明确提出的三大口号是(　　)。
    A. 发展进步势力,反对顽固势力 B. 坚持抗战到底,反对中途妥协
    C. 巩固国内团结,反对内部分裂 D. 力求全国进步,反对向后倒退

11. 中国共产党制定的抗日民族统一战线策略总方针是(　　)。
    A. 发展进步势力 B. 争取中间势力
    C. 孤立顽固势力 D. 打击顽固势力

12. 抗日民族统一战线中的中间势力主要是指(　　)。
    A. 民族资产阶级 B. 城市小资产阶级
    C. 开明绅士 D. 地方实力派

13. 毛泽东指出,在抗日民族统一战线中争取中间势力的主要条件是(　　)。
    A. 共产党要有充足的力量 B. 尊重中间势力的利益
    C. 坚持有理、有利、有节的原则 D. 同顽固派作坚决斗争并取得胜利

14. 中国共产党领导的抗日民主政权在人员组成上是(　　)。
    A. 工人阶级占三分之一
    B. 共产党员占三分之一
    C. 非党的"左派"进步分子占三分之一
    D. 中间派占三分之一

15. 中国共产党在抗日战争时期开展延安整风运动的主要内容(　　)。

  A. 反对主观主义以整顿学风 B. 反对宗派主义以整顿党风
  C. 反对官僚主义以整顿作风 D. 反对党八股以整顿文风

  16. 1944年9月，中共参政员林伯渠在国民参政会上提出的重要主张包括（ ）。

  A. 实行全面抗战路线 B. 废除国民党一党专政
  C. 召开各党派会议 D. 成立民主联合政府

三、辨析题

  1. 1938年10月占领广州、武汉后，日本调整了侵华政策。
  2. 西安事变的和平解决标志着抗日民族统一战线的正式形成。
  3. 抗日救国十大纲领体现了中国共产党全面抗战的路线。
  4. 中国共产党在全民族抗战中发挥了中流砥柱的作用。

四、简答题

  1. 评价抗日战争战略防御阶段的国民党正面战场。
  2. 中国共产党关于抗日民族统一战线的策略总方针。
  3. 中国的抗日战争在世界反法西斯战争中的地位。

五、论述题

  1. 毛泽东《论持久战》一文的主要内容及其指导意义。
  2. 中国人民抗日战争胜利的主要原因和历史意义。

参考答案

一、单项选择题

  1. A 2. A 3. C 4. B 5. D 6. B 7. B 8. C 9. B 10. C 11. D 12. C 13. A 14. B 15. C 16. C 17. A 18. A 19. B 20. A 21. D 22. A 23. D 24. A 25. B 26. D

二、多项选择题

  1. ABCD 2. ABCD 3. BC 4. AB 5. ABCD 6. AB 7. ABCD 8. ABCD

9. ABCD　10. BCD　11. ABC　12. ACD　13. ABD　14. BCD　15. ABD　16. BCD

三、辨析题

1. 正确。由于遭到中国军民的顽强抵抗，日军在1938年10月占领广州、武汉以后，被迫停止对正面战场的战略性进攻。在坚持灭亡中国的总方针下，日本调整侵华政策，实施"以华制华"和"以战养战"策略，对国民党政府采取政治诱降为主、军事打击为辅的方针；在占领区加紧扶植傀儡政权，建立和发展汉奸组织；逐步将主要兵力用于对共产党领导的敌后抗日根据地进行"扫荡"。

2. 错误。1936年12月12日，爱国将领张学良、杨虎城在对蒋介石"哭谏"无效的情况下，为了实现停止内战，共同抗日，毅然实行"兵谏"，扣留了蒋介石。中国共产党从民族大义出发，为了团结国民党共同抗日，确定促成事变和平解决的基本方针，并派周恩来等到西安参加谈判，终于迫使蒋介石作出了停止"剿共"、联合红军抗日等六项承诺。西安事变的和平解决成为时局转换的枢纽，十年内战的局面由此结束，国内和平基本实现。

3. 正确。1937年8月，中国共产党召开洛川会议，制定了抗日救国十大纲领，强调要打倒日本帝国主义，关键在于使已经发动的抗战成为全面的全民族的抗战。为此，必须实行全国军事的总动员、全国人民的总动员；必须改革政治机构，给人民以充分的抗日民主权利，并适当改善工农大众的生活。会议强调，必须坚持统一战线中无产阶级的领导权，在敌人后方放手发动独立自主的山地游击战争，在国民党统治区放手发动抗日的群众运动。

4. 正确。中国共产党自成立之日起，就把实现中华民族的伟大复兴作为自己的历史使命。中国共产党倡导和推动国共合作。建立、坚持和发展广泛的抗日民族统一战线。中国共产党坚持全面抗战路线，制定正确的战略策略，开辟广大敌后战场，成为坚持抗战的中坚力量。中国共产党始终坚持抗战、反对投降，坚持团结、反对分裂，坚持进步、反对倒退，同各爱国党派团体和广大人民一起，共同维护团结抗战大局，引领着夺取战争胜利的正确方向，成为夺取战争胜利的民族先锋。

四、简答题

1. 在抗日战争的战略防御阶段，日本侵略者以国民党军队为主要作战对象。以国民党军队为主体的正面战场，担负了抗击日军战略进攻的主要任务。国民党军队组织了淞沪、忻口、徐州、武汉会战等一系列大战役。国民党军队的爱国将士，表现了空前的民族义愤和抗战热情。在这个时期，国民党政府的对日作战是比较努力的。但是，国民党正面战场除了台儿庄战役取得大捷外，其他战役几乎都是以退却、失败而结束的。造成这种状况的客观原因，是由于在敌我力量对比上，日军占很大的优势；主观原因则是国民党战略指导方针上的失误。蒋介石集团在决心抗战的同时，却又害怕群众的广泛动员可能危及自身的统治，因而实行的是片面抗战的路线，即不敢放手发动和武装民众，将希望单纯寄托在政府和正规军的抵抗上；在战略战术上，没有采取积极防御的方针，而是进行单纯的阵地防御战。

2. 为了抗日民族统一战线的坚持、扩大和巩固，中国共产党总结反"摩擦"斗争的经验，制定了"发展进步势力，争取中间势力，孤立顽固势力"的策略总方针。进步势力主要是指工人、农民和城市小资产阶级。他们是统一战线的基础，抗日战争的主要依靠力量。中间势力主要是指民族资产阶级、开明绅士和地方实力派。争取中间势力需要一定的条件：一是共产党要有充足的力量；二是尊重他们的利益；三是要同顽固派作坚决的斗争，并能一步一步地取得胜利。顽固势力是指大地主大资产阶级的抗日派，即以蒋介石集团为代表的国民党亲英美派。同顽固派作斗争时，应坚持有理、有利、有节的原则。

3. 中国的抗日战争是世界反法西斯战争的重要组成部分，中国战场是世界反法西斯战争的东方主战场。中国抗战在1931年九一八事变后即已开始。从1937年中国全民族抗战开始到1939年9月大战在欧洲爆发之前，中国人民孤军奋战，英勇地抗击了百万日军的进攻。中国的抗战牵制和削弱了日本的力量，使之不敢贸然北进，从而使苏联得以集中兵力对付德国，避免东西两面作战；同时也推迟了日本发动太平洋战争的时间，并使之在发动和进行战争时由于兵力不足而不能全力南进，从而减轻了美、英军队受到的压力。中国坚持持久抗战，抗击和牵制着日本陆军主力，并为同盟国军队实施战略反攻创造了有利条件。中国作为亚洲太平洋地区盟军对日作战的重要后方基地，还为盟国提供了大量战略物资和军事情报。

五、论述题

1. 1938年5月至6月间，毛泽东发表《论持久战》的讲演，总结抗战10个月来的经验，集中全党智慧，系统地阐明了持久抗战的总方针。毛泽东指出，中日战争是半殖民地半封建的中国和帝国主义的日本之间进行的一个决死的战争。一方面，日本是强国，中国是弱国，强国弱国的对比，决定了抗日战争只能是持久战。另一方面，日本是小国，发动的是退步的、野蛮的侵略战争，在国际上失道寡助；而中国是大国，进行的是进步的、正义的反侵略战争，在国际上得道多助。中国已经有了代表中华民族和中国人民根本利益的、在政治上成熟的中国共产党及其领导的抗日根据地和人民军队。因此，最后胜利又将是属于中国的。毛泽东还科学地预测了抗日战争的发展进程，即：抗日战争将经过战略防御、战略相持、战略反攻三个阶段。其中，战略相持阶段，是中国抗日战争取得最后胜利的最关键的阶段。只要坚持持久抗战、坚持抗日民族统一战线，中国将在这个阶段中获得转弱为强的力量。

毛泽东阐明的持久战战略思想，揭示了抗日战争的发展规律和坚持抗战、争取抗战胜利必须实行的战略方针,对全国抗战的战略指导思想产生了积极的影响。

2. 抗日战争胜利的原因:第一,以爱国主义为核心的民族精神是中国人民抗日战争胜利的决定因素。第二,中国共产党的中流砥柱作用是中国人民抗日战争胜利的关键。第三,全民族抗战是中国人民抗日战争胜利的重要法宝。第四,中国人民抗日战争的胜利,同世界所有爱好和平和正义的国家和人民、国际组织以及各种反法西斯力量的同情和支持也是分不开的。

抗日战争胜利的意义:中国人民抗日战争是20世纪中国和人类历史上的重大事件,为中华民族由近代以来陷入深重危机走向伟大复兴确立了历史转折点。第一,中国人民抗日战争的胜利,彻底粉碎了日本军国主义殖民奴役中国的图谋。第二,中国人民抗日战争的胜利,促进了中华民族的大团结,形成了伟大的抗战精神。第三,中国人民抗日战争的胜利,对世界各国夺取反法西斯战争的胜利、维护世界和平的事业产生了巨大影响。第四,中国人民抗日战争的胜利,开辟了中华民族复兴的光明前景。

阅读思考

一

材料1:目前的形势告诉我们,日本帝国主义吞并中国的行动,震动了全中国与全世界。中国政治生活中的各阶级,阶层,政党,以及武装势力,重新改变了与正在改变着他们之间的相互关系。民族革命战线与民族反革命战线是在重新改组中。因此,党的策略路线,是在发动,团聚与组织全中国全民族一切革命力量去反对当前主要的敌人:日本帝国主义与卖国贼头子蒋介石。不论什么人,什么派别,什么武装队伍,什么阶级,只要是反对日本帝国主义与卖国贼蒋介石的,都应该联合起来,开展神圣的民族革命战争,驱逐日本帝国主义出中国,打倒日本帝国主义的走狗在中国的统治,取得中华民族的彻底解放,保持中国的独立与领土的完整。只有最广泛的反日民族统一战线(下层的与上层的),才能战胜日本帝国主义及其走狗蒋介石。

——摘自《中央关于目前政治形势与党的任务决议(瓦窑堡会议)》(1935年12月25日),cpc. people. com. cn/GB/64184/64186/66640/4489889. html。

材料2:西安问题和平解决,举国庆幸,从此和平统一团结御侮之方针得以实现,实为国家民族之福,当此日寇猖狂,中华民族之存亡,千钧一发之际,……

如贵党三中全会果能毅然决然确定此国策,则本党为着表表团结御侮之诚意,愿给贵党三中全会以如下之保证:(一)在全国范围内停止推翻国民政府之武装暴动方针;(二)苏维埃政府改名为中华民国特区政府,红军改名为国民革命军,直接受南京中央政府与军事委员会之指导;……(四)……坚决执行抗日民族统一战线之共同纲领。

——摘自《中共中央给中国国民党三中全会电》(1937年2月10日),cpc. people. cn/GB/64184/64186/66641/4490185. html。

问题1:随着日本不断扩大侵华战争的规模,中国的各阶级、各阶层作出了怎样的反应?抗日救亡运动新高潮到来的历史背景和主要标志是什么?

问题2:在中日民族矛盾日益尖锐的形势下,中国共产党的抗日民族统一战线政策经历了怎样的变化?

问题3:西安事变和平解决的历史意义是什么?中国共产党在其中发挥了怎样的作用?

二

材料1:中国人民抗日战争胜利,是近代以来中国抗击外敌入侵的第一次完全胜利。这一伟大胜利,彻底粉碎了日本军国主义殖民奴役中国的图谋,洗刷了近代以来中国抗击外来侵略屡战屡败的民族耻辱。这一伟大胜利,重新确立了中国在世界上的大国地位,使中国人民赢得了世界爱好和平人民的尊敬。这一伟大胜利,开辟了中华民族伟大复兴的光明前景,开启了古老中国凤凰涅槃、浴火重生的新征程。

在那场战争中,中国人民以巨大民族牺牲支撑起了世界反法西斯战争的东方主战场,为世界反法西斯战争胜利作出了重大贡献。中国人民抗日战争也得到了国际社会广泛支持,中国人民将永远铭记各国人民为中国抗战胜利作出的贡献!

——摘自习近平:《在纪念中国人民抗日战争暨世界反法西斯战争胜利70周年大会上的讲话》(2015年9月3日)。

材料2:假如没有中国,假如中国被打垮了,你想一想有多少师团的日本兵可以因此调到其他方面来作战?他们可以马上打下澳洲,打下印度——他们可以毫不费力地把这些地方打下来。他们并且可以一直冲向中东……和德国配合起来,举行一个大规模的突击,在近东会师,把俄国完全隔离起来,割吞埃及,斩断通过地中海的一切交通线。

——摘自[美]伊利奥·罗斯福:《罗斯福见闻秘录》,新群出版社1949年版,第49页。

问题1:中国人民抗日战争经历了怎样的主要历程?

问题2:中国人民为什么能够取得抗日战争的胜利?

问题3:中国抗日战争为世界反法西斯战争胜利作出重大贡献的历史依据是什么?

第七章　为新中国而奋斗

内容概述

第一节　从争取和平民主到进行自卫战争

一、中国共产党争取和平民主的斗争

1. 战后国际国内政治形势。抗日战争胜利后,中国广大人民热切希望实现和平、民主,为建设新中国而奋斗。战后的政治形势,总的说来,对中国人民实现建设新中国的目标是有利的。但是,通向新中国的道路仍然是崎岖、曲折的。国民党统治集团作为大地主、大资产阶级的政治代表,其根本目标是使战后的中国回复到战前的状态。抗战刚胜利,中国就面临着内战的危险。以武力消灭共产党及其领导的人民军队和解放区政权,是蒋介石集团的既定方针。国民党的反共方针得到了美国政府的支持。美国在中国追求的长期的基本的目标,在于推动建立一个统一的亲美政府;其短期目标,首先是"避免共产党完全控制中国"。

2. 中国共产党争取和平民主的方针。中国共产党曾经希望通过和平的途径对中国进行政治社会的改革,逐步向新中国这个目标迈进。因为,中国人民在经历了长期的战争之后,有和平建国的强烈要求,中国共产党应当充分考虑人民群众的这种愿望。同时,由于人民力量强大等条件,中国共产党估计,造成国共两党合作(加上民主同盟等)、和平发展的新阶段的可能性是存在的,中国共产党应当努力争取中国出现这种局面。1945年8月25日,中共中央在对时局的宣言中明确提出"和平、民主、团结"的口号。

3. 重庆谈判和政治协商会议。为了争取和平民主,毛泽东于1945年8月28日偕周恩来、王若飞赴重庆与国民党当局进行谈判。10月10日,双方签署《政府与中共代表会谈纪要》(即"双十协定"),确认和平建国的基本方针,同意"长期合作,坚决避免内战"。1946年1月10日,国共双方下达停战令。同一天,政治协商会议在重庆开幕,以周恩来为首的中共代表团与民主同盟等民主党派和无党派人士的代表密切合作,同国民党当局认真协商,推动政协会议达成五项协议。在一个时期内,是否忠实履行政协协议,成了人们衡量政治是非的重要尺度。

4. 维护和破坏政协协议的较量。中国共产党是准备严格履行政协协议的。政协闭幕的第二天,中共中央发出党内指示,指出"从此中国即走上了和平民主建设的新阶段","中国革命的主要斗争形式,目前已由武装斗争转变到非武装的群众的与议会的斗争,国内问题由政治方式来解决"。同时,中共中央也指出,必须提高警惕,注意"阵地的取得和保持",做好进行自卫战争的准备,而"练兵、减租与生产是目前解放区的三件中心工作"。

国民党政权所代表的是大地主、大资产阶级的利益,这决定了它既不能容忍、也经受不住任何的民主改革。正因为如此,国民党统治集团从来就没有准备去履行政协协议,而是以扩大内战的行动,使政协协议成为一纸空文。国民党统治集团的方针是,先接收关内,控制华东、华北,而后进兵关外,以便独占东北。所以,它计划先在关内大打,而后在关外大打。待它认为相应的准备已经完成时,就全面彻底撕毁政协协议,悍然发动全国规模的内战。

二、国民党发动内战和解放区军民的自卫战争

1. 全面内战爆发。1946年6月底,国民党军以进攻中原解放区为起点,挑起了全国性的内战。次年3月,国民党当局限期令中共驻南京、上海、重庆三地代表及工作人员全部撤退。至此,一切和平谈判之门都被国民党关闭,国共关系彻底破裂。全面内战爆发时,中国共产党面临的形势是极为严峻的。凭着军力和经济力的优势,蒋介石声称,这场战争"一定能速战速决"。

2. 以革命战争反对反革命战争。毛泽东指出:我们必须打败蒋介石,是因为蒋介石发动的战争,是一个在美帝国主义指挥之下的反对中国民族独立和中国人民解放的反革命的战争。毛泽东又指出:我们能够打败蒋介石,是因为蒋

介石军事力量的优势和美国的援助,只是临时起作用的因素;而蒋介石发动的战争的反人民性质,人心的向背,则是经常起作用的因素,在这方面,我们占着优势。

3. 以自卫战争粉碎国民党的军事进攻。为了打退国民党对解放区的军事进攻,中共中央指出,在政治上,在党的领导下建立最广泛的人民民主统一战线;在军事上,必须采取集中优势兵力、各个歼灭敌人的作战原则。在1946年6月至1947年6月的一年的时间里,人民军队处于战略防御阶段,战争主要在解放区进行。在此期间,国民党军队的全面进攻和重点进攻先后被粉碎。

第二节 国民党政府处在全民的包围中

一、全国解放战争的胜利发展

1. 人民解放军转入战略进攻。经过人民解放军一年的作战,战争形势发生了重大变化。中共中央作出决定:不待完全粉碎敌人的战略进攻,不等解放军在数量上占有优势,立刻将主力打到外线去,举行全国性的反攻,将战争引向国民党区域。1947年6月底,根据中共中央的决策和部署,晋冀鲁豫野战军主力千里跃进大别山,华东野战军主力挺进苏鲁豫皖地区,晋冀鲁豫野战军一部挺进豫西。三路大军相互策应,机动歼敌。人民解放战争战略进攻的序幕由此揭开。

2. 提出"打倒蒋介石,解放全中国"的口号。1947年10月10日,中国人民解放军总部发表宣言,提出"打倒蒋介石,解放全中国"的口号。这极大地鼓舞了解放军全体指战员和全国人民的斗志。同年12月,中共中央在陕北米脂县杨家沟召开会议,制定了夺取全国胜利的行动纲领。

二、土地改革与农民的广泛发动

1. 从"五四指示"到《中国土地法大纲》。在解放战争胜利发展的同时,解放区开展了轰轰烈烈的土地改革运动。1946年5月4日,中共中央发出《关于清算、减租及土地问题的指示》(史称"五四指示"),决定将党在抗日战争时期实行的减租减息政策改变为实现"耕者有其田"的政策。1947年7月至9月,中国共产党在河北省平山县召开全国土地会议,制定和通过了《中国土地法大纲》,明确规定"废除封建性及半封建性剥削的土地制度,实现耕者有其田的土地制度"。

2. 土地改革运动的热潮。全国土地会议以后,解放区广大农村迅速掀起土地制度改革(习惯称"土改")运动的热潮。经过土地改革运动,到1948年秋,1亿人口的解放区消灭了封建生产关系。广大农民分得土地并在政治上获得翻身以后,其政治觉悟和组织程度空前提高,农村生产力得到解放,工农联盟进一步巩固和加强。人民解放战争获得了源源不断的人力、物力的支援。这就为打败蒋介石、建立新中国奠定了深厚的群众基础。

三、第二条战线的形成和发展

1. 国民党统治区的政治经济危机。在国民党统治区,以学生运动为先导的人民民主运动也迅速地发展起来,成为配合人民解放战争的第二条战线。在抗战后期,国民党政府由于它的专制独裁统治和官员们的贪污腐败、大发国难财,在大后方已严重丧失人心。在抗战胜利时,国民党政府派出的官员把接收变成"劫收",曾经对它抱有很大期望的原沦陷区人民也很快对它感到极度失望。在抗战胜利后,国民党政府由于违背全国人民迫切要求休养生息、和平建国的意愿,执行反人民的内战政策,迅速失去民心。

2. 学生运动的高涨。1945年底,昆明学生发动了以"反对内战,争取自由"为主要口号的一二•一运动。1946年12月30日,北平学生掀起了抗议驻华美军暴行的运动。1947年5月20日,南京、北平等地爆发了反饥饿、反内战运动。随后,这个运动迅速扩大到上海、杭州、武汉、广州等60多个大、中城市,学生罢课、游行同工人罢工、教员罢教等各阶层人民的斗争汇合到了一起。1947年10月以后,爱国学生一次又一次地掀起反抗斗争的浪潮。

3. 人民民主运动的发展。1946年6月,上海人民团体联合会派出请愿团去南京向国民党当局呼吁和平。1947年间,全国20多个大、中城市中,先后有120万工人举行罢工。5月到6月,饥饿的城市居民的"抢米"风潮席卷包括江苏、浙江、安徽、四川等省的40多个大小城镇。农民不断掀起反抗国民党当局抓丁、征粮、征税的浪潮。1947年1月,民变地区扩展到300多个县。1947年,台湾人民举行了二二八起义。新疆伊犁、塔城、阿勒泰三区革命运动在新的历史条件下进一步发展。1947年初,内蒙古东部大部和中部部分地区获得解放;同年5月1日,内蒙古自治政府宣告成立。

第三节 中国共产党与民主党派的合作

一、各民主党派的历史发展

中国各民主党派是中国共产党领导的爱国统一战线的重要组成部分。中国的民主党派,少数成立于大革命时期和十年内战时期,多数成立于抗日战争和全国解放战争时期。主要有:中国国民党革命委员会、中国民主同盟、中国民主建国会、中国民主促进会、中国农工民主党、中国致公党、九三学社、台湾民主自治同盟。中国各民主党派形成时的社会基础,主要是民族资产阶级、城市小资产阶级以及同这些阶级相联系的知识分子和其他爱国分子。在中国的政治生活中,各民主党派和无党派民主人士是一支重要的力量。

二、中国共产党与民主党派的团结合作

抗战胜利以后,民主党派在中国的政治舞台上比较活跃。在战后进行国共谈判和召开政协会议时,民主党派作为"第三方面",主要是同共产党一起,反对国民党的内战、独裁政策,为和平民主而奔走呼号。在国民党当局撕毁政协协议、发动全面内战时,民盟和其他民主党派的大多数人,在拒绝参加国民党一手包办的伪"国民大会"等一系列重大问题上,是同共产党站在一起的。它们还积极参加和支持国民党统治区的爱国民主运动,在第二条战线的斗争中尽了自己的一份力量。

中国共产党对各民主党派采取了积极的争取和团结的政策。中国共产党及时向各民主党派通报情况,认真听取他们的意见,并就一些重大问题同他们进行协商,以便采取一致行动。中共一贯鼓励和支持各民主党派反对国民党独裁统治的斗争。同时,又十分注意尊重和维护其应有的政治地位和合理的利益。对于他们的某些不妥当的意见,则善意地提出批评,诚恳地帮助其进步。

三、第三条道路的幻灭

1. 第三条道路的主张。抗日战争胜利后,某些民主党派的领导人物曾经鼓吹"中间路线"。他们主张:在政治上"必须实现英美式的民主政治",但不准地

主官僚资本家操纵;在经济上"应当实行改良的资本主义",但不容官僚买办资本横行。而实行的方法,则是走和平的改良的道路。他们所提倡的,是资产阶级共和国的方案;他们所主张的,实质上是旧民主主义的道路。

2. 国民党当局对民主党派的迫害。尽管民盟等一向主张"以民主的方式争取民主,以合法的行动争取合法的地位",国民党当局还是不断以暴力对他们施行迫害。继李公朴、闻一多遭暗杀之后,杜斌丞又在西安被杀害。民盟地方组织的许多成员被逮捕、绑架、屠杀,所办的多家报社也被捣毁或遭袭击。1947年10月,国民党当局宣布民盟"为非法团体",明令对该组织及其成员的一切活动"严加取缔"。

3. 民主党派历史上的转折点。1948年1月,民盟领导人沈钧儒等在香港召开民盟一届三中全会。会议明确指出独立的中间路线不符合中国的现实环境,是"行不通"的;民盟必须为彻底推翻国民党统治集团、消灭封建土地所有制、驱逐美帝国主义出中国、实现人民的民主而奋斗。会议确认中国共产党"值得每个爱国的中国人赞佩",表示"今后要与他们携手合作"。这标志着民盟站到了新民主主义革命的立场上来。1948年1月,中国国民党革命委员会成立大会宣布:"当前之革命任务为推翻蒋介石卖国独裁政权,实现中国之独立、自由、民主与和平。"随着形势的发展和通过实际的教育,它公开表示承认中国共产党的领导地位。

四、中国共产党领导的多党合作、政治协商格局的形成

1948年4月30日,中共中央在纪念五一国际劳动节的口号中提出:"各民主党派、各人民团体、各社会贤达迅速召开政治协商会议,讨论并实现召集人民代表大会,成立民主联合政府。"这个号召得到各民主党派和社会各界的热烈响应。

1949年1月22日,李济深、沈钧儒等民主党派的领导人和著名的无党派民主人士55人联合发表《对时局的意见》。这个政治声明表明,中国各民主党派和无党派民主人士自愿地接受了中国共产党的领导,决心走人民革命的道路,拥护建立人民民主的新中国。民主党派参加新政协并将在新中国参政,标志着民主党派地位的根本变化。它们在中国共产党的领导下,和共产党一道担负起管理国家和建设国家的历史重任。

第四节　创建人民民主专政的新中国

一、南京国民党政权的覆灭

1. 辽沈、淮海、平津三大战役。1948年秋,人民解放战争进入夺取全国胜利的决定性的阶段。在毛泽东和中共中央军委的领导和指挥下,在人民群众的热烈支援下,中国人民解放军先后发动了辽沈、淮海、平津三大战役。国民党赖以维持其反动统治的主要军事力量基本上被摧毁。

2. 人民解放军向全国进军。1949年元旦,蒋介石发表"求和"声明,企图借"和平谈判"之机争取喘息时间,布置长江防线,以便卷土重来。1月14日,毛泽东以中共中央主席的名义发表关于时局的声明,指出:中国共产党愿意在惩办战争罪犯、废除伪宪法和伪法统、改编一切反动军队等八项条件的基础上,同南京国民党政府及国民党地方政府和军事集团进行和平谈判。由于国民党政府拒绝在《国内和平协定》上签字,1949年4月21日,毛泽东、朱德发布《向全国进军的命令》,人民解放军发起渡江战役。4月23日,人民解放军占领南京,宣告延续了22年之久的国民党反动统治的覆灭。

二、人民政协与《共同纲领》

1. 为新中国绘制蓝图。在1948年9月召开的中共中央政治局会议上,毛泽东论述了即将成立的新中国的国体和政体。1949年3月召开的中共七届二中全会,规定了党在全国胜利后在政治、经济、外交方面应当采取的基本政策,指出了中国由农业国转变为工业国、由新民主主义社会转变为社会主义社会的发展方向。在这次会议上,毛泽东提出了"两个务必"的思想。为了向全国人民公开阐明中国共产党在建立新中国问题上的主张,毛泽东在1949年6月30日发表了《论人民民主专政》一文。

2. 人民政协会议的召开与《共同纲领》的制定。1949年9月21日,中国人民政治协商会议第一届全体会议在北平隆重开幕。会议通过了《中国人民政治协商会议共同纲领》,这个纲领在当时是全国人民的大宪章,起着临时宪法的作用。会议通过了中央人民政府组织法,一致选举毛泽东为中央人民政府主席,朱德、刘少奇、宋庆龄、李济深、张澜、高岗为副主席；9月30日，中国人民政治协商会议第一届全体会议闭幕。创建中华人民共和国的筹备工作胜利完成。

三、中国革命胜利的原因和基本经验

1. 中国革命胜利的原因。中国革命的发生不是偶然的，它有着深刻的社会根源和雄厚的群众基础。由于帝国主义、封建主义、官僚资本主义的残酷压迫，中国人民走上了反帝反封建反官僚资本主义斗争的伟大道路。工人、农民、城市小资产阶级群众是民主革命的主要力量。随着斗争的发展，民族资产阶级也逐步向共产党靠拢。中国革命之所以能够走上胜利发展的道路，是由于有了中国工人阶级的先锋队——中国共产党的领导。中国共产党能够制定出适合中国情况的、符合中国人民利益的纲领、路线、方针和政策，为中国人民的斗争指明正确的方向。中国革命之所以能够赢得胜利，同国际无产阶级和人民群众的支持也是分不开的。

2. 中国革命胜利的基本经验。中国人民的反帝反封建反官僚资本主义的革命斗争，是在中国共产党的领导下，在它所提出的新民主主义的理论、纲领、路线和方针政策的指引下，经过长期的艰苦、曲折的斗争，逐步取得胜利的。中国共产党在领导人民革命的过程中，积累了丰富的经验，锻造出了有效的克敌制胜的武器。毛泽东指出："统一战线，武装斗争，党的建设，是中国共产党在中国革命中战胜敌人的三个法宝，三个主要的法宝。"

人民民主专政的新中国的创建，标志着近代以来中国面临的争取民族独立、人民解放这个历史任务的基本完成，这就为中国人民集中力量进行建设，以实现国家的繁荣富强和人民的共同富裕，创造了前提，开辟了道路。

习题训练

一、单项选择题

1. 在第二次世界大战结束后，美国采取的对华政策是（　　）。
   A. 保持中立的政策　　　　　　B. 武力干涉的政策
   C. 扶蒋反共的政策　　　　　　D. 遏制中国的政策

2. 1945年8月,中共中央在对时局的宣言中明确提出的口号是( )。
   A. 和平、民主、团结　　　　　　B. 巩固国内和平,实现民主改革
   C. 打倒蒋介石,解放全中国　　　D. 独立、自由、和平

3. 1945年8月至10月,国共双方举行的谈判是( )。
   A. 西安谈判　　　　　　　　　　B. 重庆谈判
   C. 南京谈判　　　　　　　　　　D. 北平谈判

4. 1945年10月10日,国共两党在谈判基础上签署的文件是( )。
   A.《为公布国共合作宣言》　　　B.《政府与中共代表会谈纪要》
   C.《和平建国纲领》　　　　　　D.《国内和平协定》

5. 1946年6月26日,国民党军队挑起全国性内战的起点是( )。
   A. 大举围攻东北解放区　　　　　B. 大举围攻山东解放区
   C. 重点围攻陕北解放区　　　　　D. 进攻中原解放区

6. 1947年6月,刘、邓大军主力千里跃进大别山,揭开了人民解放战争( )。
   A. 战略防御的序幕　　　　　　　B. 战略相持的序幕
   C. 战略进攻的序幕　　　　　　　D. 战略决战的序幕

7. 1947年10月10日,中国人民解放军总部发表宣言提出的口号是( )。
   A. 和平、民主、团结　　　　　　B. 打倒蒋介石,解放全中国
   C. 将革命进行到底　　　　　　　D. 巩固国内和平,实现民主改革

8. 1946年5月,中共中央发布的实现"耕者有其田"政策的重要文件是( )。
   A.《兴国土地法》
   B.《中国土地法大纲》
   C.《在晋绥干部会议上的讲话》
   D.《关于清算、减租及土地问题的指示》

9. 1947年,中国共产党在全国土地会议上制定和通过的重要文件是( )。
   A.《井冈山土地法》
   B.《兴国土地法》

C. 《中国土地法大纲》

D. 《关于清算、减租及土地问题的指示》

10. 1945年,在昆明发生的以"反对内战,争取自由"为主要口号的学生运动是( )。

A. 一二·九运动　　　　　　B. 一二·一运动

C. 一二三〇运动　　　　　　D. 五二〇运动

11. 1946年,北平学生发动的抗议驻华美军暴行的斗争运动是( )。

A. 一二·九运动　　　　　　B. 一二·一运动

C. 一二三〇运动　　　　　　D. 五二〇运动

12. 1947年,在国统区爆发的大规模爱国学生运动是( )。

A. 一二·九运动　　　　　　B. 一二·一运动

C. 一二三〇运动　　　　　　D. 五二〇运动

13. 1947年,台湾省人民为反抗国民党当局的暴政举行了( )。

A. 一二·一运动　　　　　　B. 二二八起义

C. 五二〇运动　　　　　　　D. 黑旗军起义

14. 1947年10月后,国统区爱国学生运动的主要斗争口号是( )。

A. 反饥饿　　　　　　　　　B. 反内战

C. 反迫害　　　　　　　　　D. 反独裁

15. 在1947年5月宣告成立的我国少数民族自治政府是( )。

A. 内蒙古自治政府　　　　　B. 宁夏回族自治政府

C. 广西壮族自治政府　　　　D. 新疆维吾尔自治政府

16. 1946年5月4日,在重庆正式成立的民主党派是( )。

A. 中国民主同盟　　　　　　B. 中国民主建国会

C. 中国民主促进会　　　　　D. 九三学社

17. 在1947年10月被国民党当局宣布为"非法团体"并明令"严加取缔"的民主党派是( )。

A. 中国民主同盟　　　　　　B. 中国民主建国会

C. 台湾民主自治同盟　　　　D. 中国国民党革命委员会

18. 1947年11月,在香港正式成立的民主党派是( )。

A. 中国民主同盟　　　　　　B. 中国民主建国会

C. 台湾民主自治同盟　　　　　D. 中国国民党革命委员会

19. 1948年1月，在香港宣告正式成立的民主党派是（　　）。
    A. 中国民主政团同盟　　　　B. 中国国民党革命委员会
    C. 中国民主促进会　　　　　D. 中国民主建国会

20. 1948年1月，公开确认中国共产党"值得每个爱国的中国人赞佩"的民主党派是（　　）。
    A. 中国民主同盟　　　　　　B. 中国农工民主党
    C. 中国民主促进会　　　　　D. 中国国民党革命委员会

21. 标志着中国民主同盟站到新民主主义革命立场上来的会议是（　　）。
    A. 民盟一届一中全会　　　　B. 民盟一届二中全会
    C. 民盟一届三中全会　　　　D. 民盟一届四中全会

22. 1949年4月，中国人民解放军发起的重大战役是（　　）。
    A. 辽沈战役　　　　　　　　B. 淮海战役
    C. 平津战役　　　　　　　　D. 渡江战役

23. 1949年6月，毛泽东发表了系统阐明中国共产党关于建立新中国主张的（　　）。
    A.《对目前时局的宣言》　　 B.《目前形势和我们的任务》
    C.《将革命进行到底》　　　 D.《论人民民主专政》

24. 毛泽东在《论人民民主专政》一文中指出，人民民主专政的主要基础是（　　）。
    A. 工人阶级和农民阶级的联盟
    B. 工人阶级和民族资产阶级的联盟
    C. 农民阶级和城市小资产阶级的联盟
    D. 城市小资产阶级和民族资产阶级的联盟

二、多项选择题

1. 1946年1月10日政治协商会议在重庆开幕，出席会议的主要党派有（　　）。
    A. 中国国民党　　　　　　　B. 中国共产党
    C. 中国民主同盟　　　　　　D. 中国青年党

2. 抗战胜利后,中国共产党为做好进行自卫战争准备而在解放区开展的中心工作是(   )。
   A. 练兵   B. 减租
   C. 整风   D. 生产

3. 1946年6月,在国民党当局制造的下关惨案中被打伤的民主进步人士包括(   )。
   A. 李公朴   B. 雷洁琼
   C. 郭沫若   D. 马叙伦

4. 1947年3月至6月,中国人民解放军粉碎了国民党军队(   )。
   A. 对陕北解放区的重点进攻   B. 对东北解放区的重点进攻
   C. 对中原解放区的重点进攻   D. 对山东解放区的重点进攻

5. 1947年6月底,揭开人民解放战争战略进攻的序幕是(   )。
   A. 刘邓大军挺进大别山   B. 陈粟大军挺进苏鲁豫皖
   C. 陈谢兵团挺进豫西   D. 林罗大军挺进东北

6. 1947年5月,国统区爱国学生运动的主要斗争口号是(   )。
   A. 反饥饿   B. 反内战
   C. 反迫害   D. 反独裁

7. 全国解放战争时期,在国民党统治区爆发的爱国学生运动有(   )。
   A. 一二·九运动   B. 一二·一运动
   C. 一二三〇运动   D. 五二〇运动

8. 全国解放战争时期,为国统区民主运动斗争献出生命的中国民盟爱国人士是(   )。
   A. 邓演达   B. 李公朴
   C. 闻一多   D. 杜斌丞

9. 1948年,中共中央在纪念五一国际劳动节时提出的主张包括(   )。
   A. 召开政治协商会议   B. 召集人民代表大会
   C. 成立民主联合政府   D. 建立民族区域自治制度

10. 1948年9月至1949年1月,人民解放军同国民党军队进行战略决战的战役是（　　）。

A. 辽沈战役　　　　　　　B. 淮海战役

C. 平津战役　　　　　　　D. 渡江战役

11. 毛泽东在中共七届二中全会上提出，务必使同志们继续地保持（　　）。

A. 谦虚、谨慎、不骄、不躁的作风　　B. 艰苦奋斗的作风

C. 团结、紧张、严肃、活泼的作风　　D. 联系群众的作风

12. 毛泽东在《论人民民主专政》一文中指出，由新民主主义到社会主义主要依靠（　　）。

A. 工人阶级　　　　　　　B. 农民阶级

C. 城市小资产阶级　　　　D. 民族资产阶级

13. 在 1949 年中华人民共和国中央人民政府成立时，担任副主席职务的民主人士是（　　）。

A. 李济深　　　　　　　　B. 宋庆龄

C. 张澜　　　　　　　　　D. 黄炎培

14. 毛泽东指出，中国共产党在中国革命中战胜敌人主要的法宝是（　　）。

A. 土地革命　　　　　　　B. 统一战线

C. 武装斗争　　　　　　　D. 党的建设

三、辨析题

1. 在抗战胜利后，中国争取和平民主的努力是毫无意义的。

2. 土地改革运动的深入开展，为打败蒋介石、建立新中国奠定了深厚的群众基础。

3. 在中国革命统一战线中存在两个联盟，其中劳动者的联盟是基本的、主要的。

四、简答题

1. 中国共产党必须打败蒋介石、能够打败蒋介石的主要原因。

2. 抗战胜利后，中国共产党与民主党派的团结合作。

3. 中国共产党领导的多党合作和政治协商制度形成的基础。

五、论述题

1. 中国新民主主义革命取得胜利的主要原因。
2. 中国共产党领导中国革命取得胜利的基本经验。

参考答案

一、单项选择题

1. C 2. A 3. B 4. B 5. D 6. C 7. B 8. D 9. C 10. B 11. C 12. B
13. B 14. C 15. A 16. D 17. A 18. C 19. B 20. A 21. C 22. D 23. D
24. A

二、多项选择题

1. ABCD 2. ABD 3. BD 4. AD 5. ABC 6. AB 7. BCD 8. BCD
9. ABC 10. ABC 11. AB 12. AB 13. ABC 14. BCD

三、辨析题

1. 错误。在抗战胜利后，中国共产党争取和平民主的努力，尽管最终未能阻止全面内战的爆发，但是，它使得各界群众增进了对中国共产党的了解，懂得了什么人应当对这场战争承担责任。这在政治上是一个重大的胜利。同时，经过努力，中国人民毕竟争得了将近一年的和平的暂息时期。这也为扩大和巩固解放区、做好进行自卫战争的准备，提供了有利的条件。

2. 正确。经过土地改革运动，广大农民分得土地并在政治上获得翻身以后，其政治觉悟和组织程度空前提高，农村生产力得到解放，工农联盟进一步巩固和加强。人民解放战争获得了源源不断的人力、物力支援。经过这个运动，中国最主要的人民群众——农民进一步认识到，中国共产党是自身利益的坚决维护者，因而自觉地在党的周围团结起来。这就为打败蒋介石、建立新中国奠定了深厚的群众基础。

3. 正确。中国革命统一战线中存在着两个联盟：一个是劳动者的联盟，主要是工人阶级同农民和其他劳动人民的联盟，主要是工农联盟；一个是工人阶级同民族资产阶级和其他可以合作的非劳动人民的联盟，主要是同民族资产阶级的联盟，有时还包括与一部分大资产阶级的暂时的联盟。前者是基本的、主要的；后者是辅助的，同时又是重要的。必须坚决依靠第一个联盟,争取建立和扩大第二个联盟。

四、简答题

1. 中国共产党必须打败蒋介石,是因为蒋介石发动的战争,是一个在美帝国主义指挥之下的反对中国民族独立和中国人民解放的反革命的战争。在这个时候,如果中国共产党表示软弱,表示退让,不敢坚决地起来用革命战争反对反革命战争,中国就将变成黑暗世界,中华民族的前途就会被断送。中国共产党能够打败蒋介石,是因为蒋介石军事力量的优势和美国的援助,只是临时起作用的因素;而蒋介石发动的战争的反人民性质,人心的向背,则是经常起作用的因素,在这方面,中国共产党占着优势。人民解放军的战争所具有的爱国的正义的革命的性质,必然要获得全国人民的拥护。这就是战胜蒋介石的政治基础。

2. 中国各民主党派主张爱国、反对卖国,主张民主、反对独裁,这些方面同中国共产党的新民主主义革命政纲基本上是一致的。在战后进行国共谈判和召开政协会议时,民主党派作为"第三方面",主要是同共产党一起,反对国民党的内战、独裁政策,为和平民主而奔走呼号。它们为政协会议的成功作出了自己的贡献,还为维护政协协议进行过不懈的努力。在国民党当局撕毁政协协议、发动全面内战时,民盟和其他民主党派的大多数人,在拒绝参加国民党一手包办的伪"国民大会"和虚假的"多党政府"以及反对国民党炮制的伪"宪法"等一系列重大问题上,是同共产党站在一起的。它们还积极参加和支持国民党统治区的爱国民主运动,在第二条战线的斗争中尽了自己的一份力量。

3. 中国各民主党派在形成时的社会基础,主要是民族资产阶级、城市小资产阶级以及同这些阶级相联系的知识分子和其他爱国分子。它们曾试图通过第三条道路争取在中国建立欧美式的资产阶级共和国。但历史经验表明,资产阶级共和国的方案在中国是行不通的。中国各民主党派和无党派民主人士的绝大多数人,经过实践的教育,确认了中国共产党关于通过建立人民共和国、走向社会主义的政治主张的正确性;认识到只有接受中国共产党的领导,才能在中国政治生活中有效地发挥积极作用,才有光明的前途。中国共产党领导的多党合作和政治协商制度,就是在这个基础上形成的。它符合中国历史发展的规律和中国人民的根本利益,也符合各民主党派和无党派民主人士的意愿。

五、论述题

1. 由于帝国主义、封建主义、官僚资本主义的残酷压迫,中国人民走上了反帝反封建反官僚资本主义斗争的伟大道路。工人、农民、城市小资产阶级群众是民主革命的主要力量。随着斗争的发展,民族资产阶级也逐步向共产党靠拢。各民主党派和无党派民主人士、各少数民族、爱国的知识分子和华侨等,都在这场斗争中发挥了积极的作用。没有广大人民和各界人士的广泛参加和大力支持,中国革命的胜利是不可能的。

中国共产党是用马克思主义科学理论武装起来的,它以马克思列宁主义基本原理与中国实践相结合的毛泽东思想作为一切工作的指针。因此,中国共产党能够制定出适合中国情况的、符合中国人民利益的纲领、路线、方针和政策,为中国人民的斗争指明正确的方向。中国共产党人在革命过程中始终英勇地站在斗争的最前线,并以行动表明了自己是最有远见,最富于牺牲精神,最坚定,而又最能虚心体察民情并依靠群众的坚强的革命者,从而赢得了广大中国人民的衷心拥护。

中国革命之所以能够赢得胜利,同国际无产阶级和人民群众的支持也是分不开的。为了中国人民的解放事业,一些国际友人还直接参加了中国的革命斗争,有的已经长眠在中国的土地上。

2. 中国共产党在领导人民革命的过程中,积累了丰富的经验。毛泽东指出:"统一战线,武装斗争,党的建设,是中国共产党在中国革命中战胜敌人的三个法宝,三个主要的法宝。"

第一,建立广泛的统一战线。由于中国人民受到帝国主义、封建主义和官僚资本主义的严重压迫,在中国建立革命统一战线的群众基础是十分广泛的。建立广泛的统一战线,是坚持和发展革命的政治基础。第二,坚持革命的武装斗争。由于中国没有资产阶级民主,反动统治阶级凭借武装力量对人民实行独裁恐怖统治,革命只能以长期的武装斗争作为主要形式。中国的武装斗争实质上是工人阶级领导的农民战争。中国共产党必须深入农村,发动和武装农民,在农村建立革命的根据地,以农村包围城市,才能逐步地争取革命的胜利。第三,加强共产党自身的建设。中国共产党遵循毛泽东建党学说,在长期的斗争实践中,把自己锻炼成了一个有纪律的、有马克思列宁主义理论武装的、采取自我批评方法的、联系人民群众的党,成为掌握统一战线和武装斗争这两个武器以实行对敌冲锋陷阵的英勇战士,成为全国各族人民拥戴的领导核心。

阅读思考

一

材料1: 问:如果美国除了它所已经给的以外不再帮助了,那末蒋介石还可以打多久?

答:一年以上。

问:蒋介石在经济上可能支持那样久吗?

答：可以的。

问：如果美国说明此后不再给蒋介石以什么帮助了呢？

答：在现时还没有什么征象，表示美国政府和蒋介石有任何在短时期内停止战争的愿望。

问：共产党能支持多久？

答：就我们自己的愿望说，我们连一天也不愿意打。但是如果形势迫使我们不得不打的话，我们是能够一直打到底的。

——摘自《和美国记者安娜·路易斯·斯特朗的谈话》(1946年8月)，中共中央文献编辑委员会编：《毛泽东选集》(第4卷)，人民出版社1991年版，第1087—1088页。

材料2：由于美国帝国主义的侵略、蒋介石的压迫和我党坚决保护群众利益的正确方针，我党获得了蒋介石统治区域工人阶级、农民阶级、城市小资产阶级和中等资产阶级的广大群众的同情。……因此我们说，我们的新民主主义的革命的统一战线，现在比过去任何时期都要广大，也比过去任何时期都要巩固。

——摘自毛泽东：《目前的形势和我们的任务》(1947年12月25日)，中共中央文献编辑委员会编：《毛泽东选集》(第4卷)，人民出版社1991年版，第1152—1153页。

问题1：在抗战胜利后，美国采取了什么对华政策？

问题2：面对严峻的局势，中国共产党为什么必须打败蒋介石、为什么能打败蒋介石？

问题3：全国解放战争时期，第二条反蒋战线形成的历史原因是什么？新民主主义革命统一战线中存在哪些联盟、是怎样的关系？

二

材料1：为了反对独裁卖国，实现真正的民主的和平，本盟愿伸出手来，欢迎一切民主党派的合作，而且要与一切民主党派结成坚强的民主统一战线。中国共产党为民主事业而奋斗的历史，日寇投降以来，为实现国内和平的努力，是值得每个爱国的中国人赞佩，本盟今后要与他们携手合作。同时，对于最近国民党革命委员会的成立，因为他是国民党的新生，也是中山先生革命精神的复活，本盟亦致其深挚的期望，并愿与共同奋斗。民主和平自由独立的新中国的实现，是有赖于中国民主同盟、中国共产党、国民党民主派以及其他各民主党派与无党无派民主人士的亲密合作,才能达到的。

——摘自《中国民主同盟一届三中全会宣言》(1948年1月19日),www.hljmm.org.cn/show.aspx?id=1938。

材料2:中国共产党、各民主党派、各人民团体、各界民主人士、国内少数民族和海外华侨都认为:必须打倒帝国主义、封建主义、官僚资本主义和国民党反动派的统治,必须召集一个包含各民主党派、各人民团体、各界民主人士、国内少数民族和海外华侨的代表人物的政治协商会议,宣告中华人民共和国的成立,并选举代表这个共和国的民主联合政府,才能使我们的伟大的祖国脱离半殖民地的和半封建的命运,走上独立、自由、和平、统一和强盛的道路。

——摘自毛泽东:《在新政治协商会议筹备会上的讲话》(1949年6月15日),《毛泽东选集》(第4卷),人民出版社1991年版,第1352—1353页。

问题1:在近代中国,民主党派的社会基础是什么?其奉行的主张是什么?

问题2:随着形势的变化,中国民主同盟等民主党派转变立场的为什么会发生变化?

问题3:中国共产党领导的多党合作、政治协商制度是在怎样的历史基础上形成的?

下 编

从新中国成立到社会主义
现代化建设新时期
(1949—2018)

综述　辉煌的历史进程

内容概述

一、中华人民共和国的成立和中国进入社会主义初级阶段

1949年10月1日，中华人民共和国宣告成立。中华人民共和国是工人阶级领导的、以工农联盟为基础的人民民主专政的国家。这就是新中国的国体。新中国的政体是人民代表大会制度；它的国家结构形式是统一的多民族国家和在单一制国家中的民族区域自治制度；它的政党制度是中国共产党领导的多党合作和政治协商制度。

新中国的成立，宣告中华民族从此进入了发展进步的历史新纪元。第一，帝国主义列强压迫中国、奴役中国人民的历史从此结束，中国人从此站立起来了。第二，本国封建主义、官僚资本主义统治的历史从此结束，中国人民第一次成为新社会、新国家的主人。第三，军阀割据、战乱频仍、匪患不断的历史从此结束，国家基本统一，民族团结，社会政治局面趋向稳定，各族人民开始过上安居乐业的生活。第四，为实现由新民主主义向社会主义的过渡，并在社会主义道路上实现中华民族的伟大复兴，创造了政治前提。第五，中国共产党成为全国范围内的执政党。总之，中华人民共和国的成立，标志着中国新民主主义革命取得了基本的胜利，标志着半殖民地半封建社会的结束和新民主主义社会在全国范围内的建立，标志着近代以来中华民族面临的第一项历史任务的基本完成。

（一）从新民主主义向社会主义的过渡

中国共产党领导的革命，包括新民主主义革命和社会主义革命两个阶段。新民主主义革命的目的，是要建立新民主主义社会，然后，再使之发展到第二阶段，以建立社会主义社会。新民主主义革命过程中形成和发展起来的新民主主义政治、经济、文化，都是由工人阶级领导的，因而都具有社会主义因素。这些因素的增长，为新民主主义革命胜利以后向社会主义转变创造了必要的条件。

新中国成立以前，新民主主义社会是在局部地区建立起来的，这就是当时的各个解放区。在这里，半殖民地半封建的社会制度被废除，但民主革命的任务尚未完成，这时的新民主主义社会还不具备向社会主义过渡的条件。1949年中华人民共和国的成立，标志着新民主主义革命阶段的基本结束和社会主义革命阶段的开始，即进入由新民主主义到社会主义的过渡时期。这时的新民主主义社会，就已经是一个属于社会主义体系的和逐步过渡到社会主义社会去的过渡性质的社会了。

全国胜利并解决了土地问题后，中国社会经济中存在着五种成分，其中主要的经济成分是三种，即社会主义经济、个体经济和私人资本主义经济。三种基本的经济成分及与之相应的三种基本的阶级力量(工人阶级、农民及其他小资产阶级、资产阶级)之间的矛盾，就集中地表现为无产阶级与资产阶级的矛盾、社会主义与资本主义的矛盾。因此，新民主主义社会的主要任务就是进行社会主义革命(社会主义改造)、确立社会主义基本制度。

从中华人民共和国成立，到社会主义改造基本完成，这是从新民主主义过渡到社会主义的时期。中国共产党制定了过渡时期的总路线，团结带领人民在推进社会主义工业化的同时，逐步实现对农业、手工业和资本主义工商业的社会主义改造，建立社会主义基本制度，完成了中华民族有史以来最为广泛而深刻的社会变革，为当代中国一切发展进步奠定了根本政治前提和制度基础。

（二）中国进入社会主义初级阶段

自1956年社会主义改造基本完成以后，中国进入了社会主义。

我国进入社会主义的时候，就生产力发展水平来说，还远远落后于发达国家，这就决定了中国的社会主义必须经历一个相当长的初级阶段。社会主义初级阶段在发展进程中会显现出不同的阶段性特征。1956年召开的中共八大、

1987年召开的中共十三大和2017年召开的中共十九大,分别对我国社会主义社会的主要矛盾作出了正确的分析。我国社会主义建设的根本任务,是进一步解放生产力,发展生产力,逐步实现社会主义现代化,并且为此而改革生产关系和上层建筑中不适应生产力发展的方面和环节。中国仍处于并将长期处于社会主义初级阶段,是中国的基本国情,是建设中国特色社会主义的总依据。党在社会主义初级阶段的基本路线是党和国家的生命线、人民的幸福线。

二、新中国发展的两个历史时期及其相互关系

新中国成立以后至今的历史,经历了以下的发展阶段:

从1949年10月1日中华人民共和国成立到1956年,是基本完成社会主义改造的七年。

从1956年社会主义改造基本完成到1966年"文化大革命"前夕,是开始全面建设社会主义的十年。

从1966年5月到1976年10月,是"文化大革命"的十年。

从1978年12月中共十一届三中全会召开以来,是改革开放和社会主义现代化建设的新时期。而从1976年10月"文化大革命"结束至1978年十一届三中全会召开之前在徘徊中前进的两年,为实现新时期的伟大历史转折准备了条件。

2012年中共十八大以来,中国特色社会主义进入新时代,这是我国发展新的历史方位。

在60多年中,全国各族人民在中国共产党领导下探索、开创、坚持和发展中国特色社会主义,为实现国家富强、民族复兴、人民幸福这一历史任务而不懈奋斗,这是新中国历史发展的主题和主线。

中国共产党领导人民进行社会主义建设,有改革开放前和改革开放后两个历史时期,这是两个相互联系又有重大区别的时期,但本质上都是中国共产党领导人民进行社会主义建设的实践探索。虽然这两个历史时期在进行社会主义建设的思想指导、方针政策、实际工作上有很大差别,但两者决不是彼此割裂的,更不是根本对立的。正确认识和处理改革开放前后的社会主义实践探索的关系,不只是一个历史问题,更主要的是一个政治问题。

三、开创和发展中国特色社会主义

新中国最大的历史成就,就是探索、开创、坚持、发展了中国特色社会主义。这是几代中国共产党人接续奋斗的结果。

以毛泽东为主要代表的中国共产党人,领导人民顺利地进行了社会主义改造,完成了从新民主主义到社会主义的过渡,确立了社会主义基本制度,发展了社会主义的经济、政治和文化。

十一届三中全会以来,以邓小平为主要代表的中国共产党人,实现了全党工作重心向经济建设的转移,实行改革开放,开辟了社会主义事业发展的新时期,逐步形成了建设中国特色社会主义的路线、方针、政策,阐明了在中国建设社会主义、巩固和发展社会主义的基本问题,创立了邓小平理论。

十三届四中全会以来,以江泽民为主要代表的中国共产党人,在建设中国特色社会主义的实践中,加深了对什么是社会主义、怎样建设社会主义和建设什么样的党、怎样建设党的认识,积累了治党治国新的宝贵经验,形成了"三个代表"重要思想。

十六大以来,以胡锦涛为主要代表的中国共产党人,坚持以邓小平理论和"三个代表"重要思想为指导,根据新的发展要求,深刻认识和回答了新形势下实现什么样的发展、怎样发展等重大问题,形成了以人为本、全面协调可持续发展的科学发展观。

十八大以来,以习近平为主要代表的中国共产党人,顺应时代发展,从理论和实践结合上系统回答了新时代坚持和发展什么样的中国特色社会主义、怎样坚持和发展中国特色社会主义这个重大时代课题,创立了习近平新时代中国特色社会主义思想。

四、中国特色社会主义进入新时代

这个新时代,既与改革开放 40 年来的发展一脉相承,又有很大的不同,面临许多新情况新变化。其主要体现在五个方面。

这个新时代,是承前启后、继往开来、在新的历史条件下继续夺取中国特色社会主义伟大胜利的时代,是决胜全面建成小康社会、进而全面建设社会主义现代化强国的时代,是全国各族人民团结奋斗、不断创造美好生活、逐步实现全体人民共同富裕的时代,是全体中华儿女勠力同心、奋力实现中华民族伟大复兴中国梦的时代,是我国日益走近世界舞台中央、不断为人类作出更大贡献的时代。

中国特色社会主义进入了新时代,这是世情国情党情变化的必然结果,是社会主要矛盾运动的必然结果,也是党的十八大以来党和国家事业发生历史性变革的结果,是中国共产党人带领全国各族人民长期不懈奋斗的结果。

中国特色社会主义进入新时代,在中华人民共和国发展史上、中华民族发展史上具有重大意义,在世界社会主义发展史上、人类社会发展史上也具有重大意义。

习题训练

一、单项选择题

1. 中华人民共和国的成立,标志着中国进入到(　　)。
   A. 资本主义社会　　　　　　B. 新民主主义社会
   C. 社会主义社会　　　　　　D. 共产主义社会

2. 1949年中华人民共和国成立后,中国进入到(　　)。
   A. 由旧民主主义到新民主主义的过渡时期
   B. 由新民主主义到社会主义的过渡时期
   C. 新民主主义革命到建设的过渡时期
   D. 社会主义革命到建设的过渡时期

3. 在民主革命取得全国性胜利并完成土地革命后,中国国内存在的主要矛盾是(　　)。
   A. 农民阶级和地主阶级的矛盾　　B. 工人阶级和资产阶级的矛盾
   C. 人民大众和封建主义的矛盾　　D. 人民大众和资本主义的矛盾

4. 中国社会主义革命阶段开始的标志是(　　)。
   A. 中华人民共和国的成立　　B. 中共七届三中全会的召开
   C. 党在过渡时期总路线的提出　　D. 第一届全国人民代表大会的召开

5. 新民主主义社会形态的特点是(　　)。
   A. 固定的　　　　　　　　B. 不变的
   C. 过渡的　　　　　　　　D. 独立的

6. 在新民主主义向社会主义过渡时期,经济上处于领导地位的是(　　)。
   A. 私人资本主义经济　　　　　B. 国家资本主义经济
   C. 社会主义性质的国营经济　　D. 半社会主义性质的合作社经济

7. 中国进入新民主主义社会后在国际上面临的主要矛盾是(　　)。
   A. 新中国同殖民主义的矛盾　　B. 新中国同帝国主义的矛盾
   C. 新中国同美国的矛盾　　　　D. 新中国同英国的矛盾

8. 中华人民共和国成立后,从1949年到1956年的历史发展阶段属于(　　)。
   A. 基本完成社会主义改造的时期
   B. 开始全面建设社会主义的时期
   C. "文化大革命"的时期
   D. 改革开放和社会主义现代化建设的新时期

9. 我国社会主义基本制度确立的标志是(　　)。
   A. 中华人民共和国的成立　　　B. 党在过渡时期总路线的提出
   C. 第一届全国人民代表大会的召开　D. 社会主义三大改造的完成

10. 中华人民共和国成立后,从1956年到1966年的历史发展阶段属于(　　)。
    A. 基本完成社会主义改造的时期
    B. 开始全面建设社会主义的时期
    C. "文化大革命"的时期
    D. 改革开放和社会主义现代化建设的新时期

11. 中华人民共和国成立后,从1966年5月到1976年10月的历史发展阶段属于(　　)。
    A. 基本完成社会主义改造的时期
    B. 开始全面建设社会主义的时期
    C. "文化大革命"的时期
    D. 改革开放和社会主义现代化建设的新时期

12. 中华人民共和国成立后,从1978年至今的历史发展阶段属于(　　)。
    A. 基本完成社会主义改造的时期
    B. 开始全面建设社会主义的时期

C. "文化大革命"的时期

D. 改革开放和社会主义现代化建设的新时期

13. 在社会主义初级阶段,全党和全国的工作中心是（ ）。

    A. 阶级斗争   B. 经济建设

    C. 坚持四项基本原则   D. 坚持改革开放

14. 中国进入到改革开放和社会主义现代化建设的新时期的标志是（ ）。

    A. 中共八大的召开   B. 中共十大的召开

    C. 中共十一届三中全会的召开   D. 中共十二届三中全会的召开

15. 领导中国人民成功开创了中国特色社会主义的是（ ）。

    A. 以毛泽东为主要代表的中国共产党人

    B. 以邓小平为主要代表的中国共产党人

    C. 以江泽民为主要代表的中国共产党人

    D. 以胡锦涛为主要代表的中国共产党人

16. 建设中国特色社会主义的总依据是（ ）。

    A. 中国人口多、底子薄

    B. 中国社会生产力落后

    C. 中国是世界上最大的发展中国家

    D. 中国将长期处于社会主义初级阶段

17. 新中国最大的历史成就是（ ）。

    A. 完成了社会主义的三大改造

    B. 建立起了独立的比较完整的国民经济体系

    C. 作出了改革开放的重大决策

    D. 探索、开创、坚持、发展了中国特色社会主义

18. 标志着中国特色社会主义进入新时代的是（ ）。

    A. 中共十六大的召开   B. 中共十七大的召开

    C. 中共十八大的召开   D. 中共十九大的召开

二、多项选择题

1. 中华人民共和国的成立标志着（ ）。

A. 中国新民主主义革命取得了胜利
B. 半殖民地半封建社会历史的结束
C. 新民主主义社会在全国范围内的建立
D. 社会主义制度的形成

2. 中国进入到新民主主义社会后存在的经济成分包括（　　　　）。
A. 国营经济和合作社经济　　B. 个体经济
C. 私人资本主义经济　　　　D. 国家资本主义经济

3. 中国进入到新民主主义社会后存在的三种主要经济成分是（　　　　）。
A. 社会主义经济　　　　　　B. 个体经济
C. 私人资本主义经济　　　　D. 官僚资本主义经济

4. 在中国新民主主义社会中，与三种基本的经济成分相对应的三种基本阶级力量是（　　　　）。
A. 地主阶级　　　　　　　　B. 工人阶级
C. 农民及其他小资产阶级　　D. 资产阶级

5. 在新民主主义社会中，三种基本经济成分及其相应阶级力量之间的矛盾集中地表现为（　　　　）。
A. 农民阶级与地主阶级的矛盾　　B. 资本主义与封建主义的矛盾
C. 无产阶级与资产阶级的矛盾　　D. 社会主义与资本主义的矛盾

6. 中国仍处于并将长期处于社会主义初级阶段，这是（　　　　）。
A. 中国的基本国情
B. 中国建设社会主义现代化不可逾越的历史阶段
C. 建设中国特色社会主义的总依据
D. 制定路线、方针、政策的基本依据

7. 在民主革命取得全国性胜利后，中国存在的两种基本的矛盾是（　　　　）。
A. 中华民族和帝国主义的矛盾　　B. 人民大众和封建主义的矛盾
C. 新中国和帝国主义的矛盾　　　D. 工人阶级和资产阶级的矛盾

8. 新中国成立以后至今经历的历史发展阶段有（　　　　）。
A. 基本完成社会主义改造的时期
B. 开始全面建设社会主义的时期

C. "文化大革命"的时期

D. 改革开放和社会主义现代化建设的新时期

9. 中华人民共和国的成立标志着（　　　）。

A. 社会主义革命的结束

B. 全面建设社会主义的开始

C. 争取民族独立、人民解放的历史任务的基本完成

D. 实现国家繁荣富强、人民共同富裕的历史任务的开始

10. 中国共产党领导人民进行社会主义有改革开放前后两个时期，这两个时期是（　　　）。

A. 相互联系的　　　　　　B. 有重大区别的

C. 彼此割裂的　　　　　　D. 根本对立的

11. 新中国历史发展的主题和主线是（　　　）。

A. 建立新民主主义社会

B. 建立社会主义社会

C. 探索、开创、坚持和发展中国特色社会主义

D. 为实现国家富强、民族复兴和人民幸福这一历史任务而奋斗

12. 中国特色社会主义进入了新时代是（　　　）。

A. 世情国情党情变化的必然结果

B. 社会主要矛盾运动的必然结果

C. 党的十八大以来党和国家事业发生历史性变革的结果

D. 中国共产党人带领全国各族人民长期不懈奋斗的结果

三、辨析题

1. 1949年中华人民共和国成立，标志着中国进入到社会主义社会。

2. 中华人民共和国的成立，标志着近代以来中华民族面临的两大历史任务的完成。

3. 中国社会主义建设改革开放前和改革开放后这两个时期，既相互联系又有重大区别。

4. 中共十八大以来，中国特色社会主义进入了新时代。

四、简答题

1. 新民主主义社会的经济状况和性质。

2. 中共八大、中共十三大、中共十九大对我国社会主义社会的主要矛盾的分析。

3. 我国社会主义建设的根本任务和党在社会主义初级阶段的基本路线。

五、论述题

1. 中华人民共和国的成立开辟了中国历史的新纪元。

2. 中国特色社会主义进入新时代所面临的新情况、新变化。

参考答案

一、单项选择题

1. B 2. B 3. B 4. A 5. C 6. C 7. B 8. A 9. D 10. B 11. C 12. D 13. B 14. C 15. B 16. D 17. D 18. C

二、多项选择题

1. ABC 2. ABCD 3. ABC 4. BCD 5. CD 6. ABCD 7. CD 8. ABCD 9. CD 10. AB 11. CD 12. ABCD

三、辨析题

1. 错误。中华人民共和国成立，标志着中国的新民主主义革命取得了基本的胜利，标志着半殖民地半封建社会的结束和新民主主义社会在全国范围内的建立。新民主主义社会是一个属于社会主义体系的过渡性的社会。1956年社会主义改造基本完成，标志着中国进入社会主义社会。

2. 错误。中华人民共和国的成立，标志着中国新民主主义革命取得了基本的胜利，也就是标志着近代以来中国面临的第一项历史任务，即求得民族独立和人民解放的任务基本上完成了。这就为争取实现第二项历史任务，即实现国家的繁荣富强和人民的共同富裕，创造了前提、开辟了道路。

3. 正确。这两个历史时期本质上都是中国共产党领导人民进行社会主义建设的实践探索。中国特色社会主义是在改革开放历史新时期开创的，但也是在新中国已经建立起社会主义基本制度，并进行了20多年建设的基础上开创的。虽然这两个历史时期在进行社会主义建设的思想指导、方针政策、实际工作上有很大差别,但两者决不是彼此割裂的,更不是根本对立的。

4. 正确。这个新时代,是承前启后、继往开来、在新的历史条件下继续夺取中国特色社会主义伟大胜利的时代,是决胜全面建成小康社会、进而全面建设社会主义现代化强国的时代,是全国各族人民团结奋斗、不断创造美好生活、逐步实现全体人民共同富裕的时代,是全体中华儿女勠力同心、奋力实现中华民族伟大复兴中国梦的时代,是我国日益走近世界舞台中央、不断为人类作出更大贡献的时代。

四、简答题

1. 全国胜利并解决了土地问题以后,中国社会经济中存在着五种成分,即:社会主义性质的国营经济,半社会主义性质的合作社经济,农民和手工业者的个体经济,私人资本主义经济和国家资本主义经济。其中,主要的经济成分是三种,即社会主义经济、个体经济和私人资本主义经济。三种基本的经济成分及与之相应的三种基本的阶级力量(工人阶级、农民及其他小资产阶级、资产阶级)之间的矛盾,就集中地表现为无产阶级与资产阶级的矛盾、社会主义与资本主义的矛盾。新民主主义社会既有社会主义因素,又有资本主义因素,是一个属于社会主义体系的和逐步过渡到社会主义社会去的过渡性质的社会。

2. 1956年召开的中共八大指出,我国社会的主要矛盾"是人民对于经济文化迅速发展的需要同当前经济文化不能满足人民需要的状况之间的矛盾"。1987年召开的中共十三大指出:"我们在现阶段所面临的主要矛盾,是人民日益增长的物质文化需要同落后的社会生产之间的矛盾。"2017年召开的中共十九大指出:"经过长期努力,中国特色社会主义进入了新时代,这是我国发展新的历史方位。""我国社会主要矛盾已经转化为人民日益增长的美好生活需要和不平衡不充分的发展之间的矛盾。"

3. 我国社会主义建设的根本任务,是进一步解放生产力,发展生产力,逐步实现社会主义现代化,并且为此而改革生产关系和上层建筑中不适应生产力发展的方面和环节。中国共产党在社会主义初级阶段的基本路线是:领导团结全国各族人民,以经济建设为中心,坚持四项基本原则,坚持改革开放,自力更生,艰苦创业,为把我国建设成为富强民主文明和谐美丽的社会主义现代化强国而奋斗。

五、论述题

1. 第一,帝国主义列强压迫中国、奴役中国人民的历史从此结束,中华民族一洗一百多年来蒙受的屈辱,开始以崭新的姿态自立于世界的民族之林。占人类总数四分之一的中国人从此站立起来了。第二,本国封建主义、官僚资本主义统治的历史从此结束,长期以来受尽压迫和欺凌的广大中国人民在政治上翻了身,第一次成为新社会、新国家的主人。一个真正属于人民的共和国建立起来了。第三,军阀割据、战乱频仍、匪患不断的历史从此结束,国家基本统一,民族团结,社会政治局面趋向稳定,各族人民开始过上安居乐业的生活。人民可以集中力量从事经济、政治、文化、社会等方面建设的时期开始到来了。第四,为实现由新民主主义向社会主义的过渡,并在社会主义道路上实现中华民族的复兴,创造了政治前提。第五,中国共产党成为全国范围内的执政党。它可以运用国家政权凝聚和调集全国力量,解放并发展社会生产力,以造福于各族人民,造福于整个中华民族。

2. 一是党的十八大以来,在新中国成立特别是改革开放以来我国发展取得重大成就基础上,党和国家事业发生历史性变革,我国发展站在新的历史起点上,新起点需要新气象新作为;二是世界进入大变革大调整时期,面临千年未有之大变局,如何在乱局中保持定力、在变局中抓住机遇,对我们统筹国际国内两个大局提出了更高要求;三是中国共产党执政面临的社会环境和现实条件发生深刻变化,发展理念和方式有重大转变,发展水平和要求更高;四是我国社会的主要矛盾已经转化为人民日益增长的美好生活需要和不平衡不充分的发展之间的矛盾,经济建设仍然是中心任务,但需要更加注重全面协调可持续发展,需要着力解决好发展不平衡不充分问题;五是从党的十九大到二十大,是"两个一百年"奋斗目标的历史交汇期,我们要在全面建成小康社会、实现第一个百年目标之后,开启全面建设社会主义现代化国家新征程、向第二个百年目标进军。

阅读思考

一

材料 1: 在革命胜利之后,因为肃清了资本主义发展道路上的障碍物,资本主义经济在中国社会中会有一个相当程度的发展,是可以想象得到的,也是不足为怪的。资本主义会有一个相当程度的发展,这是经济落后的中国在民主革命胜利之后不可避免的结果。但这只是中国革命的一方面的结果,不是它的全部结果。

——摘自毛泽东:《中国革命和中国共产党》(1939 年 12 月),cpc. people. com. cn/GB/64184/64185/66616/4488919. html。

材料 2: 中国共产党在中华人民共和国成立以后的历史,总的说来,是我们党在马克思列宁主义、毛泽东思想指导下,领导全国各族人民进行社会主义革命和社会主义建设并取得巨大成就的历史。

——摘自中共第十一届六中全会通过的《关于建国以来党的若干历史问题的决议》(1981年6月27日),cpc. people. com. cn/GB/64162/64168/64563/65374/4526448. html。

问题1:新中国成立初期,中国社会的基本特征和主要矛盾是什么?

问题2:新中国成立后,中国社会在性质上经历了怎样的变化?

问题3:进入到社会主义社会后,我国的基本国情、根本任务是什么?

二

材料1:2013年1月5日,习近平同志在新进中央委员会的委员、候补委员学习贯彻党的十八大精神研讨班上发表的重要讲话中,在论述改革开放前后两个历史时期的关系时,明确提出:"不能用改革开放后的历史时期否定改革开放前的历史时期,也不能用改革开放前的历史时期否定改革开放后的历史时期。""两个不能否定"这一命题直接涉及到中国特色社会主义的坚持和发展、党执政根基的巩固、全党全国人民思想的凝聚统一等一系列事关党和国家命运的问题,必须从政治高度深入认识其重大意义。

——摘自齐彪:《"两个不能否定"的重大政治意义》,《光明日报》2013年5月7日。

材料2:改革开放之初,我们党发出了走自己的路、建设中国特色社会主义的伟大号召。从那时以来,我们党团结带领全国各族人民不懈奋斗,推动我国经济实力、科技实力、国防实力、综合国力进入世界前列,推动我国国际地位实现前所未有的提升,党的面貌、国家的面貌、人民的面貌、军队的面貌、中华民族的面貌发生了前所未有的变化,中华民族正以崭新姿态屹立于世界的东方。

经过长期努力,中国特色社会主义进入了新时代,这是我国发展新的历史方位。

——摘自习近平:《决胜全面建成小康社会 夺取新时代中国特色社会主义伟大胜利——在中国共产党第十九次全国代表大会上的报告》(2017年10月18日),www. xinhuanet. com//politics/2017-10/27/c_1121867529. htm。

问题1:如何正确评价改革开放前后两个历史时期的中国社会主义建设?

问题2:如何认识中国特色社会主义的探索、开创和发展的主要历程?

问题3:如何理解中国特色社会主义已经进入了新时代是我国发展新的历史方位?

第八章 社会主义基本制度在中国的确立

内容概述

第一节 从新民主主义向社会主义过渡的开始

一、完成民主革命遗留任务和恢复国民经济

新中国成立初期,面临着许多严重的困难和一些紧迫的问题。这对于刚刚执掌全国政权的中国共产党来说,是新的严峻的考验。主要是:第一,能不能保卫住人民胜利的成果,巩固新生的人民政权。第二,能不能战胜严重的经济困难,迅速恢复和发展国民经济。第三,能不能巩固民族独立,维护国家主权和安全。第四,能不能经受住执政的考验,继续保持谦虚、谨慎、不骄、不躁的作风和艰苦奋斗的作风。这些问题,从根本上说,是前进中的问题。

为了解决这些问题,中国共产党和人民政府着重抓了以下四个方面的工作:第一,完成民主革命的遗留任务。第二,领导国民经济恢复工作。第三,巩固民族独立,维护国家主权和安全。第四,加强中国共产党的自身建设。

新中国成立初期所进行的上述工作及其取得的显著成就,有力地证明,中国共产党和人民政府是能够经得住执政的考验的。广大劳动人民真诚地拥护共产党和人民政府的领导。一些曾经对新中国、新政权、新道路抱有某种疑惑、观望态度的人开始相信,跟着中国共产党走,这是一条通向中华民族伟大复兴的康庄大道。

二、开始向社会主义过渡

新中国成立后的最初三年,即 1949 年至 1952 年期间,在着重完成民主革命的遗留任务的同时,社会主义革命的任务实际上也开始实行了。这主要表现在以下三个方面:第一,没收官僚资本,确立社会主义性质的国营经济的领导地位。第二,开始将资本主义纳入国家资本主义轨道。第三,引导个体农民在土地改革后逐步走上互助合作的道路。

以上事实表明,新民主主义社会不是一个凝固不变的、独立的社会形态。它本身具有过渡性,它是处在很深刻的变动之中的。

第二节 社会主义道路:历史和人民的选择

一、工业化的任务和发展道路

1. 提出国家工业化的任务。进行经济建设,首先要把中国从一个落后的农业国变为一个先进的工业国,实现国家的工业化。1952 年国民经济恢复工作完成时,中国工业发展的水平仍然是很低的。从 1953 年开始的发展国民经济的第一个五年计划,把优先发展重工业作为建设的中心环节,特别是大力发展钢铁、煤、电力、石油、机器制造、飞机、坦克、拖拉机、船舶、车辆制造、国防工业、有色金属和基本化学工业。

2. 选择社会主义工业化的道路。近代以来的历史表明,资本主义工业化的道路在中国是走不通的。由于受到外国垄断资本的压迫和本国封建生产关系的束缚,中国民族资本主义工业从 19 世纪 60 年代末 70 年代初产生以后,始终处于举步维艰的境地。在帝国主义时代,中国通过走资本主义道路实现现代化的可能性已经失去。为了实现国家的工业化,中国必须走社会主义的道路。

二、过渡时期总路线反映了历史的必然性

1. 过渡时期总路线的提出。新中国成立之初,中共中央领导人根据当时的具体情况,决定在民主革命遗留任务彻底完成、国民经济基本恢复之前,先不急于明确提出向社会主义过渡的任务。

随着实践的发展和经验的积累,对于如何向社会主义过渡的步骤,中共中央的认识发生了变化。1952年9月24日,毛泽东在中共中央书记处会议上提出,我们要在"十年到十五年基本上完成社会主义,不是十年以后才过渡到社会主义"。这种认识上的改变,主要有两方面的原因:一方面,随着民主革命遗留任务的彻底完成,国内的阶级关系和主要矛盾发生了深刻的变化。另一方面,随着国民经济的恢复和初步发展,中国社会的经济成分(即生产关系)发生了重要变化。

正是从以上两个方面变化了的实际情况出发,中共中央在1952年底开始酝酿并于1953年正式提出党在过渡时期的总路线,明确规定:"党在这个过渡时期的总路线和总任务,是要在一个相当长的时期内,逐步实现国家的社会主义工业化,并逐步实现国家对农业、对手工业和对资本主义工商业的社会主义改造。"

2. 实行社会主义改造的国内外条件。第一,社会主义性质的国营经济力量相对来说比较强大,它是实现国家工业化的主要基础。第二,资本主义经济力量弱小,发展困难,不可能成为中国工业起飞的基础。第三,对个体农业进行社会主义改造,是保证工业发展、实现国家工业化的一个必要条件。第四,当时的国际环境也促使中国选择社会主义。

总之,中国经济在20世纪50年代的最重要事件就是选择了社会主义。这是十分必要的、完全正确的。

第三节 有中国特点的向社会主义过渡的道路

一、社会主义工业化与社会主义改造同时并举

中国共产党在过渡时期的总路线,一方面要求把实现社会主义工业化作为全党、全国人民的基本任务,另一方面又要求通过对农业、手工业和资本主义工商业的社会主义改造来促进生产力的发展,以利于社会主义工业化的实现。这两个任务是互相关联而不可分离的。

1953年,新中国即开始进行有计划的社会主义建设。实际上,编制发展国民经济的第一个五年计划的工作,在1951年就已着手进行。从当时中国的实际出发,计划规定:集中主要力量发展重工业,建立国家工业化和国防现代化的初

步基础;相应地发展交通运输业、轻工业、农业和商业;相应地培养建设人才;保证在发展生产的基础上逐步提高人民的物质生活和文化生活的水平。"一五"期间,在苏联的援助下,中国着重建设了一大批基础性的重点工程,为国家的工业化奠定了初步的坚实基础。

社会主义改造是围绕着社会主义工业化建设的任务进行的,它成了社会主义建设的直接的推动力量。第一个五年计划规定的到1957年应达到的指标,在1956年底就提前达到了。

二、农业合作化运动的发展

1. 农业合作化任务的提出。1951年12月,中共中央下发了《关于农业生产互助合作的决议(草案)》。草案指出,中国农民在土改基础上所发扬起来的生产积极性,集中地表现在两种积极性上,即个体经济的积极性和劳动互助的积极性。党不能忽视和粗暴地挫伤农民个体经济的积极性,但是要"按照自愿和互利的原则,发展农民劳动互助的积极性"。

2. 农业合作化的基本方针。1953年12月,中共中央通过《关于发展农业生产合作社的决议》,总结互助合作运动的经验,概括提出引导农民走向社会主义的几种过渡性经济组织形式。第一是互助组,这具有社会主义的萌芽。第二是初级农业生产合作社,这具有半社会主义的性质。第三是高级农业生产合作社,这具有社会主义的性质。采取这种逐步过渡的办法,是中国农业合作化运动中的一项重要的创造。

实践证明,中国共产党对农业合作化运动的指导方针是正确的,由此开创了一条有中国特点的农业合作化道路。其基本原则和方针是:第一,在中国的条件下,可以走先合作化、后机械化的道路。第二,充分利用和发挥土改后农民的两种生产积极性,通过互助组、初级农业生产合作社、高级农业生产合作社这种由低到高的互助合作的组织形式,实行积极发展、稳步前进、逐步过渡的方针。第三,农业互助合作的发展,要坚持自愿和互利的原则,采取典型示范、逐步推广的方法,发展一批,巩固一批。第四,要始终把是否增产作为衡量合作社是否办好的标准。第五,要把社会改造同技术改造相结合。

3. 农业合作化的发展和基本完成。到1956年底,农业合作化基本完成。但是,对个体农业的社会主义改造,在1955年夏季以后,要求过急,工作过粗,改变过快,形式也过于简单划一,以致在较长期间遗留了一些问题。尽管如此,农业合作化在总体上是成功的。在农业合作化运动期间,从1953年到1956年,农业生产力不断发展,全国农业总产值平均每年递增4.8%。农民安居乐业,生产有所发展,生活有所改善。中国农村在发展稳定的气氛中完成了从几千年的分散个体劳动向集体所有、集体经营的历史性转变。这是中国历史上一次伟大的社会变革、社会进步。

4. 手工业合作化的实现。在推进手工业合作化的过程中,中国共产党采取的是积极领导、稳步前进的方针。手工业合作化的组织形式,是由手工业生产合作小组、手工业供销合作社到手工业生产合作社,步骤是从供销入手,由小到大,由低到高,逐步实行社会主义改造和生产改造。农业合作化的迅猛发展,也极大地加快了手工业合作化的步伐。到1956年底,手工业的合作化也基本完成了。

三、对资本主义工商业赎买政策的实施

1. 经过国家资本主义走向社会主义。中国民族资产阶级在社会主义革命时期仍然具有两面性。他们既有剥削工人取得利润的一面,又有拥护宪法、愿意接受社会主义改造的一面。对民族资产阶级,是把他们作为朋友,在团结他们的同时,用和平的方法逐步地改造他们。

对资本主义工商企业进行社会主义改造,就是要把民族资本主义工商业改造成为社会主义性质的企业,并对民族资产阶级实行赎买政策。中国共产党和人民政府对资本主义工商业采取了利用、限制、改造的政策。毛泽东明确指出:国家资本主义是改造资本主义工商业和逐步完成社会主义过渡的必经之路。

国家资本主义经济是在人民政府管理之下的,用各种形式和国营社会主义经济联系着的,并受工人监督的资本主义经济。它有初级形式和高级形式的区别。初级形式,在工业中有收购、加工、订货、统购、包销,在商业中有经销、代销、代购代销、公私联营等。高级形式的国家资本主义就是公私合营。到1956年底,全国私营工业户的99%、私营商业户的82.2%,都走上了全行业公私合营的道路。

2. 和平赎买政策的实现。经过国家资本主义来改造资本主义工商业,意味着国家对资本家采取和平赎买的政策。对资产阶级实行赎买,这是马克思、恩格斯提出的设想。十月革命后,列宁打算在俄国对"文明的资本家"采取这种做法,

但俄国资产阶级不接受。中国共产党把这种设想付诸实施并取得成功,资产阶级中的绝大多数人公开表示接受这样的方案。在实行全行业公私合营的时候,国家为资本家安排了工作,许多人担负了一定的领导职务。这既有利于发挥他们在经营管理方面的特长,又可以为使他们成为自食其力的劳动者创造条件。许多原工商业者提高了觉悟,拥护共产党的领导和社会主义制度,为国家建设事业作出了贡献。

四、社会主义基本制度在中国的全面确立

1. 人民民主政治建设的稳步推进。1954年9月,中华人民共和国第一届全国人民代表大会第一次会议在北京召开。大会通过了《中华人民共和国宪法》,人民代表大会制度这一新中国的根本政治制度从此建立。这成为新中国人民民主政治建设发展历程中具有标志性的事件。宪法对新中国国家的根本性质、政治制度作出了明确规定。在逐步推进社会主义改造的过程中,中国的社会主义基本政治制度得到了全面确立和进一步发展。

2. 社会主义改造的基本完成。到1956年,随着社会主义改造的基本完成,中国继建立社会主义基本政治制度之后,社会主义的基本经济制度也建立起来了。这是中国进入社会主义社会的最主要的标志。到1956年,社会主义性质的国营经济、合作社经济和基本上属于社会主义性质的公私合营经济合计为92.9%,占到了国民收入的绝大多数。这表明,中国已经胜利地完成了从新民主主义到社会主义的过渡,社会主义制度在中国得到了全面的确立。

中共中央原计划用18年的时间而实际上只用了7年的时间,社会主义改造就基本完成了。由于进展急促,工作中也有缺点和偏差。

社会主义改造是在生产关系方面由私有制到公有制的一场伟大的变革,它对生产力的发展直接起到了促进作用。社会主义改造的胜利,为中国全面进行社会主义建设奠定了基础,开辟了道路。

3. 在社会主义条件下推进工业化、现代化。社会主义革命的目的是解放生产力。在社会主义改造基本完成后,中国人民面临的主要任务,就是进一步推进工业化、现代化建设,为实现国家的繁荣富强和人民的共同富裕而奋斗。而社会主义基本制度的全面确立,正是为推进中国的工业化、现代化事业,为中国以后一切的进步和发展,奠定了基础。

习题训练

一、单项选择题

1. 1951年底到1952年,中国共产党在党政机构工作人员中开展了( )。
   A. 肃反运动　　　　　　　　B. 整风、整党运动
   C. "三反"运动　　　　　　　D. "五反"运动

2. 1952年上半年,中共中央开展了打击不法资本家的( )。
   A. 镇压反革命运动　　　　　B. 工商业调整运动
   C. "三反"运动　　　　　　　D. "五反"运动

3. 世界上第一个同中华人民共和国建立外交关系的国家是( )。
   A. 苏联　　　　　　　　　　B. 朝鲜
   C. 越南　　　　　　　　　　D. 蒙古

4. 在抗美援朝战争中担任中国人民志愿军司令员兼政治委员的是( )。
   A. 朱德　　　　　　　　　　B. 彭德怀
   C. 陈毅　　　　　　　　　　D. 刘伯承

5. 新中国与苏联确立同盟关系的条约是( )。
   A.《中苏友好同盟条约》　　　B.《中苏同盟互助条约》
   C.《中苏友好条约》　　　　　D.《中苏友好同盟互助条约》

6. 新中国建立初期,社会主义国营经济建立的主要途径是通过( )。
   A. 没收官僚资本　　　　　　B. 征用外国资本
   C. 赎买民族资本　　　　　　D. 合并公营资本

7. 新中国开始实行发展国民经济的第一个五年计划是在( )。
   A. 1950年　　　　　　　　　B. 1951年
   C. 1952年　　　　　　　　　D. 1953年

8. 新中国实行发展国民经济第一个五年计划的中心环节是( )。
   A. 优先发展轻工业　　　　　B. 优先发展重工业
   C. 重点发展农村经济　　　　D. 重点发展城市经济

9. 有中国特点的向社会主义过渡道路的主要特征是( )。

A. 重视工业建设　　　　　　　B. 强调三大改造
C. 建设与改造同时并举　　　　D. 重视对资本主义工商业的改造

10. 中国共产党在过渡时期总路线的主体是实现（　　）。

A. 社会主义工业化

B. 对农业的社会主义改造

C. 对手工业的社会主义改造

D. 对资本主义工商业的社会主义改造

11. 中国共产党在过渡时期总路线的主要内容是"一化三改造"，其中"一化"是指（　　）。

A. 社会主义工业化　　　　　　B. 社会主义工业电气化
C. 社会主义农业合作化　　　　D. 社会主义农业机械化

12. 中共中央正式提出党在过渡时期总路线是在（　　）。

A. 1949 年　　　　　　　　　　B. 1952 年
C. 1953 年　　　　　　　　　　D. 1956 年

13. 我国对个体农业社会主义改造过渡性经济组织形式中，具有社会主义萌芽性质的是（　　）。

A. 互助组　　　　　　　　　　B. 初级农业生产合作社
C. 高级农业生产合作社　　　　D. 人民公社

14. 在我国农业社会主义改造的过渡性经济组织形式中，具有半社会主义性质的是（　　）。

A. 互助组　　　　　　　　　　B. 初级农业生产合作社
C. 高级农业生产合作社　　　　D. 人民公社

15. 在我国农业社会主义改造的过渡性经济组织形式中，具有社会主义性质的是（　　）。

A. 互助组　　　　　　　　　　B. 初级农业生产合作社
C. 高级农业生产合作社　　　　D. 人民公社

16. 我国对个体农业社会主义改造坚持的原则是（　　）。

A. 自愿和互利　　　　　　　　B. 动员和鼓励
C. 示范和推广　　　　　　　　D. 发展和巩固

17. 我国对资本主义工商业进行社会主义改造实行的政策是（　　）。

A. 无偿没收 B. 有偿征用
C. 和平赎买 D. 公私联营

18. 我国对资本主义工商业社会主义改造实行的高级形式国家资本主义是（   ）。

A. 加工订货 B. 统购包销
C. 经销代销 D. 公私合营

19. 在我国对资本主义工商业改造的个别企业公私合营阶段，企业利润的分配办法是（   ）。

A. 公私平分 B. "四马分肥"
C. 定股定息 D. "劳资对半"

20. 中华人民共和国第一届全国人民代表大会第一次会议召开的时间是（   ）。

A. 1953年 B. 1954年
C. 1955年 D. 1956年

21. 中国进入社会主义社会的主要标志是（   ）。

A. 中华人民共和国的成立
B. 党在过渡时期总路线的提出
C. 第一届全国人民代表大会的召开
D. 社会主义三大改造的完成

22. 中国历史上最深刻最伟大的社会变革是（   ）。

A. 中国共产党的成立 B. 中华人民共和国的成立
C. 社会主义制度的建立 D. 社会主义市场经济体制的建立

二、多项选择题

1. 1951年底到1952年，中国共产党在党政机构工作人员中开展的"三反"运动是（   ）。

A. 反贪污 B. 反浪费
C. 反主观主义 D. 反官僚主义

2. 中共中央在1952年上半年开展的打击不法资本家运动的内容是（   ）。

A. 反对行贿和反对偷税漏税　　B. 反对盗窃国家财产

C. 反对偷工减料　　D. 反对盗窃国家经济情报

3. 新中国在1949年至1952年开展的重大运动包括(　　)。

A. 土地改革运动　　B. 镇压反革命运动

C. "三反"运动　　D. "五反"运动

4. 针对美国遏制新中国的情况,中国共产党在新中国成立前夕提出的外交方针包括(　　)。

A. "另起炉灶"　　B. "打扫干净屋子再请客"

C. "一边倒"　　D. "全方位"

5. 新中国成立初期开始向社会主义过渡采取的实际步骤包括(　　)。

A. 没收官僚资本以确立国营经济的领导地位

B. 进一步鼓励私人资本主义经济发展

C. 开始将资本主义纳入国家资本主义轨道

D. 引导个体农民逐步走上互助合作的道路

6. 中国共产党在过渡时期总路线的主要内容是逐步实现(　　)。

A. 社会主义工业化

B. 对农业的社会主义改造

C. 对手工业的社会主义改造

D. 对资本主义工商业的社会主义改造

7. 我国对个体农业社会主义改造的过渡性经济组织形式包括(　　)。

A. 互助组　　B. 初级农业生产合作社

C. 人民公社　　D. 高级农业生产合作社

8. 我国对个体农业社会主义改造实行的方针是(　　)。

A. 典型示范　　B. 积极发展

C. 稳步前进　　D. 逐步过渡

9. 我国对资本主义工商业社会主义改造实行的初级形式国家资本主义包括(　　)。

A. 加工订货　　B. 统购包销

C. 经销代销　　D. 公私联营

10. 我国对资本主义工商业社会主义改造实行的高级形式国家资本主义包

括（　　）。

A. 统购包销 B. 经销代销
C. 个别企业公私合营 D. 全行业公私合营

11. 我国对资本主义工商业改造的个别企业公私合营阶段，企业利润的分配方面包括（　　）。

A. 国家所得税 B. 企业公积金
C. 工人福利费 D. 股金红利

12. 在新民主主义向社会主义过渡时期，中国民族资产阶级仍然具有的两面性是（　　）。

A. 革命性、妥协性
B. 落后性、腐朽性
C. 剥削工人取得利润
D. 拥护宪法和愿意接受社会主义改造

13. 在新民主主义向社会主义过渡时期进行的社会主义改造包括（　　）。

A. 对官僚资本主义的改造 B. 对个体农业的改造
C. 对个体手工业的改造 D. 对资本主义工商业的改造

三、辨析题

1. 中华人民共和国成立后头三年的主要任务是对生产资料私有制的社会主义改造。
2. 我国对资本主义工商业的社会主义改造采取的是和平赎买政策。
3. 中国共产党在过渡时期总路线的主要内容是"一化三改"。

四、简答题

1. 新中国成立初期，中国共产党执政面临的严峻考验和开展的主要工作。
2. 新中国成立初期开始向社会主义过渡采取的实际步骤。
3. 我国对农业社会主义改造完成的意义。
4. 社会主义改造基本完成的意义。

五、论述题

1. 中国经济在20世纪50年代选择社会主义是十分必要的。
2. 我国对农业社会主义改造的基本原则和方针。
3. 我国对资本主义工商业采取和平赎买政策的特点和意义。

参考答案

一、单项选择题

1. C 2. D 3. A 4. B 5. D 6. A 7. D 8. B 9. C 10. A 11. A 12. C 13. A 14. B 15. C 16. A 17. C 18. D 19. B 20. B 21. D 22. C

二、多项选择题

1. ABD 2. ABCD 3. ABCD 4. ABC 5. ACD 6. ABCD 7. ABD 8. BCD 9. ABCD 10. CD 11. ABCD 12. CD 13. BCD

三、辨析题

1. 错误。新中国成立后的最初三年,着重完成民主革命的遗留任务。在追剿残余敌人、基本完成祖国大陆统一任务的基础上,摧毁旧政权,普遍召开地方各级各界人民代表会议,人民开始行使当家作主的民主权利。继续实行土地制度的改革;制定《中华人民共和国婚姻法》;开展大规模的镇压反革命运动;健康文明的社会新风尚开始树立。

2. 正确。从必要性看,对民族资产阶级采取与对官僚资产阶级不同的利用、限制、改造政策,是由民族资产阶级在社会主义革命时期仍然具有的两面性决定的,即他们既有剥削工人、追求利润的一面,又有拥护宪法、愿意接受社会主义改造的一面,对其进行和平改造有利于发挥其现有优势为社会主义建设服务。从可能性看,建国后政治、经济等方面发生的重大变化为和平改造提供了有力的保证。从具体实现步骤看,把国家资本主义作为利用、限制、改造资本主义的主要形式,最终逐步实现对所有制和对人的双重改造。

3. 正确。党在这个过渡时期的总路线和总任务,是要在一个相当长的时期内,逐步实现国家的社会主义工业化,并逐步实现国家对农业、对手工业和对资本主义工商业的社会主义改造。这是一条"一化三改""一体两翼"的总路线,即社会主义建设同社会主义改造同时并举的总路线,体现了发展生产力和变革生产关系的有机统一。

四、简答题

1. 严峻考验:第一,能不能保卫住人民胜利的成果,巩固新生的人民政权。第二,能不能战胜严重的经济困难,迅速恢复和发展国民经济。第三,能不能巩固民族独立,维护国家主权和安全。第四,能不能经受住执政的考验,继续保持谦虚、谨慎、不骄、不躁的作风和艰苦奋斗的作风。主要工作:第一,完成民主革命的遗留任务。第二,领导国民经济恢复工作。第三,巩固民族独立,维护国家主权和安全。第四,加强中国共产党的自身建设。

2. 第一,没收官僚资本,确立社会主义性质的国营经济的领导地位。第二,开始将资本主义纳入国家资本主义轨道。新中国在利用资本主义工商业的过程中,已经开始对它进行适当的限制,并把其中的大部分引上了初级形式的国家资本主义的道路。第三,引导个体农民在土地改革后逐步走上互助合作的道路。

3. 在农业合作化运动期间,从1953年到1956年,农业生产力不断发展,全国农业总产值平均每年递增4.8%。农民安居乐业,生产有所发展,生活有所改善。中国农村在发展稳定的气氛中完成了从几千年的分散个体劳动向集体所有、集体经营的历史性转变。这是中国历史上一次伟大的社会变革、社会进步。

4. 随着社会主义改造的基本完成,社会主义的基本经济制度建立起来了,这是中国进入社会主义社会的最主要的标志。社会主义改造是在生产关系方面由私有制到公有制的一场伟大变革,它对生产力的发展直接起到了促进作用。社会主义改造的胜利,为中国全面进行社会主义建设奠定了基础,开辟了道路。

五、论述题

1. 第一,社会主义性质的国营经济力量相对来说比较强大,它是实现国家工业化的主要基础。国家的社会主义工业化,是国家独立和富强的当然要求和必要条件。第二,资本主义经济力量弱小,发展困难,不可能成为中国工业起飞的基础。第三,对个体农业进行社会主义改造,是保证工业发展、实现国家工业化的一个必要条件。第四,当时的国际环境也促使中国选择社会主义。新中国成立以后,长期受到美国等资本主义国家经济上、外交上和军事上的严密封锁和遏制。当时只有社会主义国家和第二次世界大战后为独立而斗争的国家同情中国,只有苏联能够援助中国。总之,中国经济在20世纪50年代的最重要事件就是选择了社会主义。这是十分必要的,完全正确的。

2. 第一,在中国的条件下,可以走先合作化、后机械化的道路。在土地改革基本完成后,及时将"组织起来"作为农村工作的一件大事来抓。第二,充分利用和发挥土改后农民的两种生产积极性,通过互助组、初级农业生产合作社、高级农业生产合作社这种由低到高的互助合作的组织形式,实行积极发展、稳步前进、逐步过渡的方针。第三,农业互助合作的发展,要坚持自愿和互利的原则,采取典型示范、逐步推广的方法,发展一批,巩固一批。第四,要始终把是否增产作为衡量合作社是否办好的标准。第五,要把社会改造同技术改造相结合。在实现农业合作化以后,国家应努力用先进的技术和装备发展农业经济。

3. 第一,用赎买和国家资本主义的方法,有偿地而不是无偿地,逐步地而不是突然地改变资产阶级的所有制。第二,在改造他们的同时,给予他们以必要的工作安排。第三,不剥夺资产阶级的选举权,并且对于他们中间积极拥护社会主义改造而在这个改造事业中有所贡献的代表人物给以恰当的政治安排。对资产阶级实行赎买,这是马克思、恩格斯提出的设想。中国共产党把这种设想付诸实施并取得成功,资产阶级中的绝大多数人公开表示接受这样的方案。这既有利于发挥他们在经营管理方面的特长,又可以为使他们成为自食其力的劳动者创造条件。我国对资本主义工商业社会主义改造的胜利完成,是我国和世界社会主义历史上最光辉的胜利之一。

阅读思考

一

材料1:我国虽然已有一定数量的现代工业的发展,但我国旧有工业的基础是十分落后和薄弱的。我国经济上的这种落后,使我即百余年来国弱民穷,受尽了资本帝国主义列强的侵略压迫。工业在我国整个国民经济中只占很小的比重:在一九四九年,使用机器的工业的产值约占工农业生产总值的百分之十七左右,而农业及其副业、个体手工业和工场手工业的产值约占工农业生产总值的百分之八十三左右。……由于我国在经济上、技术上还很落后,我国人民的生活还不富裕,我们必须用一定的速度逐步地实现国家的社会主义工业化。

——摘自中共中央宣传部:《为动员一切力量把我国建设成为一个伟大的社会主义国家而斗争——关于党在过渡时期总路线的学习和宣传提纲》(1953年12月),www.china.com.cn/guoqing/2012-09/05/content_26746480.htm。

材料2:从国内方面看,开国快四年了,人民民主专政更加巩固,国防力量愈益增强,各种社会改革也基本完成。尤其是这四年来,财政经济状况已经基本好转,社会主义成分的比重一天一天增加,国营经济地位一天一天加强,人民的积极性也更加发挥出来了。……

……

以上情况说明:现在开始五年计划经济建设,国际国内形势都是有利的;提出过渡时期的问题,也是适时的。

——摘自中共中央文献研究室编:《周恩来经济文选》,中央文献出版社 1993 年版,第 139—140 页。

问题 1:新中国建立初期经受的严峻考验是什么?

问题 2:在应对这些考验的过程中,中国共产党领导开展了哪些主要的斗争?

问题 3:经过这些斗争,新民主主义向社会主义过渡具备了哪些主要条件?

二

材料 1:……宪法中规定,一定要完成社会主义改造,实现国家的社会主义工业化。这是原则性。要实行社会主义原则,是不是在全国范围内一天早晨一切都实行社会主义呢?这样形式上很革命,但是缺乏灵活性,就行不通,就会遭到反对,就会失败。因此,一时办不到的事,必须逐步去办。比如国家资本主义,是讲逐步实行。国家资本主义不是只有公私合营一种形式,而是有各种形式。一个是"逐步",一个是"各种"。这就是逐步实行各种形式的国家资本主义,以达到社会主义全民所有制。

——摘自毛泽东:《关于中华人民共和国宪法草案》,《毛泽东文集》(第 6 卷),人民出版社 1993 年版,第 326—327 页。

材料 2:从一九四九年十月中华人民共和国成立到一九五六年,我们党领导全国各族人民有步骤地实现从新民主主义到社会主义的转变,迅速恢复了国民经济并开展了有计划的经济建设,在全国绝大部分地区基本上完成了对生产资料私有制的社会主义改造。在这个历史阶段中,党确定的指导方针和基本政策是正确的,取得的胜利是辉煌的。

——摘自中共第十一届六中全会通过的《关于建国以来党的若干历史问题的决议》(1981 年 6 月 27 日),cpc.people.com.cn/GB/64162/64168/64563/65374/4526452.html。

问题 1:中国共产党提出的党在过渡时期总路线的主要内容及其特点是什么?

问题 2:为什么说中国共产党在过渡时期总路线体现了历史的必然?

问题 3:怎样理解我国社会主义改造的成功经验和历史意义?

第九章 社会主义建设在探索中曲折发展

内容概述

第一节 良好的开局

一、全面建设社会主义的开端

1. 提出马克思主义同中国实际的"第二次结合"。新中国成立初期,因为没有经验,在经济建设上只得学习甚至照搬苏联的做法。经过执行发展国民经济的第一个五年计划的实践,中国共产党和人民政府已经积累了进行建设的初步经验。1956年2月召开的苏共二十大,进一步暴露了苏联在社会主义建设中存在的缺点和错误。在这种情况下,中国共产党人决心走自己的路,开始探索适合中国情况的社会主义建设道路。毛泽东提出的关于实行马克思主义同中国实际的"第二次结合"的任务,为探索适合中国情况的社会主义建设道路,提供了基本的指导原则。

2. 在社会主义制度下保护和发展生产力。社会主义制度的确立,为进一步保护和发展生产力创造了更为有利的条件。中共中央把拟定的《1956年到1967年全国农业发展纲要(草案)》提请最高国务会议讨论,并向全国人民公布。1956年,中共中央召开关于知识分子问题会议,动员全党和全国人民特别是广大知识分子"向现代科学进军"。同年10月制定了《1956—1967年科学技术发展远景规划纲要》。

二、早期探索的积极进展

1. 《论十大关系》的发表。1956年,毛泽东的《论十大关系》报告,总结经济建设的初步经验,借鉴苏联建设的经验教训,概括提出了十大关系。这十大关系,围绕一个基本方针:一定要努力把党内党外、国内国外的一切积极的因素,直接的、间接的积极因素,全部调动起来,把我国建设成为一个强大的社会主义国家。《论十大关系》是以毛泽东为主要代表的中国共产党人开始探索中国自己的社会主义建设道路的标志,它在新的历史条件下从经济方面(这是主要的)和政治方面提出了新的指导方针,为中共八大的召开作了理论准备。

2. 中共八大路线的制定。1956年9月,中共八大正确分析了社会主义改造完成后中国社会的主要矛盾和主要任务,指出:国内主要矛盾已经不再是工人阶级和资产阶级的矛盾,而是人民对于经济文化迅速发展的需要同当前经济文化不能满足人民需要的状况之间的矛盾;全国人民的主要任务是集中力量发展社会生产力,实现国家工业化,逐步满足人民日益增长的物质和文化需要。在经济建设上,大会坚持既反保守又反冒进即在综合平衡中稳步前进的方针。在大会发言中,陈云提出"三个主体、三个补充"的思想,即:国家经营和集体经营是主体,一定数量的个体经营为补充;计划生产是主体,一定范围的自由生产为补充;国家市场是主体,一定范围的自由市场为补充。中共八大的路线是正确的,它为社会主义事业的发展和党的建设指明了方向。中共八大后,中国共产党在探索中又提出一些重要的新思想。

3. 《关于正确处理人民内部矛盾的问题》的发表。1957年2月,毛泽东在扩大的最高国务会议第十一次(扩大)会议上作了《如何处理人民内部的矛盾》的讲话,指出:在社会主义制度下,人民的根本利益是一致的,但还存在着敌我矛盾和人民内部矛盾。必须区分社会主义社会两类不同性质的社会矛盾,把正确处理人民内部矛盾作为国家政治生活的主题。这篇讲话稿经补充修改后,以《关于正确处理人民内部矛盾的问题》为题公开发表。它创造性地阐述了社会主义社会矛盾学说,是对科学社会主义理论的重要发展,对中国社会主义事业具有长远的指导意义。

4. 整风运动和反右派斗争。1957年4月27日,中共中央下发《关于整风运动的指示》,决定在全党进行一次反对官僚主义、宗派主义和主观主义的整风运动。这场运动采取开门整风的形式进行整风,并提出建设"六有"政治局面等思想,是中共八大路线的继续和发展,是党探索社会主义建设道路的新成果。

在整风运动中人们提出的各种意见,绝大多数是诚恳的。但确有极少数资产阶级右派分子乘机向党和新生的社会主义制度发动进攻。对极少数右派分子的进攻实行坚决反击,是完全正确的和必要的,但是反右派斗争被严重地扩大化了。

第二节 探索中的严重曲折

一、"大跃进"及其纠正

1. "大跃进"和人民公社化运动的发动。1958年1月和3月,毛泽东错误地改变了中共八大确认的在经济建设上既反保守又反冒进即在综合平衡中稳步前进的方针。同年5月,中共八大二次会议通过了"鼓足干劲、力争上游、多快好省地建设社会主义"的社会主义建设总路线。总路线提出的"多快好省"这四个字,本来是相互制约的,但在宣传中和实际工作中片面地突出了一个"快"字,产生了消极的后果。

同年8月,中共中央政治局扩大的北戴河会议通过了《关于在农村建立人民公社问题的决议》,提出"应该积极地运用人民公社的形式,摸索出一条过渡到共产主义的具体途径"。人民公社实行"政社合一"的体制,其基本特点被概括为"一大二公"。它严重地脱离了当时农村的生产力水平,致使"一平二调"之风泛滥,损害了广大社员和小集体的利益。

2. 初步纠正"左"倾错误的努力。从1958年11月第一次郑州会议起到1959年7月庐山会议前期,毛泽东领导全党和全国人民对已经觉察到的错误进行了初步纠正。

3. 庐山会议与纠"左"进程的中断。1959年7月,毛泽东在庐山会议上错误地对彭德怀的信件内容提出尖锐批评。8月,毛泽东作出了《关于以彭德怀同志为首的反党集团的错误的决议》,随后在全党范围开展了"反右倾"斗争。这场斗争,在政治上使党内从中央到基层的民主生活遭到严重损害;在经济建设上打断了纠"左"的进程,使错误延续了更长时间。

4. 国民经济的调整。国民经济出现的严重困难局面,给中国共产党以深刻的教训。1960年,中共中央发出《关于农村人民公社当前政策的紧急指示信》,着手解决当时最为突出的农业和农村问题。1961年,中共八届九中全会决定对国民经济实行"调整、巩固、充实、提高"的八字方针。中共中央还陆续制定出有关工业、商业、教育、科学、文艺等方面的工作条例草案,总结历史经验,继续纠正"左"的错误,推动国民经济转入1962年至1965年的三年调整时期。

5. "七千人大会"的召开与调整任务的基本完成。1962年1、2月间,扩大的中共中央工作会议(即"七千人大会")在北京召开。这次会议恢复和发扬了党内的民主精神和自我批评精神,统一了全党的认识,对全面贯彻调整国民经济的八字方针起了极其重要的作用。从1962年到1965年,国民经济开始得到比较顺利的恢复和发展。1964年底到1965年初召开的第三届全国人民代表大会第一次会议提出"四个现代化"的宏伟目标。但是,20世纪50年代后期开始的"左"倾错误,在经济工作指导思想中尚未得到彻底纠正,在政治和思想文化方面还有发展。

二、"文化大革命"及其结束

1. "文化大革命"的发动。1966年5月至1976年10月的"文化大革命",是全局性的、长时间的"左"倾严重错误。它使中国共产党、国家和人民遭到新中国成立以来最严重的挫折和损失。这场"文化大革命"是毛泽东发动和领导的。1965年11月10日,姚文元的文章《评新编历史剧〈海瑞罢官〉》在上海《文汇报》发表,成为毛泽东发动"文化大革命"的导火线。1966年5月,中共中央召开政治局扩大会议。会议通过的《中国共产党中央委员会通知》(即"五·一六通知"),系统地阐发了发动"文化大革命"的主要论点。同年8月1日至12日,毛泽东主持召开中共八届十一中全会,并在全会上印发《炮打司令部——我的一张大字报》,对"文化大革命"进行再发动。全会通过的《关于无产阶级文化大革命的决定》(简称"十六条"),成为"文化大革命"的指导方针。

2. 全面内乱的形成。1967年1月,上海造反派头目王洪文等人在张春桥、姚文元的策划下,夺取了中共上海市委、市人民委员会的领导权,号称"一月革命"。在夺权过程中,各地的造反派组织普遍形成两大对立面,在全国掀起了"打倒一切、全面内战"的狂潮。在运动中,党的各级领导干部普遍受到批判和斗争,党的各级组织普遍受到冲击并陷于瘫痪、半瘫痪状态,党长期依靠的许多积极分子和基本群众受到排斥。1969年4月1日至24日,中国共产党第九次全国代表大会在北京召开。这次大会使"文化大革命"的错误理论和实践合法化,加强了林彪、江青、康生等人在党中央的地位。

3. 粉碎林彪反革命集团。中共九大后,全国开展了"斗、批、改"运动。1971年9月13日凌晨,林彪等人出逃,在蒙古人民共和国境内温都尔汗附近坠机身亡。发生林彪反革命集团阴谋夺取最高权力、策动反革命武装政变的事件,是"文化大革命"推翻党的一系列基本原则的结果,客观上宣告了"文化大革命"的理论和实践的失败。

1973年8月召开的中国共产党第十次全国代表大会,继续了中共九大的"左"倾错误方针。江青、张春桥、姚文元、王洪文在中央政治局内结成"四人帮"。王洪文还当上了中共中央副主席。

4. 挫败"四人帮""组阁"图谋。1974年7月17日,毛泽东在中共中央政治局会议上批评江青。随后,他建议周恩来继续担任国务院总理,由邓小平担任国务院第一副总理,江青等人的"组阁"图谋遭到挫败。

5. 1975年整顿和"文化大革命"的结束。1975年,邓小平着手对各方面的工作进行整顿,形势开始有了明显好转。随着整顿的深入发展,逐渐涉及"文化大革命"的指导思想及其政策本身。毛泽东不能容忍邓小平系统地纠正"文化大革命"的错误,在1975年底发动了所谓"批邓、反击右倾翻案风"运动。"四人帮"趁机想把一大批老一辈革命家和老干部重新打倒,全国又陷入混乱。

1976年9月9日,毛泽东逝世。江青反革命集团加紧进行夺取党和国家最高领导权的阴谋活动。10月6日晚,中共中央政治局毅然粉碎了江青反革命集团,结束了"文化大革命"。10月14日,中共中央公布粉碎"四人帮"的消息,中国人民在经历了十年磨难和挫折之后,终于迎来了社会主义现代化事业发展的新时期。"文化大革命"的发生,对于中国共产党、新中国和中国人民来说,是一场灾难。"文化大革命"给党、国家和民族造成的损失是十分巨大的,它所提供的教训是极为沉痛和深刻的。

三、严重的曲折,深刻的教训

1. 错误的性质。对于发动"文化大革命",邓小平说过,就毛主席本身的愿望来说,是出于避免资本主义复辟的考虑,但对中国本身的实际情况作了错误的估计。这样就打击了原来在革命中有建树的、有实际经验的各级干部,并在全国范围内造成了严重的灾难。

2. 犯错误的原因。"文化大革命"之所以会发生并且持续十年之久,有着复杂的多方面的原因。首先,中国共产党对于迅速到来的新生的社会主义社会和全国规模的社会主义建设事业,缺乏充分的思想准备和科学研究,对于什么是社会主义、怎样建设社会主义的问题,并没有完全搞清楚。其次,由于中国共产党的历史特点,在社会主义改造基本完成以后,犯了阶级斗争严重扩大化的错误,同时把马列著作中的某些设想和论点加以误解或教条化。最后,党的民主集中制和集体领导制度遭到了严重破坏,致使党无法依靠制度的和集体的力量及时地发现并纠正错误。

3. 对错误进行科学分析。中国共产党在犯严重错误的时候,其性质和宗旨都没有改变。在"文化大革命"的特殊年代里,中国共产党并没有被摧毁而且还能维持统一,中国社会主义制度的根基仍然保存着,社会主义经济建设还在进行,国家仍然保持统一并且在国际上发挥着重要的影响。这些重要事实,既同毛泽东的巨大作用分不开,也是广大党员、干部和人民群众共同努力的结果。中国共产党能够紧紧依靠广大党员、干部和人民群众,并在广大群众的支持和帮助下,发现错误,抵制错误,纠正错误。即使在中国共产党和毛泽东犯了严重错误的历史时期,社会主义建设的各项事业仍然取得了举世公认的重要成就。历史一再表明,中国人民是伟大的人民,中国共产党是伟大的党,社会主义制度具有顽强的生命力。

第三节 建设的成就 探索的成果

一、独立的、比较完整的工业体系和国民经济体系的建立

1. 较快的发展速度。从"一五"时期(即执行发展国民经济的第一个五年计划的时期)开始到1976年的20多年,是中国社会主义现代化事业打基础的重要发展时期。尽管经历了"大跃进"和"文化大革命"的严重挫折,这个时期中国经济的发展速度仍然是比较快的。1952年到1978年,工农业总产值平均年增长率为8.2%,其中工业年均增长11.4%。谷物和主要工业产品(如钢、煤、石油、

电力、水泥、化肥、硫酸、化纤、棉布等)产量在世界上的排名明显提前。在这期间,国家经济实力显著增强。

2. 从根本上解决"从无到有"的问题。这一时期最大的建设成就,是基本建立了独立的、比较完整的工业体系和国民经济体系,从根本上解决了工业化中"从无到有"的问题,使中国在赢得政治上的独立之后赢得了经济上的独立,为中国以后的发展奠定了牢固的物质技术基础,而且也为中国同包括西方发达国家在内的世界各国在平等互利的原则下发展对外贸易和经济往来创建了前提。

二、人民生活水平的提高与文化、医疗、科技事业的发展

1. 保障人民的基本生活需要。中国共产党和人民政府始终十分关注人民群众的生活,把满足人民基本生活需要作为发展经济的根本目的。在全国人民节衣缩食支援国家工业化基础建设的情况下,尽管人民群众生活逐年改善的增幅不大,但初步满足了占世界 1/4 人口的基本生活需求,这在当时被世界公认是一个奇迹。

2. 提高人民的文化素质和健康水平。新中国成立后在文化建设方面的一件大事,就是扫除文盲、大力推广普通话,并加大对基础教育和高等教育的投资。文学艺术在古为今用、洋为中用、百花齐放、推陈出新文艺方针的指引下,仍然取得了重要的成就。医疗事业也得到蓬勃发展。新中国高度重视发展体育事业,提出了"发展体育运动,增强人民体质"的指导方针。

3. 取得一批重要的科技成果。新中国在核技术、人造卫星和运载火箭等尖端科学技术领域,取得了一系列重要的成就。1964 年 10 月,中国成功地爆炸了第一颗原子弹。1967 年 6 月,爆炸了第一颗氢弹。1970 年 1 月,第一枚中远程导弹发射成功。同年 4 月,第一颗人造地球卫星发射成功。1975 年,可回收人造卫星试验成功。这些成就表明,中国在尖端科技领域的某些方面正接近世界先进水平。同时,新中国先后制定了两个科学技术长远发展规划。其中,1956 年制定的第一个十二年发展规划提前实现。1963 年又提前制定了十年发展规划。新中国在短短的时间里取得如此巨大的成就,是同中国共产党的领导、同举国上下艰苦奋斗和勤俭建国的创业精神分不开的。

三、国际地位的提高与国际环境的改善

1950 年至 1953 年的抗美援朝战争,以及随后召开的日内瓦国际会议和万

隆会议,极大地提高了新中国的国际地位。中国同印度、缅甸等国共同倡导的和平共处五项原则,成为处理国与国关系的公认的国际准则。从20世纪50年代起,中国在支持亚、非、拉广大地区的民族解放运动中同广大发展中国家建立了友好关系,这些国家积极争取恢复新中国在联合国的合法席位,并在1971年10月获得成功。从此,中国在联合国中发挥日益重要的作用,成为维护世界和平、反对霸权主义的中坚力量。

1972年2月,美国总统尼克松访华,中美双方在上海发表联合公报。同年9月,中日两国发表关于建交的联合声明。1972年出现了西方国家对华建交热潮,中国外交格局发生重大变化。中苏关系也趋于缓和。这为后来中国逐步实行对外开放政策创造了有利条件。

四、探索中形成的建设社会主义的若干重要原则

在探索刚刚起步时,毛泽东就论述了必须实行马克思主义与中国实际"第二次结合"的基本思想,提出了社会主义社会矛盾的学说,阐明了调动一切积极因素建设社会主义的基本方针。此后,毛泽东等又进一步总结经验,对社会主义的发展阶段问题初步作出了正确的论述,提出了中国实现现代化的目标、步骤,并且阐述了社会主义建设的若干重要原则。

关于社会主义的发展阶段,毛泽东指出:社会主义这个阶段,又可能分为两个阶段,第一个阶段是不发达的社会主义,第二个阶段是比较发达的社会主义。后一阶段可能比前一阶段需要更长的时间。

关于社会主义现代化建设的战略目标和步骤,毛泽东强调:应当采取"两步走"的发展战略,第一步,建立一个独立的比较完整的工业体系和国民经济体系,第二步,全面实现农业、工业、国防和科学技术的现代化,使中国的经济走在世界前列。

在社会主义经济建设方面,毛泽东提出,要实行以农业为基础、以工业为主导的方针,正确处理重工业、轻工业和农业的关系,以农、轻、重为序发展国民经济。

在社会主义民主政治建设方面,毛泽东提出,要把"造成一个又有集中又有民主,又有纪律又有自由,又有统一意志,又有个人心情舒畅、生动活泼,那样一种政治局面"作为努力的目标;把正确处理人民内部矛盾作为国家政治生活的主

题,坚持人民民主,尽可能团结一切可以团结的力量;处理好中国共产党同各民主党派的关系,坚持长期共存、互相监督的方针,巩固和扩大爱国统一战线;切实保障人民当家做主的各项权利,尤其是人民参与国家和社会事务管理的权利;社会主义法制要保护劳动人民利益,保护社会主义经济基础,保护社会生产力。

在社会主义文化建设方面,毛泽东提出,要坚持马克思主义的指导地位,实行"百花齐放、百家争鸣"的方针,对古今中外的优秀文化实行古为今用、洋为中用、百花齐放、推陈出新的方针;思想政治工作是经济工作和其他一切工作的生命线,要实行政治和经济的统一、政治和技术的统一、又红又专的方针;知识分子在革命和建设中具有重要作用,要建设一支宏大的工人阶级知识分子队伍;要向科学进军,不能走世界各国发展科学技术的老路,而应独立自主、自力更生、奋发图强,努力赶超世界先进水平。

在国防建设和军队建设方面,毛泽东提出必须加强国防、建设现代化正规化国防军和发展现代化国防技术的重要指导思想,还提出国防建设要服从国家经济建设大局的方针,并为巩固国防制定了积极防御的战略思想,积累了军事斗争同政治斗争、外交斗争相结合的独创性经验。

在执政条件下加强共产党自身建设方面,毛泽东提出:共产党员必须坚持共产主义的远大理想,务必继续地保持谦虚、谨慎、不骄、不躁的作风,继续地保持艰苦奋斗的作风;各级领导干部必须自觉地运用人民赋予的权力为人民服务,依靠人民群众行使这个权力,并接受人民群众的监督;必须以普通劳动者的姿态出现,平等待人;必须防止在共产党内、在干部队伍中形成特权阶层、贵族阶层,坚决地反对党内和干部队伍中的腐败现象;必须切实解决"培养无产阶级革命事业的接班人"的问题。

以毛泽东为主要代表的中国共产党人所阐明的这些重要思想,为党继续进行探索并系统形成有中国特色社会主义理论体系提供了重要的基础。

习题训练

一、单项选择题

1. 中国开始进入全面建设社会主义的历史阶段是在(　　)。

A. 中华人民共和国成立后　　B. 土地改革结束后

C. 党在过渡时期总路线提出后　　D. 社会主义改造基本完成后

2. 在1956年4月提出实现马克思主义同中国实际"第二次结合"任务的是（　　）。

A. 毛泽东　　B. 刘少奇

C. 周恩来　　D. 邓小平

3. 新中国成立初期在经济建设上和其他方面主要是学习（　　）。

A. 匈牙利的经验　　B. 苏联的经验

C. 法国的经验　　D. 英国的经验

4. 1956年，毛泽东发表《论十大关系》所围绕的基本方针是（　　）。

A. 走中国特色社会主义道路

B. 自力更生为主和争取外援为辅

C. 调动一切积极因素为社会主义事业服务

D. 正确处理人民内部矛盾

5. 1956年，毛泽东提出调动一切积极因素为社会主义事业服务这一基本方针的著作是（　　）。

A. 《关于中华人民共和国宪法草案》

B. 《论无产阶级专政的历史经验》

C. 《论十大关系》

D. 《如何正确处理人民内部的矛盾》

6. 1956年召开的中共八大指出，我国的国内主要矛盾是（　　）。

A. 生产关系和生产力之间的矛盾

B. 无产阶级同资产阶级之间的矛盾

C. 社会主义道路和资本主义道路之间的矛盾

D. 人民对于经济文化发展的需要同当前经济文化不能满足人民需要之间的矛盾

7. 1956年召开的中共八大指出，党和全国人民当前的主要任务是（　　）。

A. 正确处理人民内部矛盾　　B. 实现社会主义四个现代化

C. 把我国推进到社会主义社会　　D. 集中力量发展社会生产力

8. 1956年，中共八大确认的我国经济建设的指导方针是（　　）。

A. 独立自主，艰苦创业

B. 在多快好省中力争上游

C. 自力更生为主，争取外援为辅

D. 既反保守又反冒进即在综合平衡中稳步前进

9. 在1956年中共八大上提出"三个主体，三个补充"思想的是（　　）。

A. 毛泽东　　　　　　　　B. 陈云

C. 周恩来　　　　　　　　D. 邓小平

10. 陈云在中共八大上提出了（　　）。

A. "双重监督"的思想　　　B. "三个主体，三个补充"的思想

C. "健全法制"的思想　　　D. "新经济政策"的思想

11. 1957年2月，毛泽东在扩大的最高国务会议上发表的重要报告是（　　）。

A.《关于中华人民共和国宪法草案》

B.《论无产阶级专政的历史经验》

C.《论十大关系》

D.《如何正确处理人民内部的矛盾》

12. 1957年4月，中共中央下发指示，决定在全党范围内开展（　　）。

A. 整风运动　　　　　　　B. "三反"运动

C. "五反"运动　　　　　　D. 社会主义教育运动

13. 我国从1957年6月起开展的一场全国规模的群众性运动是（　　）。

A. 肃反运动　　　　　　　B. 整风运动

C. 反右派运动　　　　　　D. 人民公社运动

14. 1957年冬季掀起的农业生产高潮揭开了（　　）。

A. "五反"运动的序幕　　　B. 农业合作化运动的序幕

C. "大跃进"的序幕　　　　D. 人民公社化运动的序幕

15. 1958年通过了"鼓足干劲、力争上游、多快好省地建设社会主义"总路线的会议是（　　）。

A. 中共八大一次会议　　　B. 中共八大二中全会

C. 中共八大二次会议　　　D. 中共八届三中全会

16. 全国范围农村人民公社化运动高潮的掀起是在（　　）。

A. 1958年1月的南宁会议后 B. 1958年3月的成都会议后
C. 1958年8月的北戴河会议后 D. 1958年11月的郑州会议后

17. 在1959年中共中央召开的庐山会议上遭到错误批判的是(　　)。
    A. 刘少奇 B. 彭德怀
    C. 周恩来 D. 邓小平

18. 1959年中共八届八中全会召开后，在全党范围开展的错误斗争是(　　)。
    A. 反右派斗争 B. "反右倾"斗争
    C. 反冒进斗争 D. 反"左"倾斗争

19. 1962年，中共中央召开的统一思想、总结经验教训、明确工作方向的会议是(　　)。
    A. 庐山会议 B. 中共八大九中全会
    C. "七千人大会" D. 中共八届十中全会

20. 中国共产党和政府第一次向全国人民提出实现"四个现代化"的奋斗目标的会议是(　　)。
    A. 第一届全国人民代表大会 B. 第二届全国人民代表大会
    C. 第三届全国人民代表大会 D. 第四届全国人民代表大会

21. 1966年至1976年间在我国发生的全局性、长时间的"左"倾严重错误是(　　)。
    A. "大跃进" B. "反右倾"
    C. "文化大革命" D. "反冒进"

22. 毛泽东发动"文化大革命"的导火线是(　　)。
    A. 《评新编历史剧〈海瑞罢官〉》的发表
    B. "二十三条"的发表
    C. "五一六通知"的发表
    D. 《炮打司令部——我的一张大字报》的发表

23. 1966年8月，中共八届十一中全会通过了成为"文化大革命"指导方针的(　　)。
    A. "六十条" B. "二十三条"
    C. "五一六通知" D. "十六条"

24. 1969年召开的将"文化大革命"的错误理论和实践合法化的会议是( )。

A. 中共八届十一中全会　　　　B. 中共八届十二中全会

C. 中共九大　　　　　　　　　D. 中共十大

25. 在客观上宣告了"文化大革命"的理论和实践失败的事件是( )。

A. "一月风暴"的出现　　　　　B. 林彪反革命集团的覆灭

C. "天安门事件"的爆发　　　　D. 江青反革命集团的垮台

26. "文化大革命"结束的标志是( )。

A. "一月风暴"的出现　　　　　B. 林彪反革命集团的覆灭

C. "天安门事件"的爆发　　　　D. 江青反革命集团的垮台

27. 新中国成功地爆炸第一颗原子弹是在( )。

A. 1964年10月　　　　　　　　B. 1966年10月

C. 1967年6月　　　　　　　　 D. 1970年4月

28. 新中国恢复在联合国合法席位是在( )。

A. 1949年　　　　　　　　　　B. 1966年

C. 1971年　　　　　　　　　　D. 1978年

二、多项选择题

1. 毛泽东在《论十大关系》中提出的处理共产党和民主党派关系的方针是( )。

A. 长期共存　　　　　　　　　B. 肝胆相照

C. 互相监督　　　　　　　　　D. 荣辱与共

2. 毛泽东在《论十大关系》中提出的社会主义文化建设新方针是( )。

A. 古为今用　　　　　　　　　B. 洋为中用

C. 百花齐放　　　　　　　　　D. 百家争鸣

3. 1956年召开的中共八大指出,我国国内的主要矛盾是( )。

A. 无产阶级和资产阶级的矛盾

B. 社会主义同资本主义的矛盾

C. 人民对于建立先进的工业国的要求同落后的农业国的现实之间的矛盾

D. 人民对于经济文化迅速发展的需要同当前经济文化不能满足人民需要的状况之间的矛盾

4. 毛泽东在《关于正确处理人民内部矛盾的问题》中指出,社会主义社会的基本矛盾是(　　)。

A. 敌我之间的矛盾 B. 人民内部矛盾
C. 生产力和生产关系之间的矛盾 D. 经济基础和上层建筑之间的矛盾

5. 毛泽东在《关于正确处理人民内部矛盾的问题》中指出的两类不同性质的矛盾是(　　)。

A. 敌我之间的矛盾 B. 人民内部矛盾
C. 生产力和生产关系之间的矛盾 D. 经济基础和上层建筑之间的矛盾

6. 1956年11月,中共八届二中全会决定开展全党整风运动要反对的错误倾向是(　　)。

A. 主观主义 B. 宗派主义
C. 自由主义 D. 官僚主义

7. 1957年召开的中共八届三中全会认为,当前国内的主要矛盾仍然是(　　)。

A. 无产阶级和资产阶级的矛盾
B. 社会主义道路和资本主义道路的矛盾
C. 生产力和生产关系的矛盾
D. 经济基础和上层建筑的矛盾

8. 在1958年11月至1959年6月间,中共中央召开的纠正"左"倾错误的会议包括(　　)。

A. 第一次郑州会议 B. 武昌会议
C. 中共八届六中全会 D. 第二次郑州会议

9. 1961年1月,中共八届九中全会正式制定的针对国民经济的方针是(　　)。

A. 调整 B. 巩固 C. 充实 D. 提高

10. 周恩来在第四届全国人民代表大会一次会议上重申,我国社会主义建设要实现(　　)。

A. 农业现代化 B. 工业现代化

C. 国防现代化   D. 交通运输业现代化

11. 在1967年2月,与中央文革小组的错误做法进行抗争的老一辈革命家有(　　)。

    A. 谭震林   B. 陈毅
    C. 叶剑英   D. 李富春

12. 在"文化大革命"中先后被粉碎的反革命集团是(　　)。

    A. 高岗反革命集团   B. 林彪反革命集团
    C. 张国焘反革命集团   D. 江青反革命集团

13. 在1976年10月被一举粉碎的反革命集团的主要成员是(　　)。

    A. 江青   B. 张春桥
    C. 王洪文   D. 姚文元

14. 在1976年10月粉碎"四人帮"斗争中起重要作用的党和国家领导人包括(　　)。

    A. 邓小平   B. 华国锋
    C. 叶剑英   D. 李先念

15. 毛泽东认为,社会主义发展阶段可分为(　　)。

    A. 不发达的社会主义   B. 初级阶段的社会主义
    C. 比较发达的社会主义   D. 高级阶段的社会主义

16. 陈云提出的"三个主体"和"三个补充"重要思想的主要内容是(　　)。

    A. 国家经营和集体经营是主体,一定数量的个体经营为补充
    B. 公有制是主体,一定数量的私有制经济为补充
    C. 计划生产是主体,一定范围的自由生产为补充
    D. 国家市场是主体,一定范围的自由市场为补充

17. 在社会主义民主政治建设方面,毛泽东提出的"六又"政治局面是(　　)。

    A. 又有专政又有民主
    B. 又有纪律又有自由
    C. 又有集中又有民主
    D. 又有统一意志,又有个人心情舒畅、生动活泼

三、辨析题

1. 毛泽东在《论十大关系》中提出了向苏联学习的思想。
2. 在中共八大上,陈云提出了"三个主体,三个补充"的思想。
3. 社会主义社会的基本矛盾是人民内部矛盾和敌我矛盾。
4. 社会主义社会国家政治生活的主题是正确处理敌我矛盾和人民内部矛盾。

四、简答题

1. 中共八大对国内主要矛盾和主要任务的分析。
2. 毛泽东关于社会主义社会基本矛盾的分析。
3. "七千人大会"的召开及其意义。
4. 以毛泽东为核心的第一代领导集体提出的社会主义现代化建设的战略目标和步骤。

五、论述题

1. 毛泽东关于正确区分社会主义社会两类不同性质矛盾的学说及其意义。
2. "文化大革命"发生的社会历史原因。
3. 毛泽东等老一辈革命家探索适合中国社会主义建设道路的理论贡献及其意义。

参考答案

一、单项选择题

1. D 2. A 3. B 4. C 5. C 6. D 7. D 8. D 9. B 10. B 11. D 12. A 13. C 14. C 15. C 16. C 17. B 18. B 19. C 20. C 21. C 22. A 23. D 24. C 25. B 26. D 27. A 28. C

二、多项选择题

1. AC 2. CD 3. CD 4. CD 5. AB 6. ABD 7. AB 8. ABCD 9. ABCD 10. ABCD 11. ABCD 12. BD 13. ABCD 14. BCD 15. AC 16. ACD 17. BCD

三、辨析题

1. 错误。1956年4月,毛泽东在中央政治局扩大会议上作了《论十大关系》的报告,总结我国经济建设的初步经验,借鉴苏联建设的经验教训,概括提出了十大关系。这十大关系围绕一个方针,即:"一定要努力把党内党外、国内国外的一切积极的因素,直接的、间接的积极因素,全部调动起来,把我国建设成为一个强大的社会主义国家。"这成为同年9月召开的中共八大的指导思想。

2. 正确。在中共八大上,陈云提出了"三个主体,三个补充"思想,即:国家经营和集体经营是主体,一定数量的个体经营为补充;计划生产是主体,一定范围的自由生产为补充;国家市场是主体,一定范围的自由市场为补充。这个思想为大会所采纳,并写入决议,成为探索适合中国特点的经济体制的重要步骤。

3. 错误。社会主义社会的基本矛盾是生产力与生产关系、经济基础与上层建筑的矛盾。人民内部矛盾和敌我矛盾是社会主义社会两类不同性质的矛盾。社会主义社会的基本矛盾可以通过社会主义制度本身的自我调整和自我完善不断地得到解决。

4. 正确。在社会主义制度下,人民的根本利益是一致的,但还存在着敌我矛盾和人民内部矛盾,必须区分社会主义社会两类不同性质的社会矛盾,把正确处理人民内部矛盾作为国家政治生活的主题。

四、简答题

1. 1956年召开的中共八大指出:我们国内的主要矛盾,已经是人民对于经济文化迅速发展的需要同当前经济文化不能满足人民需要之间的矛盾;全国人民的主要任务是集中力量发展社会生产力,实现国家工业化,逐步满足人民日益增长的物质和文化需要;还有阶级斗争,还要加强人民民主专政,但根本任务已经是在新的生产关系下面保护和发展生产力。

2. 1957年,毛泽东在《关于正确处理人民内部矛盾的问题》中指出,社会主义社会的基本矛盾仍然是生产力和生产关系、经济基础和上层建筑之间的矛盾。这些矛盾,可以通过社会主义制度本身的自我调整和自我完善不断地得到解决。这实际上为进行改革,使社会主义制度得到完善和发展奠定了理论基石。

3. 1962年1、2月间,扩大的中共中央工作会议(即"七千人大会")在北京召开。来自中央、各中央局、各省市自治区党委、地委、县委、重要厂矿党委及军队的负责干部,围绕讨论和修改刘少奇1月27日向大会提交的书面报告,畅所欲言,开展批评和自我批评。毛泽东着重阐述了民主集中制的极端重要性,并带头做了自我批评。这次会议恢复和发扬了党内的民主精神和自我批评精神,统一了全党的认识,对全面贯彻调整国民经济的八字方针起了极其重要的作用。

4. 社会主义现代化建设的战略目标，是要把中国建设成为一个具有现代农业、现代工业、现代国防和现代科学技术的强国。为此，应当采取"两步走"的发展战略：第一步，建立一个独立的比较完整的工业体系和国民经济体系；第二步，全面实现农业、工业、国防和科学技术的现代化，使中国的经济走在世界前列。

五、论述题

1. 1957年，毛泽东在《关于正确处理人民内部矛盾的问题》中概括提出了区分和处理敌我和人民内部两类矛盾的学说。他指出：社会主义社会存在着敌我矛盾和人民内部矛盾两类性质不同的矛盾，前者需要用强制的、专政的方法去解决，后者只能用民主的、说服的、教育的、"团结—批评—团结"的方法去解决，不能用解决敌我矛盾的方法去解决人民内部的矛盾。毛泽东提出正确处理人民内部矛盾问题的重要指导思想是：团结全国各族人民进行一场新的战争——向自然界开战，发展我们的经济，发展我们的文化，使全体人民比较顺利地走过目前的过渡时期，巩固我们的新制度，建设我们的新国家。这一学说是对科学社会主义理论的重要发展，对中国社会主义事业具有长远的指导意义。

2. "文化大革命"之所以会发生并且持续十年之久，有着复杂的多方面的原因。首先，中国共产党过去长期处于战争和激烈的阶级斗争的环境中，对于迅速到来的新生的社会主义社会和全国规模的社会主义建设事业，缺乏充分的思想准备和科学研究。对于什么是社会主义、怎样建设社会主义的问题，并没有完全搞清楚。其次，由于中国共产党的历史特点，在社会主义改造基本完成以后，在观察和处理社会主义社会发展进程中出现的政治、经济、文化等方面的新矛盾新问题时，容易把已经不属于阶级斗争的问题仍然看作是阶级斗争，并且面对新条件下的阶级斗争，又习惯于沿用过去熟习而这时已不能照搬的进行大规模急风暴雨式群众性斗争的旧方法和旧经验，从而导致阶级斗争的严重扩大化。最后，党的民主集中制和集体领导制度遭到严重破坏，致使党无法依靠制度的和集体的力量及时地发现并纠正错误，难以防止和制止像"文化大革命"这样全局性错误的发生和发展。

3. 毛泽东论述了必须实行马克思主义与中国实际"第二次结合"的基本思想，提出了社会主义社会矛盾的学说，阐明了建设社会主义的基本方针。在关于社会主义的发展阶段，关于社会主义现代化建设的战略目标和步骤，关于社会主义经济建设方面、社会主义民主政治建设方面、社会主义文化建设方面、国防建设和军队建设方面，以及关于加强共产党自身建设方面，以毛泽东为主要代表的中国共产党人提出了许多重要的思想。这些思想成果，为党继续进行探索并系统形成有中国特色社会主义理论提供了重要的基础。

阅读思考

一

材料1：社会主义改造基本完成以后，我们党带领人民转入全面的大规模的社会主义建设。毛泽东同志和党中央带领全党全国人民对适合中国国情的社会主义道路进行了艰苦探索，并取得了重要的理论成果。……由于在中国建设社会主义是一项崭新的实践，人们对如何走出适合中国国情的社会主义道路还缺少规律性认识，加上当时严峻复杂的国际环境的影响，我们党在社会主义建设道路的探索中发生过曲折，毛泽东同志晚年特别是在"文化大革命"中犯了严重错误。

——摘自胡锦涛：《在纪念毛泽东诞辰110周年座谈会的讲话》(2003年12月26日)，cpc.people.com.cn/GB/69112/70190/14286125.html。

材料2：由于我们党领导社会主义事业的经验不多，党的领导对形势的分析和对国情的认识有主观主义的偏差，"文化大革命"前就有过把阶级斗争扩大化和在经济建设上急躁冒进的错误。……但是，三十二年来我们取得的成就还是主要的，忽视或否认我们的成就，忽视或否认取得这些成就的成功经验，同样是严重的错误。

——摘自中共十一届六中全会通过的《关于建国以来党的若干历史问题的决议》(1981年6月27日)，cpc.people.com.cn/GB/64162/64168/64563/65374/4526448.html。

问题1：在全面的大规模的社会主义建设的起步阶段，中国共产党在探索中取得了哪些重要的成果？

问题2：1956年至1976年，中国社会主义建设在艰苦探索中经历了怎样的曲折？

问题3：如何正确认识毛泽东领导中国共产党对中国社会主义建设道路的历史探索？

二

材料1：在中国共产党领导下，我国各族人民意气风发投身中国历史上从来不曾有过的热气腾腾的社会主义建设。在不长的时间里，我国社会就发生了翻天覆地的变化,建立起独立的比较完整的工业体系和国民经济体系,独立研制出"两弹一星",成为在世界上有重要影响的大国,积累起在中国这样一个社会生产力水平十分落后的东方大国进行社会主义建设的重要经验。

——摘自习近平:《在纪念毛泽东同志诞辰120周年座谈会上的讲话》(2013年12月26日),www.xinhuanet.com/politics/2013-12/26/c_118723453.htm。

材料2:以毛泽东同志为核心的党的第一代中央领导集体带领全党全国各族人民完成了新民主主义革命,进行了社会主义改造,确立了社会主义基本制度,成功实现了中国历史上最深刻最伟大的社会变革,为当代中国一切发展进步奠定了根本政治前提和制度基础。在探索过程中,虽然经历了严重曲折,但党在社会主义建设中取得的独创性理论成果和巨大成就,为新的历史时期开创中国特色社会主义提供了宝贵经验、理论准备、物质基础。

——摘自胡锦涛:《坚定不移沿着中国特色社会主义道路前进　为全面建成小康社会而奋斗——在中国共产党第十八次全国代表大会上的报告》(2012年11月8日),politics.people.com.cn/n/2012/1118/c1001-19612670-2.html。

问题1:为什么说毛泽东领导中国共产党进行的社会主义建设使我国社会发生了翻天覆地的变化?

问题2:在毛泽东领导下,中国社会主义建设取得了哪些独创性理论成果和巨大成就?

问题3:如何正确评价毛泽东领导中国共产党进行社会主义建设的历史地位?

第十章　中国特色社会主义的开创与接续发展

内容概述

第一节　历史性的伟大转折和改革开放的起步

一、历史性的伟大转折

1. 在徘徊中前进和关于真理标准问题的讨论。在粉碎"四人帮"以后,"两个凡是"错误方针的提出,使彻底纠正"文化大革命"错误的要求和愿望遇到严重阻碍,党和国家的工作出现了在徘徊中前进的局面。1978年5月开始的关于真理标准问题的大讨论,强调实践是检验真理的唯一标准。这场讨论,成为拨乱反正和改革开放的思想先导,为党重新确立实事求是的思想路线,纠正长期以来的"左"倾错误,实现历史性的转折作了思想理论准备。

2. 中共十一届三中全会的伟大转折。1978年12月,中共十一届三中全会在北京召开。全会彻底否定了"两个凡是"的错误方针,高度评价了关于真理标准问题的讨论,作出了把工作重点转移到社会主义现代化建设上来和实行改革开放的战略决策,标志着中国共产党重新确立了马克思主义的思想路线、政治路线和组织路线。中共十一届三中全会是新中国成立以来党的历史上具有深远意义的伟大转折,开始了中国共产党在思想、政治、组织等领域的全面拨乱反正,形成了以邓小平为核心的党的中央领导集体,揭开了改革开放的序幕。

二、改革开放的起步

1. 拨乱反正的推进和国民经济的调整。中共十一届三中全会后,党和国家按照实事求是、有错必纠的原则先后为党和国家的领导人、各族各界的代表人物恢复了名誉,复查和平反了大量冤、假、错案,改正了错划右派分子的案件。同时,还采取措施调整各种社会关系。这就为实现改革开放和开创现代化建设的新局面,奠定了必不可少的社会基础和群众基础。

1979年4月召开的中共中央工作会议,提出对国民经济实行"调整、改革、整顿、提高"的方针。会议强调,经济建设必须从国情出发,符合经济规律和自然规律;必须量力而行,循序渐进,经过论证,讲求实效,使发展生产同改善生活紧密结合;必须在独立自主、自力更生的基础上,积极开展对外经济合作和技术交流。经过两年的努力,经济形势较快好转,国民经济的主要比例关系渐趋合理,长期存在的积累率过高和农业、轻工业严重滞后的情况有了根本改变。

2. 农村改革的突破性进展。经济体制的改革,首先在农村取得突破性的进展。"统分结合"的农村家庭联产承包责任制的普遍实行,促进了"政社合一"的人民公社体制的解体。城市经济体制改革的探索也开始了。1980年5月,中共中央决定在深圳、珠海、汕头、厦门设立经济特区。在推进经济体制改革的同时,政治体制改革和其他方面体制的改革也在向前推进。

3. 对外政策的调整。1978年8月,中日两国签署了《中华人民共和国和日本国和平友好条约》。1979年1月,中美两国正式建立外交关系。这些外交成就,为中国进行改革开放和现代化建设提供了有利的外部条件。

三、拨乱反正任务的胜利完成

1. 阐明必须坚持四项基本原则。1979年3月,邓小平指出:坚持社会主义道路,坚持人民民主专政,坚持共产党的领导,坚持马克思列宁主义、毛泽东思想这四项基本原则,"是实现四个现代化的根本前提"。"如果动摇了这四项基本原则中的任何一项,那就动摇了整个社会主义事业,整个现代化建设事业。"

2. 全面总结新中国的历史,科学评价毛泽东和毛泽东思想。1981年6月召开的中共十一届六中全会通过了《关于建国以来党的若干历史问题的决议》。决议科学地评价了毛泽东和毛泽东思想的历史地位。决议还肯定了中共十一届三中全会以来逐步确立的适合中国情况的建设社会主义现代化强国的道路,进一步指明了中国社会主义事业和党的工作继续前进的方向。决议的通过,标志着党和国家在指导思想上拨乱反正的胜利完成。

第二节　改革开放和现代化建设新局面的展开

一、改革开放的全面展开

1. 社会主义现代化建设宏伟纲领的制定。1982年9月召开的中国共产党第十二次全国代表大会提出了"建设有中国特色的社会主义",并提出中国共产党在新的历史时期的总任务是:团结全国各族人民,自力更生,艰苦奋斗,逐步实现工业、农业、国防和科学技术现代化,把我国建设成为高度文明、高度民主的社会主义国家。

2. 改革重点从农村转向城市。中共十二大以后,经济体制改革全面展开。1984年10月,中共十二届三中全会通过《关于经济体制改革的决定》,使经济体制改革以城市为重点全面展开,在一些方面取得重要进展:所有制结构突破单一公有制结构,形成以公有制为主体、多种经济成分开始发展的局面;国有企业的经营自主权逐步扩大,所有权和经营权适当分离;改革高度集中的计划管理体制,经济杠杆在国家宏观调控中的作用明显增强。

3. 多层次对外开放格局的形成。1988年4月建立海南省,将全海南岛辟为经济特区。1984年5月,中共中央决定进一步开放天津、上海等14个沿海港口城市。1985年2月,决定把长江三角洲、珠江三角洲、闽南厦(门)漳(州)泉(州)三角地区开辟为沿海经济开放区。

4. 整党和社会主义精神文明建设。1983年10月召开的中共十二届二中全会作出关于整党的决定,开始全面整党。1986年9月,中共十二届六中全会通过了《关于社会主义精神文明建设指导方针的决议》,阐述了社会主义精神文明建设的战略地位和根本任务、基本方针。

二、改革开放和现代化建设的深入推进

1. 社会主义初级阶段理论和党的基本路线的提出。1987年10月至11月

召开的中国共产党第十三次全国代表大会比较系统地阐述了关于社会主义初级阶段的理论,完整地概括了中国共产党在社会主义初级阶段"一个中心、两个基本点"的基本路线,制定了下一步经济体制改革和政治体制改革的基本任务和奋斗目标。

2. "三步走"发展战略的制定和实施。中共十三大正式制定了社会主义现代化建设"三步走"的战略部署:第一步,实现国民生产总值比1980年翻一番,解决人民的温饱问题,这个任务已经基本实现;第二步,到20世纪末,使国民生产总值再增长一倍,人民生活达到小康水平;第三步,到21世纪中叶,人均国民生产总值达到中等发达国家水平,人民生活比较富裕,基本实现现代化。

3. 政治体制改革基本思路的提出。1980年8月,邓小平提出了政治体制改革的基本任务。1986年9月,中共十二届六中全会把坚定不移地进行政治体制改革,确定为社会主义现代化建设的总体布局的重要内容之一。中共十三大报告将政治体制改革问题列为重要内容,阐述了政治体制改革的任务、性质、目标以及方法、步骤等一系列问题。

三、中国特色社会主义事业的继续前进

1. 1989年春夏政治风波的发生与平息。1989年春夏的这场政治风波,是极少数敌对势力利用我们党在工作中的失误,利用人民群众对腐败现象的不满,掀起的一场有计划、有组织、有预谋的政治动乱。中共中央政治局在邓小平和其他老一辈革命家坚决有力的支持下,采取果断措施,在6月4日平息了这场政治风波,捍卫了社会主义国家政权。

2. 向新的中共中央领导集体的顺利过渡。1989年6月,中共十三届四中全会举行,全会选举江泽民为中共中央总书记。9月,邓小平向中共中央郑重提出了从领导岗位退下来的请求。11月,中共十三届五中全会接受了邓小平辞去中共中央军事委员会主席职务的请求,决定由江泽民任中共中央军事委员会主席。

3. 继续开展国民经济的治理整顿工作。中共十三届五中全会通过了《关于进一步治理整顿和深化改革的决定》,明确了治理整顿的主要目标和必须抓好的重要环节。1990年12月召开的中共十三届七中全会通过了《关于制定国民经济和社会发展十年规划和"八五"计划的建议》。"七五"计划的胜利完成和"八五"计划的开始实施,标志着国民经济治理整顿任务全面实现。

4. 对外工作在打破对华"制裁"中全方位推进。为打破1989年政治风波后以美国为首的西方国家的"制裁",中国政府作了多方面的努力,继续坚持全方位对外开放的方针。到1992年,中国已同200多个国家和地区发展贸易、科技、文化交流与合作,赢得了更加有利的国际环境和周边环境。

5. 全面推进中国共产党的自身建设。1989年8月,中共中央发出《关于加强党的建设的通知》。1990年3月召开的中共十三届六中全会,通过了《关于加强党同人民群众联系的决定》。这次全会以后,中共中央政治局常委带头,深入基层,深入群众,认真开展调查研究工作,为全党转变工作作风起了极大的推动作用。

第三节　中国特色社会主义事业的跨世纪发展

一、改革开放新的历史性突破

1. 邓小平南方谈话。1992年1月至2月,邓小平先后视察武昌、深圳等地,发表重要谈话。邓小平强调,革命是解放生产力,改革也是解放生产力。判断的标准,应该主要看是否有利于发展社会主义社会的生产力,是否有利于增强社会主义国家的综合国力,是否有利于提高人民的生活水平。邓小平指出,社会主义的本质,是解放生产力,发展生产力,消灭剥削,消除两极分化,最终达到共同富裕。邓小平强调,发展才是硬道理。邓小平的南方谈话明确回答了长期困扰和束缚人们思想的许多重大认识问题,对整个社会主义现代化建设事业产生了重大而深远的影响。

2. 确立社会主义市场经济体制的改革目标。1992年10月召开的中国共产党第十四次全国代表大会确立了邓小平建设有中国特色社会主义理论在全党的指导地位,概括了建设有中国特色社会主义理论的主要内容。大会明确提出,我国经济体制改革的目标是建立社会主义市场经济体制。以邓小平南方谈话和中共十四大为标志,改革开放和现代化建设事业进入从计划经济体制向社会主义市场经济体制转变的新阶段,由此打开了中国经济、政治、文化发展的崭新局面。

二、进一步推进改革开放和现代化建设

1. 经济体制改革的深入推进。按照中共十四届三中全会的部署,经济体制

改革沿着建立社会主义市场经济的目标在各方面深入推进。这一时期,对外开放也迈出了重大步伐,逐步形成了从沿海到沿江、从沿边到内陆,多层次、多渠道、多种形式的全方位对外开放的新格局。1995年,"八五"计划胜利完成,提前实现了"三步走"战略的第二步目标。1996年3月召开的八届全国人大四次会议批准了《中华人民共和国国民经济和社会发展"九五"计划和2010年远景目标纲要》。纲要阐述了国民经济和社会发展的九条重要方针,提出要实现从传统的计划经济体制向社会主义市场经济体制、从粗放型增长方式向集约型增长方式的两个根本转变。

2. 正确处理改革、发展、稳定的关系。1995年9月,江泽民在中共十四届五中全会发表讲话,深刻阐述了要正确处理好社会主义现代化建设中的十二个重大关系。指出改革、发展、稳定的关系是总揽全局的,要把改革的力度、发展的速度和社会可承受的程度协调统一起来,做到在政治和社会稳定中推进改革和发展,在改革和发展的推进中实现政治和社会的长期稳定。

3. 精神文明建设与民主法制建设不断加强。1996年10月,中共十四届六中全会作出了《关于加强社会主义精神文明建设若干重要问题的决议》。这个决议的贯彻,使社会主义精神文明建设得到进一步加强,为继续深化改革、加快发展创造了良好氛围。社会主义民主法制建设也取得重大进展。

三、改革开放和现代化建设的跨世纪发展

1. 高举邓小平理论伟大旗帜,提出跨世纪发展战略。1997年9月召开的中国共产党第十五次全国代表大会把邓小平理论同马克思列宁主义、毛泽东思想一道确立为中国共产党的指导思想,并写入修改后的《中国共产党章程》。大会阐明了建设有中国特色社会主义的经济、政治和文化的基本目标和基本政策,提出了党在社会主义初级阶段的基本纲领。

2. 改革开放和现代化建设在经受风险考验中前进。中共十五大后,改革开放和现代化建设事业,是在应对来自经济、政治和自然界等方面的一系列严峻考验中稳步推进的。1998年10月召开的中共十五届三中全会,通过了《中共中央关于农业和农村工作若干重大问题的决定》,进一步推动解决"三农"(农业、农村、农民)问题。1999年9月召开的十五届四中全会通过了《中共中央关于国有企业改革和发展若干重大问题的决定》。同年下半年,根据邓小平关于现代化建

设的战略思想,中央作出了实施西部大开发战略的部署。2001年12月11日,中国正式加入世界贸易组织。这一时期,在推进依法治国、建设社会主义法治国家方面也取得重要进展。2000年,"九五"计划胜利完成;2001年,九届全国人大四次会议批准了"十五"计划纲要,为新世纪的改革开放和现代化建设明确了指导方针和奋斗目标。

3. 祖国统一大业的推进。1997年7月1日,中国对香港恢复行使主权,中华人民共和国香港特别行政区正式成立。1999年12月20日,澳门也回归祖国。香港、澳门的回归,使"一国两制"从科学构想变为现实,标志着祖国统一大业又向前迈出了重要的一步。1995年1月30日,江泽民发表《为促进祖国统一大业的完成而继续奋斗》的讲话,提出了发展两岸关系、推进祖国和平统一的八项主张。

4. 推进党的建设新的伟大工程。1994年9月,中共十四届四中全会通过《关于加强党的建设几个重大问题的决定》,从推进新的伟大工程的高度,对党的建设面临的一些重大问题作出了具体部署。1998年11月中央开始开展历时近两年的以"讲学习、讲政治、讲正气"为主要内容的党性党风教育。

5. "三个代表"重要思想的提出。2000年2月,江泽民指出:我们党所以赢得人民的拥护,是因为我们党在革命、建设、改革的各个历史时期,总是代表着中国先进生产力的发展要求,代表着中国先进文化的前进方向,代表着中国最广大人民的根本利益。同年5月,江泽民又进一步指出,始终做到"三个代表"是中国共产党的立党之本、执政之基、力量之源。2001年7月1日,江泽民在庆祝中国共产党成立80周年大会上发表讲话,系统阐述"三个代表"重要思想的科学内涵和基本内容。

第四节 在新的历史起点上推进中国特色社会主义

一、全面建设小康社会战略目标的确定

1. 新世纪前20年奋斗目标的确定。2002年11月召开的中国共产党第十六次全国代表大会高度评价"三个代表"重要思想的历史地位和重要作用,把"三个代表"重要思想同马克思列宁主义、毛泽东思想、邓小平理论一道确立为中国

共产党必须长期坚持的指导思想,并写入党章,实现了党的指导思想的又一次与时俱进。大会从十个方面总结概括了党领导人民建设中国特色社会主义的基本经验,明确了全面建设小康社会的奋斗目标。

2. 中央领导集体的平稳交接。中共十六届一中全会选举产生了新一届中央政治局常委会,选举胡锦涛为中共中央总书记。2003年3月召开的第十届全国人大第一次会议,选举胡锦涛为国家主席、吴邦国为全国人大常委会委员长,决定温家宝为国务院总理。2004年9月召开的中共十六届四中全会决定胡锦涛为中共中央军委主席。党和国家的中央领导集体再一次实现了平稳交接。

二、不断推动经济社会的科学发展

1. 树立和落实科学发展观。2003年10月召开的中共十六届三中全会,提出了坚持以人为本、全面协调可持续的科学发展观。科学发展观,第一要义是发展,核心是以人为本,基本要求是全面协调可持续,根本方法是统筹兼顾。它深刻认识和回答了新形势下实现什么样的发展、怎样发展等重大问题,成为发展中国特色社会主义必须坚持和贯彻的重大战略思想。

2. 提出构建社会主义和谐社会战略任务。2004年9月,中共十六届四中全会提出了构建社会主义和谐社会的战略任务。2006年10月,中共十六届六中全会审议通过了《中共中央关于构建社会主义和谐社会若干重大问题的决定》。决定首次将"和谐"列入现代化建设的奋斗目标。

3. 推动经济又好又快发展和促进社会全面进步。2003年10月召开的中共十六届三中全会,通过了《中共中央关于完善社会主义市场经济体制若干问题的决定》,这个决定按照科学发展观的要求明确了完善社会主义市场经济体制的目标和任务。包括:进一步加强和完善宏观调控;推进社会主义新农村建设;大力建设创新型国家;进一步加强社会主义民主法制建设;繁荣发展社会主义先进文化;制定和实施"十一五"规划。

4. 走和平发展的道路。2005年11月,胡锦涛在英国伦敦发表演讲,系统地阐述了走和平发展道路的基本内涵和重大意义。

5. 加强党的执政能力建设和先进性建设。2004年9月,中共十六届四中全会通过了《中共中央关于加强党的执政能力建设的决定》。中共中央决定从2005年初开始,用一年半左右的时间,在全党开展以实践"三个代表"重要思想为主要内容的保持共产党员先进性教育活动。

三、奋力把中国特色社会主义推进到新的发展阶段

1. 夺取全面建设小康社会新胜利。2007年10月,中国共产党第十七次全国代表大会召开。大会的主题是:高举中国特色社会主义伟大旗帜,以邓小平理论和"三个代表"重要思想为指导,深入贯彻落实科学发展观,继续解放思想,坚持改革开放,推动科学发展,促进社会和谐,为夺取全面建设小康社会新胜利而奋斗。

大会强调,深入贯彻落实科学发展观,要求始终坚持"一个中心,两个基本点"的基本路线。大会通过了关于《中国共产党章程(修正案)》的决议,大会一致同意将科学发展观写入党章。

2. 党和国家各项事业的向前推进。从2008年9月开始,中共中央决定,用一年半左右的时间,在全党深入开展学习实践科学发展观活动。2008年,"五一二"四川汶川特大地震抗震救灾斗争取得重大胜利;在北京举办的第29届奥林匹克夏季运动会取得圆满成功;神舟七号载人飞船航天任务顺利完成;应对国际金融危机取得积极成效。2008年10月,中共十七届三中全会通过了《中共中央关于推进农村改革发展若干重大问题的决定》。2009年,中共十七届四中全会通过了《关于加强和改进新形势下党的建设若干重大问题的决定》,对新形势下加强和改进党的建设作出部署。2010年,中共十七届五中全会通过了《中共中央关于制定国民经济和社会发展第十二个五年规划的建议》。自2002年到2012年的十年间,我国经济总量从世界第六位跃升到第二位,社会生产力、经济实力、科技实力迈上一个大台阶,人民生活水平、居民收入水平、社会保障水平迈上一个大台阶,综合国力、国际竞争力、国际影响力迈上一个大台阶,国家面貌发生新的历史性变化。2011年,中共十七届六中全会通过了《中共中央关于深化文化体制改革推动社会主义文化大发展大繁荣若干重大问题的决定》,标志着我国文化改革发展进入一个新阶段。

四、改革开放和现代化建设的巨大进展

1. 国民经济保持持续快速健康发展,人民生活总体上达到小康水平,现代化建设事业稳步推进,综合国力和国际竞争力显著提高。从1978年到2012年,

中国国内生产总值由3 645亿元增长到51.9万亿元。2010年,中国经济总量上升为世界第二。国家先后启动了东部地区率先发展战略、西部大开发战略、东北等老工业基地振兴战略和中部地区崛起战略,激发了各大经济区域的发展活力。国家创新体系、科技基础设施和自主创新能力建设得到加强。人民生活总体上实现了由温饱到小康的历史性跨越。

2. 社会主义市场经济体制初步建立并不断完善,各项改革事业取得重大进展。社会主义市场经济体制初步建立并日益完善,确立了公有制为主体、多种所有制经济共同发展这一社会主义初级阶段的基本经济制度,实行按劳分配为主体、多种分配方式并存的基本分配制度。

3. 全方位对外开放取得新突破,形成全方位、多层次、宽领域的对外开放格局。2001年12月11日中国加入世界贸易组织后,对外贸易进入了新的发展阶段。从1978年到2012年,中国外贸进出口总额从206亿美元提高到38 668亿美元,跃居世界第二。

4. 社会主义民主政治建设取得重要进展。人民代表大会制度、中国共产党领导的多党合作和政治协商制度,进一步健全和完善。更好地发挥全国人大作为国家最高权力机关的作用,促进政治协商进一步制度化、规范化,促使广泛的爱国统一战线继续得到巩固和发展。

5. 社会主义精神文明建设成效显著。坚持用马克思主义中国化的最新成果武装全党、教育人民,大力推进马克思主义理论研究和建设工程,努力繁荣和发展哲学社会科学。教育、科学、文化等各项事业取得长足的进步。

6. 民族政策和宗教政策得到全面贯彻。认真坚持实行民族区域自治制度,积极支持各少数民族参与管理国家事务,充分行使宪法和法律赋予的各项自治权利,自主管理本地区、本民族的内部事务,形成了中华各族人民团结奋斗、共同繁荣发展的良好局面。

7. 推进国防和军队建设。人民解放军坚持以新时期军事战略方针为统揽,以推进中国特色军事变革为主线,以军事斗争准备为龙头,按照建设信息化军队、打赢信息化战争的战略目标,全面推进国防和军队现代化建设。20世纪80年代中期以来,已经完成三次大规模裁军,共裁减军队员额170万。

8. 祖国统一大业取得重大进展。2005年3月14日,十届全国人大三次会议高票通过《反分裂国家法》,将中国人民维护国家领土主权完整的坚强决心通过立法形式表达出来。

9. 积极开展全方位外交。面对深刻变化的国际形势，中国政府坚持高举和平、发展、合作的旗帜，坚持独立自主的和平外交政策，坚定不移地走和平发展的道路。截至2011年7月，中国已同172个国家建立了外交关系。

10. 全面推进党的建设新的伟大工程。从1999年起，先后开展"三讲"教育、以实践"三个代表"重要思想为主要内容的保持共产党员先进性教育活动和深入学习实践科学发展观活动。

习题训练

一、单项选择题

1. 1976年"文化大革命"结束后，造成党和国家工作在徘徊中前进局面的根源在于（　　）。
   A. "阶级斗争为纲"的错误方针　　B. "批林批孔"的错误方针
   C. "反击右倾翻案风"的错误方针　　D. "两个凡是"的错误方针

2. 1978年在我国出现的一场马克思主义思想解放运动是（　　）。
   A. 社会主义教育运动　　B. 揭批"四人帮"运动
   C. 关于真理标准问题的大讨论　　D. 关于计划和市场问题的大讨论

3. 1978年12月，邓小平在中共中央工作会议上所作的重要报告是（　　）。
   A.《实践是检验真理的唯一标准》
   B.《解放思想，实事求是，团结一致向前看》
   C.《必须旗帜鲜明地坚持四项基本原则》
   D.《关于建国以来党的若干历史问题的决议》

4. 新中国成立以来党的历史上具有深远意义的伟大转折的标志是（　　）。
   A. 中共十一届三中全会的召开　　B. 中共十一届六中全会的召开
   C. 中共十二届三中全会的召开　　D. 中共十二届六中全会的召开

5. 揭开中国社会主义改革开放和现代化建设新时期序幕的是（　　）。
   A. 中共十一大　　B. 中共十一届三中全会
   C. 中共十二大　　D. 中共十二届三中全会

6. 1978年,中国共产党重新确立马克思主义实事求是思想路线的会议是(   )。

   A. 中共十一届三中全会　　　　B. 中共十一届六中全会
   C. 中共十二届三中全会　　　　D. 中共十二届六中全会

7. 1979年3月,邓小平在中央理论工作务虚会上首次明确提出了必须坚持(   )。

   A. 解放思想,实事求是　　　　B. 对内改革,对外开放
   C. 拨乱反正　　　　　　　　　D. 四项基本原则

8. 中共中央通过《关于建国以来党的若干历史问题的决议》的会议是(   )。

   A. 中共十一届三中全会　　　　B. 中共十一届六中全会
   C. 中共十二届三中全会　　　　D. 中共十二届六中全会

9. 1981年,中共十一届六中全会通过了(   )。

   A.《关于党的若干历史问题的决议》
   B.《关于建国以来党的若干历史问题的决议》
   C.《关于经济体制改革的决定》
   D.《关于科学技术体制改革的决定》

10. 中共十一届三中全会后,中国农村在经济体制改革中推行的是(   )。

    A. 个体经营制度　　　　　　　B. 互助合作制度
    C. 家庭联产承包责任制度　　　D. 生产队为基础的集体经营制度

11. 邓小平在中共十二大上首次明确提出了(   )。

    A. 建设有中国特色的社会主义
    B. 建设富强民主文明的社会主义现代化国家
    C. 党在社会主义初级阶段的基本路线
    D. 党在社会主义初级阶段的基本纲领

12. 1984年10月,中共十二届三中全会通过了(   )。

    A.《关于加快农业发展若干问题的决定》
    B.《关于经济体制改革的决定》
    C.《关于科学技术体制改革的决定》
    D.《关于教育体制改革的决定》

13. 我国经济体制改革转向以城市为重点全面展开的标志是(　　)。

　　A.《关于经济体制改革的决定》的实施

　　B.《关于科学技术体制改革的决定》的实施

　　C.《关于教育体制改革的决定》的实施

　　D.《政治体制改革总体设想》的实施

14. 随着对外开放的进一步扩大,中共中央和国务院在1988年决定建立的经济特区是(　　)。

　　A. 深圳经济特区　　　　　　B. 珠海经济特区

　　C. 厦门经济特区　　　　　　D. 海南经济特区

15. 在1986年9月通过《关于社会主义精神文明建设指导方针的决议》的是(　　)。

　　A. 中共十一届三中全会　　　B. 中共十一届六中全会

　　C. 中共十二届三中全会　　　D. 中共十二届六中全会

16. 中国共产党第一次完整提出党在社会主义初级阶段基本路线的会议是(　　)。

　　A. 中共十二大　　　　　　　B. 中共十三大

　　C. 中共十四大　　　　　　　D. 中共十五大

17. 中共十三大明确将党在社会主义初级阶段的基本路线概括为(　　)。

　　A."一个中心,两个基本点"

　　B."四个坚持"

　　C. 一手抓物质文明,一手抓精神文明

　　D. 建设中国特色社会主义经济、政治和文化

18. 正式制定我国社会主义现代化建设"三步走"战略部署的是(　　)。

　　A. 中共十二大　　　　　　　B. 中共十三大

　　C. 中共十四大　　　　　　　D. 中共十五大

19. 中国共产党顺利实现第二代中央领导集体向第三代中央领导集体过渡的会议是(　　)。

　　A. 中共十一届三中全会　　　B. 中共十二届三中全会

　　C. 中共十三届四中全会　　　D. 中共十四届四中全会

20. 随着对外开放的进一步扩大,中共中央和国务院在1990年作出的战略

举措是（　　）。

　A. 建立厦门经济特区　　　　B. 建立珠海经济特区

　C. 开发、开放海南经济特区　　D. 开发、开放上海浦东新区

21. 1992年召开的中共十四大明确指出，我国经济体制改革的目标是建立（　　）。

　A. 计划经济为主和市场经济为辅的体制

　B. 社会主义商品经济体制

　C. 市场经济为主和计划经济为辅的体制

　D. 社会主义市场经济体制

22. 1997年召开的中共十五大明确提出了（　　）。

　A. 党在社会主义初级阶段的基本路线

　B. 党在社会主义初级阶段的基本纲领

　C. 建设中国特色社会主义的基本经验

　D. 建设中国特色社会主义的基本规律

23. 中国共产党将邓小平理论作为党的指导思想写入党章是在（　　）。

　A. 中共十二大　　　　B. 中共十三大

　C. 中共十四大　　　　D. 中共十五大

24. 中国恢复对香港行使主权的时间是（　　）。

　A. 1997年7月1日　　　B. 1997年12月20日

　C. 1999年7月1日　　　D. 1999年12月20日

25. 中国恢复对澳门行使主权的时间是（　　）。

　A. 1997年7月1日　　　B. 1997年12月20日

　C. 1999年7月1日　　　D. 1999年12月20日

26. 1995年1月，江泽民发表了发展两岸关系、推进祖国和平统一八项主张的（　　）。

　A.《告台湾同胞书》

　B.《实现两岸和平统一的九项方针》

　C.《一个国家、两种制度》

　D.《为促进祖国统一大业的完成而继续奋斗》

27. 1998年，中共中央决定在县级以上党政领导班子、领导干部中深入开展

(　　)。

　　A. 讲学习、讲政治、讲正气的教育　　B. 讲政治、讲作风、讲文明的教育
　　C. 讲学习、讲觉悟、讲作风的教育　　D. 讲思想、讲行为、讲素质的教育

28. 中国共产党将"三个代表"重要思想作为党的指导思想写入党章是在(　　)。

　　A. 中共十四大　　　　　　　　　B. 中共十五大
　　C. 中共十六大　　　　　　　　　D. 中共十七大

29. 2002年召开的中共十六大总结概括了(　　)。

　　A. 党在社会主义初级阶段的基本路线
　　B. 党在社会主义初级阶段的基本纲领
　　C. 建设中国特色社会主义的基本经验
　　D. 建设中国特色社会主义的理论体系

30. 中国共产党正式提出了坚持以人为本、全面协调可持续的科学发展观的重要会议是(　　)。

　　A. 中共十六届三中全会　　　　　B. 中共十六届四中全会
　　C. 中共十六届五中全会　　　　　D. 中共十六届六中全会

31. 中国共产党明确提出构建社会主义和谐社会战略任务的重要会议是(　　)。

　　A. 中共十六届三中全会　　　　　B. 中共十六届四中全会
　　C. 中共十六届五中全会　　　　　D. 中共十六届六中全会

32. 中国共产党明确提出建设社会主义新农村战略任务的重要会议是(　　)。

　　A. 中共十六届三中全会　　　　　B. 中共十六届四中全会
　　C. 中共十六届五中全会　　　　　D. 中共十六届六中全会

33. 2005年,十届全国人大三次会议通过的重要法律是(　　)。

　　A.《中华人民共和国宪法》　　　　B.《香港特别行政区基本法》
　　C.《澳门特别行政区基本法》　　　D.《反分裂国家法》

34. 中国加入世界贸易组织的时间是(　　)。

　　A. 2001年1月1日　　　　　　　B. 2001年12月11日
　　C. 2004年7月1日　　　　　　　D. 2011年12月1日

二、多项选择题

1. 1979年3月,邓小平在中央理论工作务虚会上首次明确提出必须坚持(   )。

   A. 社会主义道路　　　　　　　　B. 人民民主专政
   C. 共产党的领导　　　　　　　　D. 马克思列宁主义、毛泽东思想

2. 1979年4月,中共中央工作会议提出的针对国民经济的方针是(   )。

   A. 调整　　　B. 改革　　　C. 整顿　　　D. 提高

3. 中共十一届三中全会后对外开放开始起步,1980年中央决定设立(   )。

   A. 深圳经济特区　　　　　　　　B. 珠海经济特区
   C. 汕头经济特区　　　　　　　　D. 厦门经济特区

4. 1985年,中共中央先后制定了(   )。

   A.《关于加快农业发展若干问题的决定》
   B.《关于经济体制改革的决定》
   C.《关于科学技术体制改革的决定》
   D.《关于教育体制改革的决定》

5. 1985年2月,中共中央和国务院决定开辟的沿海经济开放区是(   )。

   A. 长江三角洲　　　　　　　　　B. 珠江三角洲
   C. 闽南厦(门)漳(州)泉(州)三角地区　D. 沿渤海湾地区

6. 进入20世纪80年代,我国多层次、有重点、点面结合对外开放格局的构成包括(   )。

   A. 经济特区　　　　　　　　　　B. 沿海开放城市
   C. 沿海经济开放区　　　　　　　D. 内地

7. 中共十二届六中全会确定的我国社会主义现代化建设的总体布局是(   )。

   A. 以经济建设为中心
   B. 坚定不移地进行经济体制改革
   C. 坚定不移地进行政治体制改革

D. 坚定不移地加强精神文明建设

8. 邓小平在同江泽民等谈话时提出的中国社会主义农业改革和发展的"两个飞跃"是（   ）。

　　A. 废除人民公社,实行家庭承包责任制

　　B. 发展乡镇企业

　　C. 实施科教兴农战略

　　D. 发展集体经济

9. 1994 年 5 月,江泽民在进一步强调正确处理改革、发展、稳定的关系时指出（   ）。

　　A. 发展是目标　　　　　　B. 改革是动力

　　C. 改革是保障　　　　　　D. 稳定是前提

10. 中共十四届六中全会《关于加强社会主义精神文明建设若干重要问题的决议》,强调要（   ）。

　　A. 以科学的理论武装人　　B. 以正确的舆论引导人

　　C. 以高尚的精神塑造人　　D. 以优秀的作品鼓舞人

11. 20 世纪 90 年代后期,我国改革开放和现代化建设经受的风险考验主要有（   ）。

　　A. 1997 年爆发的亚洲金融危机

　　B. 1998 年发生的历史上罕见的洪涝灾害

　　C. 1999 年北约袭击中国驻南斯拉夫使馆

　　D. 1999 年"法轮功"邪教组织非法聚众闹事

12. 20 世纪 90 年代,中国在推进祖国统一大业上取得的重大成果有（   ）。

　　A. 提出"一国两制"的构想　　B. 实现海峡两岸"三通"

　　C. 恢复对香港行使主权　　　D. 恢复对澳门行使主权

13. 中共十七大强调,科学发展观的（   ）。

　　A. 第一要义是发展　　　　B. 核心是以人为本

　　C. 基本要求是全面协调可持续　　D. 根本方法是统筹兼顾

14. 我国在改革开放新时期开始形成的基层民主自治体系的主要内容包括（   ）。

A. 农村村民委员会 　　　　B. 城市居民委员会
C. 企业职工代表大会 　　　D. 学校学生代表大会

15. 中共十七大指出,中国特色社会主义理论体系包括(　　　)。
A. 毛泽东思想 　　　　　　B. 邓小平理论
C. "三个代表"重要思想　　 D. 科学发展观

三、辨析题

1. 中共十一届三中全会是新中国成立以来党的历史上具有深远意义的伟大转折。
2. 中共十五大首次完整概括了党在社会主义初级阶段的基本路线。

四、简答题

1. 1978年关于真理标准问题的大讨论及其意义。
2. 《关于建国以来党的若干历史问题的决议》的主要内容及其意义。
3. 我国社会主义现代化建设的"三步走"发展战略。
4. 邓小平关于中国农业的改革与发展"两个飞跃"的思想。
5. 构建社会主义和谐社会的提出及其意义。
6. 中共十一届三中全会以来取得的十大成就。

五、论述题

1. 中共十一届三中全会的历史贡献和重大意义。
2. 《关于建国以来党的若干历史问题的决议》中对毛泽东和毛泽东思想历史地位的科学评价。
3. 邓小平南方谈话的主要内容及其意义。

参考答案

一、单项选择题

1. D　2. C　3. B　4. A　5. B　6. A　7. D　8. B　9. B　10. C　11. A　12. B

13．A 14．D 15．D 16．B 17．A 18．B 19．C 20．D 21．D 22．B 23．D 24．A 25．D 26．D 27．A 28．C 29．C 30．A 31．B 32．C 33．D 34．B

二、多项选择题

1．ABCD 2．ABCD 3．ABCD 4．CD 5．ABC 6．ABCD 7．ABCD 8．AD 9．ABD 10．ABCD 11．ABCD 12．CD 13．ABCD 14．ABC 15．BCD

三、辨析题

1．正确。中共十一届三中全会结束了粉碎"四人帮"后党和国家工作在徘徊中前进的局面，开始了中国共产党在思想、政治、组织等领域的全面拨乱反正，形成了以邓小平为核心的党的中央领导集体，揭开了改革开放的序幕，标志着中国进入了改革开放和社会主义现代化建设的历史新时期。

2．错误。1987年召开的中共十三大首次完整概括了党在社会主义初级阶段的基本路线：领导和团结全国各族人民，以经济建设为中心，坚持四项基本原则，坚持改革开放，自力更生，艰苦创业，为把我国建设成为富强、民主、文明的社会主义现代化国家而奋斗。1997年召开的中共十五大明确提出了党在社会主义初级阶段的基本纲领。

四、简答题

1．1978年5月，《光明日报》发表题为《实践是检验真理的唯一标准》的文章，在全国开始了关于真理标准问题的大讨论，强调实践是检验真理的唯一标准。这是一场马克思主义的思想解放运动，成为拨乱反正和改革开放的思想先导，为党重新确立实事求是的思想路线，纠正长期以来的"左"倾错误，实现历史性的转折作了思想理论准备。

2．1981年中共十一届六中全会通过的《关于建国以来党的若干历史问题的决议》，科学地评价了毛泽东和毛泽东思想的历史地位，从根本上否定了"文化大革命"的理论和实践，对新中国成立以来的重大历史事件作出了基本结论，并进一步指明了中国社会主义事业和党的工作继续前进的方向。这一决议的通过，标志着党和国家在指导思想上拨乱反正工作的胜利完成。

3．中共十三大正式制定了社会主义现代化建设"三步走"的战略部署：第一步，实现国民生产总值比1980年翻一番，解决人民的温饱问题，这个任务已经基本实现；第二步，到20世纪末，使国民生产总值再增长一倍，人民生活达到小康水平；第三步，到21世纪中叶，人均国民生产总值达到中等发达国家水平，人民生活比较富裕，基本实现现代化。

4．邓小平强调：中国社会主义农业的改革和发展会有两个飞跃，第一个飞跃是废除人民公社，实行家庭联产承包为主的责任制，第二个飞跃就是发展集体经济。社会主义经济以公有制为主体，农业也一样，最终要以公有制为主体。从长远的观点看，科学技术发展了，管理能力增强了，又会产生一个飞跃。农村经济最终还是要实现集体化和集约化。

5. 2004年9月,中共十六届四中全会提出构建社会主义和谐社会的战略任务。2006年10月,中共十六届六中全会审议通过了《中共中央关于构建社会主义和谐社会若干重大问题的决定》。构建社会主义和谐社会战略思想的提出,使中国特色社会主义事业的总体布局由经济建设、政治建设、文化建设"三位一体"发展为经济建设、政治建设、文化建设、社会建设"四位一体",丰富和发展了马克思主义关于社会主义社会建设的理论。

6. 一是综合国力和国际竞争力显著提高,人民生活总体上达到小康水平;二是社会主义市场经济体制初步建立并不断完善,各项改革事业取得重大进展;三是对外开放取得新突破,形成全方位、多层次、宽领域的格局;四是社会主义民主政治建设取得重要进展;五是社会主义精神文明建设成效显著;六是民族政策和宗教政策得到全面贯彻;七是推进国防和军队建设;八是祖国统一大业取得重大进展;九是积极开展全方位外交;十是党的建设新的伟大工程全面推进。

五、论述题

1. 1978年12月召开的中共十一届三中全会,冲破了长期"左"的错误的严重束缚,彻底否定了"两个凡是"的错误方针,作出了把工作重点转移到社会主义现代化建设上来和实行改革开放的战略决策。全会恢复了党的民主集中制的优良传统,审查解决了历史上遗留的一批重大问题和一些重要领导人的功过是非问题。中共十一届三中全会是新中国成立以来党的历史上具有深远意义的伟大转折,它结束了粉碎"四人帮"后党和国家工作在徘徊中前进的局面,重新确立了马克思主义的思想路线、政治路线和组织路线,开始了在思想、政治、组织等领域的全面拨乱反正,形成了以邓小平为核心的党的中央领导集体,标志着中国进入了改革开放和社会主义现代化建设的历史新时期。

2. 决议指出:毛泽东同志是伟大的马克思主义者,是伟大的无产阶级革命家、战略家和理论家。他的功绩是第一位的,错误是第二位的。他为中国共产党和中国人民解放军的创立和发展,为中国各族人民解放事业的胜利,为中华人民共和国的缔造和中国社会主义事业的发展,建立了永远不可磨灭的功勋。毛泽东思想是马克思列宁主义在中国的运用和发展,是被实践证明了的关于中国革命和建设的正确的理论原则和经验总结,是中国共产党集体智慧的结晶。决议对毛泽东思想的科学体系和活的灵魂作了概括,强调毛泽东思想是我们党的宝贵的精神财富,它将长期指导我们的行动。

3. 邓小平强调,党的基本路线要管一百年,动摇不得;改革开放胆子要大一些,敢于试验;判断的标准,应该主要看是否有利于发展社会主义社会的生产力,是否有利于增强社会主义国家的综合国力,是否有利于提高人民的生活水平。邓小平指出,计划多一点还是市场多一点,不是社会主义与资本主义的本质区别。计划和市场都是经济手段。社会主义的本质是解放生产力,发展生产力,消灭剥削,消除两极分化,最终达到共同富裕。邓小平强调,发展才是硬道理。抓住时机,发展自己,关键是发展经济;要坚持两手抓,两手都要硬。邓小平南方谈话,科学地总结了十一届三中全会以来党的基本实践和基本经验,对整个社会主义现代化建设事业产生了重大而深远的影响。

阅读思考

一

材料1:这次会议讨论和解决了许多有关党和国家命运的重大问题。大家敞开思想,畅所欲言,敢于讲心里话,讲实在话。大家能够积极地开展批评,包括对中央工作的批评,把意见摆在桌面上。一些同志也程度不同地进行了自我批评。这些都是党内生活的伟大进步,对于党和人民的事业将起巨大的促进作用。

——摘自邓小平:《解放思想,实事求是,团结一致向前看——在中央工作会议闭幕会上的讲话》(1978年12月13日),https://news.china.com/domesticgd/10000159/20171219/30265227.html。

材料2:全会决定,鉴于中央在二中全会以来的工作进展顺利,全国范围的大规模的揭批林彪、"四人帮"的群众运动已经基本上胜利完成,全党工作的着重点应该从一九七九年转移到社会主义现代化建设上来。

——摘自中国共产党第十一届中央委员会第三次全体会议公报(1978年12月22日),www.71.cn/2018/0228/987965.shtml。

材料3:1978年12月18日,也就是30年前的今天,党的十一届三中全会隆重召开。这次会议,实现了新中国成立以来我们党历史上具有深远意义的伟大转折,开启了我国改革开放历史新时期。从此,党领导全国各族人民在新的历史条件下开始了新的伟大革命。

——胡锦涛:《在纪念党的十一届三中全会召开30周年大会上的讲话》(2008年12月18日),cpc.people.com.cn/GB/64093/64094/8544901.html。

问题1:中共十一届三中全会是在什么历史背景下召开的?

问题2:中共十一届三中全会作出了哪些重大的战略决策?

问题3:为什么说十一届三中全会是我们党历史上具有深远意义的伟大转折?

二

材料1：以邓小平同志为核心的党的第二代中央领导集体带领全党全国各族人民深刻总结我国社会主义建设正反两方面经验，借鉴世界社会主义历史经验，作出把党和国家工作中心转移到经济建设上来、实行改革开放的历史性决策，深刻揭示社会主义本质，确立社会主义初级阶段基本路线，明确提出走自己的路、建设中国特色社会主义，科学回答了建设中国特色社会主义的一系列基本问题，成功开创了中国特色社会主义。

——摘自胡锦涛：《坚定不移沿着中国特色社会主义道路前进　为全面建成小康社会而奋斗——在中国共产党第十八次全国代表大会上的报告》（2012年11月8日），politics. people. com. cn/n/2012/1118/c1001 - 19612670 - 2. html。

材料2：以江泽民同志为核心的党的第三代中央领导集体带领全党全国各族人民坚持党的基本理论、基本路线，在国内外形势十分复杂、世界社会主义出现严重曲折的严峻考验面前捍卫了中国特色社会主义，依据新的实践确立了党的基本纲领、基本经验，确立了社会主义市场经济体制的改革目标和基本框架，确立了社会主义初级阶段的基本经济制度和分配制度，开创全面改革开放新局面，推进党的建设新的伟大工程，成功把中国特色社会主义推向二十一世纪。

——摘自胡锦涛：《坚定不移沿着中国特色社会主义道路前进　为全面建成小康社会而奋斗——在中国共产党第十八次全国代表大会上的报告》（2012年11月8日），politics. people. com. cn/n/2012/1118/c1001 - 19612670 - 2. html。

材料3：新世纪新阶段，党中央抓住重要战略机遇期，在全面建设小康社会进程中推进实践创新、理论创新、制度创新，强调坚持以人为本、全面协调可持续发展，提出构建社会主义和谐社会、加快生态文明建设，形成中国特色社会主义事业总体布局，着力保障和改善民生，促进社会公平正义，推动建设和谐世界，推进党的执政能力建设和先进性建设，成功在新的历史起点上坚持和发展了中国特色社会主义。

——摘自胡锦涛：《坚定不移沿着中国特色社会主义道路前进　为全面建成小康社会而奋斗——在中国共产党第十八次全国代表大会上的报告》（2012年11月8日），politics. people. com. cn/n/2012/1118/c1001 - 19612670 - 2. html。

问题1：从中共十一届三中全会到中共十七大，中国共产党带领全党全国各族人民建设中国特色社会主义的主要历程是什么？

问题2：从中共十一届三中全会到中共十七大，中国特色社会主义在实践中取得了哪些巨大成就？

问题3：从中共十一届三中全会到中共十七大，中国特色社会主义在理论上中取得了哪些丰硕成果？

第十一章 中国特色社会主义进入新时代

内容概述

第一节 开拓中国特色社会主义更为广阔的发展前景

一、全面建成小康社会目标的确定

2012年11月,中国共产党第十八次全国代表大会召开。大会阐明中国特色社会主义的总依据是社会主义初级阶段,总布局是经济、政治、文化、社会、生态文明建设五位一体,总任务是实现社会主义现代化和中华民族伟大复兴;阐明中国特色社会主义道路、理论体系、制度的科学内涵及其相互关系;明确提出夺取中国特色社会主义新胜利必须牢牢把握的八项基本要求,要求全党坚定道路自信、理论自信、制度自信。

大会提出要确保到2020年实现全面建成小康社会的目标。大会要求以改革创新精神全面推进党的建设新的伟大工程。中共十八大的召开,标志着中国已经进入全面建成小康社会的决定性阶段,开启了中国特色社会主义新时代。

二、实现民族复兴中国梦的提出

中共十八大结束不久,习近平在参观"复兴之路"展览时明确提出,实现全面建成小康社会目标是实现中华民族伟大复兴中国梦的关键一步。中国特色社会主义是实现中华民族伟大复兴的正确道路。

2013年3月17日,习近平在十二届全国人大第一次会议上进一步强调,实

现全面建成小康社会、建成富强民主文明和谐的社会主义现代化国家的奋斗目标,实现中华民族伟大复兴的中国梦,就是要实现国家富强、民族振兴、人民幸福。实现中国梦必须走中国道路,必须弘扬中国精神,必须凝聚中国力量。

三、统筹推进"五位一体"总体布局

1. 主动适应和引领经济发展新常态。中国经济发展的一个重大变化是进入新常态,党和政府科学研判我国经济发展的阶段性特征,主动适应和引领经济发展新常态。推进供给侧结构性改革,是适应和引领经济发展新常态的重大创新。

2. 发展社会主义民主政治。2015 年 1 月,中共中央政治局常委会召开会议,专门听取全国人大常委会、国务院、全国政协、最高人民法院、最高人民检察院党组工作汇报。此后,这成为实现党中央集中统一领导的一项制度性安排。毫不动摇坚持人民代表大会制度;坚持和完善中国共产党领导的多党合作和政治协商制度,把协商民主嵌入我国社会主义民主政治全过程;坚持和完善民族区域自治制度,强调坚持统一和自治相结合、民族因素和区域因素相结合;坚持和完善基层群众自治制度,发展基层民主,保障人民依法直接行使民主权利。正确处理一致性和多样性关系,做好新形势下统一战线工作;保持和增强党的群团工作和群团组织的政治性先进性群众性,开创党的群团工作新局面。

3. 发展中国特色社会主义文化。坚持和巩固党对意识形态工作的领导。中共中央先后召开全国宣传思想工作会议、文艺工作座谈会、党的新闻舆论工作座谈会、网络安全和信息化工作座谈会、哲学社会科学工作座谈会等。培育和践行社会主义核心价值观。大力加强理想信念教育,弘扬中华优秀传统文化、革命文化、社会主义先进文化。推进文化体制改革,建设公共文化服务网络。

4. 在发展中保障和改善民生。从人民群众最关心最直接最现实的利益问题入手,统筹做好教育、就业、收入分配、社会保障、医疗卫生等各领域民生工作。不断促进教育发展成果更多更公平惠及全体人民;多渠道创造就业机会;促进社会公平正义,让广大人民群众共享改革发展成果;坚持全覆盖、保基本、多层次、可持续发展,加强城乡社会保障体系建设;加快推进健康中国建设,努力全方位、全周期保障人民健康;加强和创新社会治理,完善中国特色社会主义社会治理体系。

5. 建设美丽中国。坚持节约资源和保护环境的基本国策,坚持节约优先、保护优先、自然恢复为主的方针,强调"绿水青山就是金山银山",推动形成绿色发展方式和生活方式。坚持山水林田湖是一个生命共同体,按照系统工程的思路,全方位、全地域、全过程开展生态环境保护建设;完善生态文明制度体系,用最严格的制度、最严密的法治保护生态环境;强化公民环境意识;积极参与国际合作,同世界各国携手共建生态良好的地球美好家园。

在统筹推进"五位一体"总体布局的过程中,中共中央还就加强国防和军队建设、"一国两制"和祖国统一、外交工作提出了一系列重要思想观点,引领这些方面的工作取得重大的和积极的进展。

四、协调推进"四个全面"战略布局

1. 推进全面深化改革。2013年11月,中共十八届三中全会审议通过《中共中央关于全面深化改革若干重大问题的决定》,勾画了到2020年全面深化改革的时间表、路线图。2014年1月,中央全面深化改革领导小组成立,习近平任组长。领导小组第一次会议审议通过了《中央全面深化改革领导小组工作规则》等文件。2014年4月,中央国家安全委员会主席习近平主持召开中央国家安全委员会第一次会议,强调要坚持总体国家安全观,走出一条中国特色国家安全道路。

2. 推进全面依法治国。2014年10月,中共十八届四中全会审议通过了《中共中央关于全面推进依法治国若干重大问题的决定》。2014年11月,十二届全国人大常委会第十一次会议通过《全国人民代表大会常务委员会关于设立国家宪法日的决定》。2015年3月,十二届全国人大三次会议审议通过了《全国人民代表大会关于修改〈中华人民共和国立法法〉的决定》。同年4月,中央全面深化改革领导小组审议通过《党的十八届四中全会重要举措实施规划(2015—2020年)》。2017年3月,十二届全国人大五次会议通过了《中华人民共和国民法总则》。

3. 推进全面建成小康社会。2015年10月,中共十八届五中全会审议通过了《中共中央关于制定国民经济和社会发展第十三个五年规划的建议》,提出了全面建成小康社会新的目标要求。2016年3月,十二届全国人大四次会议通过《中华人民共和国关于国民经济和社会发展第十三个五年规划纲要的决议》。

2015年11月,中共中央召开扶贫开发工作会议,提出坚持精准扶贫、精准脱贫,坚决打赢脱贫攻坚战,确保到2020年所有贫困地区和贫困人口同全国人民一道迈入全面小康社会。

4. 推进全面从严治党。2012年12月,中共中央政治局审议通过关于改进工作作风、密切联系群众的八项规定。2013年5月,中共中央发布《关于在全党深入开展党的群众路线教育实践活动的意见》。2015年4月,县处级以上领导干部"三严三实"专题教育陆续展开。2016年2月,"学党章党规、学系列讲话,做合格党员"学习教育在全体党员中有序开展。坚持"老虎""苍蝇"一起打,形成对腐败的高压态势,持续遏制不正之风和腐败现象蔓延势头。2016年10月,中共十八届六中全会举行,审议通过《关于新形势下党内政治生活的若干准则》和《中国共产党党内监督条例》,号召全党同志牢固树立政治意识、大局意识、核心意识、看齐意识,坚定不移维护党中央权威和党中央集中统一领导。

第二节　党和国家事业的历史性成就和历史性变革

一、极不平凡的五年

1. 经济建设取得重大成就。经济保持中高速增长,在世界主要国家中名列前茅,国内生产总值从54万亿元增长到82.7万亿元,稳居世界第二。供给侧结构性改革深入推进,经济结构不断优化。农业现代化稳步推进,粮食生产能力达到1.2万亿斤。城镇化率从52.6%提高到58.5%,8 000多万农业转移人口成为城镇居民。区域发展协调性增强,"一带一路"建设、京津冀协同发展、长江经济带发展成效显著。创新驱动发展战略大力实施,创新型国家建设成果丰硕。南海岛礁建设积极推进。开放型经济新体制逐步健全,对外贸易、对外投资、外汇储备稳居世界前列。

2. 全面深化改革取得重大突破。推出1 500多项改革举措,简政放权、放管结合、优化服务等改革推动政府职能发生深刻转变,重要领域和关键环节改革取得突破性进展,主要领域改革主体框架基本确立。中国特色社会主义制度更加完善,国家治理体系和治理能力现代化水平明显提高,全社会发展活力和创新活力明显增强。

3. 民主法治建设迈出重大步伐。全国人大常委会制定修订法律 95 部,制定修订行政法规 195 部,修改废止一大批部门规章。省、市、县政府部门制定公布权责清单。科学立法、严格执法、公正司法、全民守法深入推进,法治国家、法治政府、法治社会建设相互促进,中国特色社会主义法治体系日益完善,全社会法治观念明显增强。

4. 思想文化建设取得重大进展。党的理论创新全面推进,马克思主义在意识形态领域的指导地位更加鲜明,中国特色社会主义和中国梦深入人心。社会主义核心价值观和中华优秀传统文化广泛弘扬,群众性精神文明创建活动扎实开展。公共文化服务水平不断提高,文艺创作持续繁荣,文化事业和文化产业蓬勃发展,互联网建设管理运用不断完善,全民健身和竞技体育全面发展。主旋律更加响亮,正能量更加强劲,文化自信得到彰显,国家文化软实力和中华文化影响力大幅提升,全党全社会思想上的团结统一更加巩固。

5. 人民生活不断改善。一大批惠民举措落地实施,人民获得感显著增强。脱贫攻坚战取得决定性进展,贫困人口减少 6 800 多万人,易地扶贫搬迁 830 万人;教育事业全面发展,中西部和农村教育明显加强;就业状况持续改善,城镇新增就业年均 1 300 万人以上;居民收入年均增长 7.4%,超过经济增速;社会养老保险覆盖 9 亿多人,基本医疗保险覆盖 13.5 亿人;人民健康和医疗卫生水平大幅提高,人均预期寿命达到 76.7 岁;保障性住房建设稳步推进,棚户区住房改造 2 600 多万套,农村危房改造 1 700 多万户,上亿人喜迁新居。社会治理体系更加完善,社会大局保持稳定,国家安全全面加强。

6. 生态文明建设成效显著。制定实施大气、水、土壤污染防治三个"十条"并取得扎实成效。主要污染物排放量持续下降,重点城市重污染天数减少一半,森林面积增加 1.63 亿亩,沙化土地面积年均缩减近 2 000 平方公里,绿色发展呈现可喜局面。生态文明制度体系加快形成,能源资源消耗强度大幅下降,重大生态保护和修复工程进展顺利,森林覆盖率持续提高。引导应对气候变化国际合作,成为全球生态文明建设的重要参与者、贡献者、引领者。

7. 强军兴军开创新局面。召开古田全军政治工作会议,恢复和发扬我党我军光荣传统和优良作风,人民军队政治生态得到有效治理。国防和军队改革取得历史性突破,形成军委管总、战区主战、军种主建新格局,人民军队组织架构和力量体系实现革命性重塑。加强练兵备战,有效遂行海上维权、反恐维稳、抢险救灾、国际维和、亚丁湾护航、人道主义救援等重大任务,武器装备加快发展,军事斗争准备取得重大进展。

8. 港澳台工作取得新进展。全面准确贯彻"一国两制"方针,牢牢掌握宪法和基本法赋予的中央对香港、澳门全面管治权。深化内地和港澳地区交流合作,港珠澳大桥全线贯通,香港、澳门保持繁荣稳定。坚持一个中国原则和"九二共识",推动两岸关系和平发展,加强两岸经济文化交流合作,实现两岸领导人历史性会晤。妥善应对台湾局势变化,坚决反对和遏制"台独"分裂势力,有力维护了台海和平稳定。

9. 全方位外交布局深入展开。实施共建"一带一路"倡议,发起创办亚洲基础设施投资银行,设立丝路基金,成功举办首届"一带一路"国际合作高峰论坛等重大主场外交。习近平等国家领导人出访多国,出席联合国系列峰会等重大活动,全方位外交布局深入展开。倡导构建人类命运共同体,促进全球治理体系变革。经济外交、人文交流卓有成效。坚定维护国家主权和海洋权益。我国国际影响力、感召力、塑造力进一步提高,为世界和平与发展作出新的重大贡献。

10. 全面从严治党成效卓著。推动全党尊崇党章,坚决维护党中央权威和集中统一领导,严明党的政治纪律和政治规矩,层层落实管党治党政治责任。党的建设制度改革深入推进,党内法规制度体系不断完善。把纪律挺在前面,着力解决人民群众反映最强烈、对党的执政基础威胁最大的突出问题。巡视利剑作用彰显,实现中央和省级党委巡视全覆盖。坚持反腐败无禁区、全覆盖、零容忍,坚定不移"打虎""拍蝇""猎狐",不敢腐的目标初步实现,不能腐的笼子越扎越牢,不想腐的堤坝正在构筑,反腐败斗争压倒性态势已经形成并巩固发展。

中共十八大以来五年的成就是全方位的、开创性的,变革是深层次的、根本性的。党和国家事业取得的历史性成就,发生的历史性变革,是以习近平为核心的党中央坚强领导的结果,是习近平新时代中国特色社会主义思想科学指引的结果,是全党全国各族人民共同奋斗的结果。

二、新时代中国与世界关系的历史性变化

中国特色社会主义进入新时代,中国的国际地位发生了历史性的变化,正日益走近世界舞台中央。五年来,中国发挥负责任大国作用,积极推动构建人类命运共同体,做世界和平的建设者、全球发展的贡献者、国际秩序的维护者,不断为

人类作出更大贡献。

中共十八大以来,以习近平为核心的党中央提出一系列具有鲜明中国特色的全球治理观,在国际上引起广泛反响,多次载入联合国有关文件。中国的全球治理观反映了人类共同价值追求和当代国际关系现实,为全球治理体系改革和建设贡献了中国智慧、提供了中国方案。

今天,中国与世界的关系正站在新的历史起点上,中国对世界的依靠、对国际事务的参与在不断加深,世界对中国的依靠、对中国的影响也在不断加深。中国越来越离不开世界,世界也越来越离不开中国。

第三节 夺取新时代中国特色社会主义伟大胜利

一、在新时代坚持和发展中国特色社会主义

1. 中共十九大的举行。2017年10月,中国共产党第十九次全国代表大会在北京举行。大会的主题是:不忘初心,牢记使命,高举中国特色社会主义伟大旗帜,决胜全面建成小康社会,夺取新时代中国特色社会主义伟大胜利,为实现中华民族伟大复兴的中国梦不懈奋斗。

大会通过的十八届中央委员会的报告,描绘了决胜全面建成小康社会、夺取新时代中国特色社会主义伟大胜利的宏伟蓝图,进一步指明了党和国家事业的前进方向,是中国共产党团结带领全国各族人民在新时代坚持和发展中国特色社会主义的政治宣言和行动纲领,是马克思主义的纲领性文献。

2. 确立习近平新时代中国特色社会主义思想的历史地位。中共十九大强调,习近平新时代中国特色社会主义思想,是对马克思列宁主义、毛泽东思想、邓小平理论、"三个代表"重要思想、科学发展观的继承和发展,是马克思主义中国化最新成果,是党和人民实践经验和集体智慧的结晶,是中国特色社会主义理论体系的重要组成部分,是全党全国人民为实现中华民族伟大复兴而奋斗的行动指南,必须长期坚持并不断发展。大会通过的党章修正案把习近平新时代中国特色社会主义思想确立为党的行动指南,实现了党的指导思想的又一次与时俱进。这是党的十九大的一个重大历史贡献。

坚持和发展中国特色社会主义,是习近平新时代中国特色社会主义思想的

核心要义;而"八个明确"构成了系统完备、逻辑严密、内在统一的科学体系,是习近平新时代中国特色社会主义思想最重要、最核心的内容。

中共十九大提出了新时代坚持和发展中国特色社会主义的基本方略的"十四个坚持",是对党的治国理政重大方针、原则的最新概括,体现了理论与实践相统一、战略与战术相结合,是实现"两个一百年"奋斗目标、实现中华民族伟大复兴中国梦的"路线图"和"方法论"。这"十四个坚持",既是习近平新时代中国特色社会主义思想的重要组成部分,也是落实习近平新时代中国特色社会主义思想的实践要求。

3. 作出中国特色社会主义进入新时代、我国社会主要矛盾发生新变化的重大政治论断。中共十九大指出,经过长期努力,中国特色社会主义进入了新时代,这是我国发展新的历史方位。中国特色社会主义进入新时代,我国社会主要矛盾已经转化为人民日益增长的美好生活需要和不平衡不充分的发展之间的矛盾。

中共十九大强调,我国社会主要矛盾的变化,没有改变我们对我国社会主义所处历史阶段的判断,我国仍处于并将长期处于社会主义初级阶段的基本国情没有变,我国是世界最大发展中国家的国际地位没有变。

4. 确定决胜全面建成小康社会、开启全面建设社会主义现代化国家新征程的目标。中共十九大强调,从十九大到二十大,是"两个一百年"奋斗目标的历史交汇期。我们既要全面建成小康社会、实现第一个百年奋斗目标,又要乘势而上开启全面建设社会主义现代化国家新征程,向第二个百年奋斗目标进军。

中共十九大指出,综合分析国际国内形势和我国发展条件,从2020年到21世纪中叶可以分两个阶段来安排:第一个阶段,从2020年到2035年,在全面建成小康社会的基础上,再奋斗15年,基本实现社会主义现代化。第二个阶段,从2035年到21世纪中叶,在基本实现现代化的基础上,再奋斗15年,把我国建成富强民主文明和谐美丽的社会主义现代化强国。

5. 对新时代推进中国特色社会主义伟大事业和党的建设伟大工程作出全面部署。中共十九大强调,实现伟大梦想,必须进行伟大斗争,必须建设伟大工程,必须推进伟大事业。中国特色社会主义是改革开放以来党的全部理论和实践的主题,是党和人民历尽千辛万苦、付出巨大代价取得的根本成就;要更加自觉地增强道路自信、理论自信、制度自信、文化自信,既不走封闭僵化的老路,也不走改旗易帜的邪路,始终坚持和发展中国特色社会主义。大会强调,伟大斗争、伟大工程、伟大事业、伟大梦想,紧密联系、相互贯通、相互作用,其中起决定性作用的是党的建设新的伟大工程。

对推进新时代中国特色社会主义伟大事业,中共十九大在经济建设、政治建设、文化建设、社会建设、生态文明建设、国防和军队建设和台港澳工作、外交工作等方面作出了具体部署。中共十九大强调,中国特色社会主义进入新时代,中国共产党一定要有新气象新作为。大会明确了新时代党的建设总要求,强调要把党的政治建设摆在首位。

6. 选举产生新的中央领导集体。2017年10月24日,中共十九大选举产生了第十九届中央委员会。随后召开的中共十九届一中全会选举产生了中央政治局,选举习近平为中共中央总书记,决定习近平为中共中央军事委员会主席。

二、更好发挥宪法在新时代坚持和发展中国特色社会主义中的重大作用

2018年1月,中共十九届二中全会在北京举行。全会审议通过了《中共中央关于修改宪法部分内容的建议》。全会强调,要把党的十九大确定的重大理论观点和重大方针政策特别是习近平新时代中国特色社会主义思想载入国家根本法,体现党和国家事业发展的新成就新经验新要求,在总体保持我国宪法连续性、稳定性、权威性的基础上推动宪法与时俱进、完善发展,为新时代坚持和发展中国特色社会主义、实现"两个一百年"奋斗目标和中华民族伟大复兴的中国梦提供有力宪法保障。2018年3月,十三届全国人大一次会议在北京召开。会议根据中共十九届二中全会提出的建议,审议通过了《中华人民共和国宪法修正案》。

三、推进国家治理体系和治理能力现代化

2018年2月,中共十九届三中全会在北京举行。全会审议通过《中共中央关于深化党和国家机构改革的决定》和《深化党和国家机构改革方案》,同意把《深化党和国家机构改革方案》的部分内容按照法定程序提交十三届全国人大一次会议审议。

全会强调,完善坚持党的全面领导的制度,加强党对各领域各方面工作领

导,确保党的领导全覆盖,确保党的领导更加坚强有力,是深化党和国家机构改革的首要任务;转变政府职能,优化政府机构设置和职能配置,是深化党和国家机构改革的重要任务;统筹党政军群机构改革,是加强党的集中统一领导、实现机构职能优化协同高效的必然要求等。

四、齐心协力走向中华民族伟大复兴的光明前景

实现中华民族伟大复兴是近代以来中华民族最伟大的梦想。中国共产党成立后,就肩负起实现中华民族伟大复兴的历史使命,团结带领人民进行了艰苦卓绝的斗争,谱写了气吞山河的壮丽史诗。波澜壮阔的中华民族发展史是中国人民书写的;博大精深的中华文明是中国人民创造的;历久弥新的中华民族精神是中国人民培育的。中华民族迎来了从站起来、富起来到强起来的伟大飞跃是中国人民奋斗出来的。

中国特色社会主义是改革开放以来党的全部理论和实践的主题,是党和人民历尽千辛万苦、付出巨大代价取得的根本成就。中国特色社会主义道路是实现社会主义现代化、创造人民美好生活的必由之路,中国特色社会主义理论体系是指导党和人民实现中华民族伟大复兴的正确理论,中国特色社会主义制度是当代中国发展进步的根本制度保障,中国特色社会主义文化是激励全党全国各族人民奋勇前进的强大精神力量。

中国梦是历史的、现实的,也是未来的,终将在一代代青年的接力奋斗中变为现实。青年一代有理想、有本领、有担当,国家就有前途,民族就有希望。今天,我们比历史上任何时期都更接近、更有信心和能力实现中华民族伟大复兴的目标。

习题训练

一、单项选择题

1. 中共十八大明确指出,中国特色社会主义的总依据是(　　)。

A. 马克思主义指导思想　　B. "三步走"发展战略

C. 中国共产党领导　　D. 社会主义初级阶段

2. 明确提出中国特色社会主义事业"五位一体"总体布局的是(　　)。

A. 中共十五大　　　　　　　　B. 中共十六大

C. 中共十七大　　　　　　　　D. 中共十八大

3. 中共十八大提出,我国到2020年的奋斗目标是(　　)。

A. 全面建设小康社会　　　　　B. 全面建成小康社会

C. 实现"四个现代化"　　　　　D. 基本实现现代化

4. 十二届全国人大常委会第七次会议确定的中国人民抗日战争胜利纪念日是(　　)。

A. 7月7日　　　　　　　　　　B. 8月15日

C. 9月3日　　　　　　　　　　D. 9月18日

5. 审议通过《中共中央关于全面深化改革若干重大问题的决定》的会议是(　　)。

A. 中共十八届一中全会　　　　B. 中共十八届二中全会

C. 中共十八届三中全会　　　　D. 中共十八届四中全会

6. 《中共中央关于全面深化改革若干重大问题的决定》明确指出,全面深化改革的重点是(　　)。

A. 经济体制改革　　　　　　　B. 政治体制改革

C. 教育体制改革　　　　　　　D. 文化体制改革

7. 审议通过了《中共中央关于全面推进依法治国若干重大问题的决定》的会议是(　　)。

A. 中共十八届一中全会　　　　B. 中共十八届二中全会

C. 中共十八届三中全会　　　　D. 中共十八届四中全会

8. 十二届全国人大常委会第十一次会议决定设立的国家宪法日是(　　)。

A. 9月3日　　　　　　　　　　B. 9月30日

C. 12月4日　　　　　　　　　 D. 12月20日

9. 中共十八大以来中国的经济建设稳步发展,目前对世界经济增长贡献率是(　　)。

A. 超过10%　　　　　　　　　 B. 超过20%

C. 超过30%　　　　　　　　　 D. 超过40%

10. 中共十八大以来的五年间,全国人大常委会制定修订法律(　　)。

A. 80 部 B. 95 部
C. 180 部 D. 195 部

11. 中共十八大以来我国脱贫攻坚战取得决定性进展,贫困人口减少( )。

A. 820 多万 B. 1 300 多万
C. 6 800 多万 D. 8 300 多万

12. 中共十八大以来我国生态文明建设取得了进步,沙化土地面积年均缩减( )。

A. 近 2 000 平方公里 B. 近 2 500 平方公里
C. 近 2 600 平方公里 D. 近 2 800 平方公里

13. 2017 年,在全面建成小康社会决胜阶段召开的重要会议是( )。

A. 中共十六大 B. 中共十七大
C. 中共十八大 D. 中共十九大

14. 习近平新时代中国特色社会主义思想的核心要义是( )。

A. 坚持和发展中国特色社会主义
B. 坚持"四个全面"的战略布局
C. 坚持和实现中国中华民族伟大复兴
D. 坚持"五位一体"总布局

15. 中共十九大指出,中国特色社会主义最本质的特征是( )。

A. 中国共产党领导 B. 人民民主专政
C. 马克思主义指导 D. 共同富裕

16. 中共十九大指出,我国发展新的历史方位是( )。

A. 中国进入全面深化改革的新阶段
B. 中国特色社会主义进入了新时代
C. 进入全面建设小康社会的新时期
D. 进入决胜全面建成小康社会的新时刻

17. 在中共十九大提出的推进中国特色社会主义"四个伟大"中,起决定性作用的是( )。

A. 进行伟大斗争 B. 推进党的建设的伟大工程
C. 推进伟大事业 D. 实现伟大梦想

18. 中共中央提出"四个全面"的战略布局是在（　　）。
    A. 中共十五大以来   B. 中共十五大以来
    C. 中共十七大以来   D. 中共十八大以来

二、多项选择题

1. 习近平明确指出，实现中华民族伟大复兴的中国梦就是要实现（　　）。
    A. 国家富强   B. 民族振兴
    C. 世界和平   D. 人民幸福

2. 习近平明确指出，实现中华民族伟大复兴的中国梦必须（　　）。
    A. 严守中国传统   B. 走中国道路
    C. 弘扬中国精神   D. 凝聚中国力量

3. 中国经济发展进入新常态的主要特征是（　　）。
    A. 从高速增长转为中高速增长
    B. 从外向型发展转为内向型发展
    C. 经济结构不断优化升级
    D. 从要素驱动、投资驱动转向创新驱动

4. 2017年12月召开的中央经济工作会议确定，今后三年要重点抓好的三大攻坚战是（　　）。
    A. 保持高速增长   B. 防范化解重大风险
    C. 精准脱贫   D. 污染防治

5. 中共十八大以来，中国特色社会主义形成的战略布局是（　　）。
    A. 全面建成小康社会   B. 全面深化改革
    C. 全面依法治国   D. 全面从严治党

6. 2013年5月，中共中央决定开展党的群众路线教育实践活动着力解决的是（　　）。
    A. 形式主义问题   B. 官僚主义问题
    C. 享乐主义问题   D. 奢靡之风问题

7. 2016年10月，中共十八届六中全会号召全党同志牢固树立（　　）。
    A. 政治意识   B. 大局意识

C. 核心意识　　　　　　　　D. 看齐意识

8. 中共十八大以来,我国成功举办的重大主场外交活动有(　　　)。
   A. 首届"一带一路"国际合作高峰论坛
   B. 二十国集团领导人杭州峰会
   C. 亚太经合组织领导人非正式会议
   D. 金砖国家领导人厦门会晤

9. 中共十九大指出,坚持和发展中国特色社会主义的总任务是(　　　)。
   A. 坚持深化改革　　　　　B. 扩大对外开放
   C. 实现社会主义现代化　　D. 实现中华民族伟大复兴

10. 中共十九大指出,在我国社会主要矛盾发生变化时依然没变的是(　　　)。
    A. 社会主义初级阶段的基本国情
    B. 世界最大发展中国家的国际地位
    C. 我国发展的历史方位
    D. 我国与世界的相互关系

11. 中共十九大指出,我们要更加自觉地增强对中国特色社会主义的(　　　)。
    A. 道路自信　　　　　　B. 理论自信
    C. 制度自信　　　　　　D. 文化自信

12. 经十三届全国人大一次会议决议通过,写入宪法作为国家指导思想的是(　　　)。
    A. 邓小平理论
    B. "三个代表"重要思想
    C. 科学发展观
    D. 习近平新时代中国特色社会主义思想

三、辨析题

1. 实现中华民族伟大复兴的中国梦必须走中国特色社会主义道路。
2. 中国特色社会主义进入新时代,中国的国际地位发生了历史性的变化。
3. 随着社会主要矛盾的变化,我国社会主义所处历史阶段也发生了变化。

四、简答题

1. 中共十八大后,中共中央提出的"四个全面"的战略布局。
2. 中共十九大提出的新时代中国特色社会主义发展的战略安排。
3. 新时代推进中国特色社会主义的"四个伟大"。

五、论述题

1. "中国梦"的提出及其思想内涵。
2. 中共十九大提出的新时代坚持和发展中国特色社会主义的基本方略及其意义。

参考答案

一、单项选择题

1. D 2. D 3. B 4. C 5. C 6. A 7. D 8. C 9. C 10. B 11. C 12. A 13. D 14. A 15. A 16. B 17. B 18. D

二、多项选择题

1. ABD 2. BCD 3. ACD 4. BCD 5. ABCD 6. ABCD 7. ABCD 8. ABCD 9. CD 10. AB 11. ABCD 12. CD

三、辨析题

1. 正确。中国特色社会主义道路,是在改革开放 30 多年的伟大实践中走出来的,是在中华人民共和国成立 60 多年的持续探索中走出来的,是在对近代以来 170 多年中华民族发展历程的深刻总结中走出来的,是在对中华民族 5 000 多年悠久文明的传承中走出来的,具有深厚的历史渊源和广泛的现实基础。

2. 正确。五年来,中国发挥负责任大国作用,积极推动构建人类命运共同体,做世界和平的建设者、全球发展的贡献者、国际秩序的维护者,不断为人类作出更大贡献。今天,中国与世界的关系正站在新的历史起点上,中国同国际社会的互联互动变得空前紧密,中国对世界的依靠、对国际事务的参与在不断加深,世界对中国的依靠、对中国的影响也在不断加深。中国越来越离不开世界,世界也越来越离不开中国。

3. 错误。中国特色社会主义进入新时代,我国社会主要矛盾已经转化为人民日益增长的美好生活需要和不平衡不充分的发展之间的矛盾。我国社会主要矛盾的变化是关系全局的历史性变化,对党和国家工作提出了许多新要求。但是我国社会主要矛盾的变化,没有改变我们对我国社会主义所处历史阶段的判断,我国仍处于并将长期处于社会主义初级阶段的基本国情没有变,我国是世界最大发展中国家的国际地位没有变。

四、简答题

1. 中共十八大以来,中共中央从坚持和发展中国特色社会主义全局出发,提出并形成了全面建成小康社会、全面深化改革、全面依法治国、全面从严治党的战略布局。这个战略布局既有战略目标,也有战略举措,每一个"全面"都具有重大战略意义,是实现中华民族伟大复兴中国梦的重要保障。经过党的十八届三中、四中、五中、六中全会,中共中央对"四个全面"战略布局作出了整体设计。这是对党治国理政经验的科学总结和丰富发展,集中体现了时代和实践发展对党和国家工作的新要求。

2. 从十九大到二十大,是"两个一百年"奋斗目标的历史交汇期。我们既要全面建成小康社会、实现第一个百年奋斗目标,又要乘势而上开启全面建设社会主义现代化国家新征程,向第二个百年奋斗目标进军。综合分析国际国内形势和我国发展条件,从2020年到21世纪中叶可以分两个阶段来安排:第一个阶段,从2020年到2035年,在全面建成小康社会的基础上,再奋斗15年,基本实现社会主义现代化。第二个阶段,从2035年到21世纪中叶,在基本实现现代化的基础上,再奋斗15年,把我国建成富强民主文明和谐美丽的社会主义现代化强国。

3. 实现伟大梦想,必须进行伟大斗争;要充分认识这场伟大斗争的长期性、复杂性、艰巨性,发扬斗争精神,提高斗争本领,不断夺取伟大斗争新胜利。实现伟大梦想,必须建设伟大工程,这个伟大工程就是我们党正在深入推进的党的建设新的伟大工程。实现伟大梦想,必须推进伟大事业。中国特色社会主义是改革开放以来党的全部理论和实践的主题,是党和人民历尽千辛万苦、付出巨大代价取得的根本成就;要更加自觉地增强道路自信、理论自信、制度自信、文化自信,既不走封闭僵化的老路,也不走改旗易帜的邪路,保持政治定力,坚持实干兴邦,始终坚持和发展中国特色社会主义。伟大斗争,伟大工程,伟大事业,伟大梦想,紧密联系、相互贯通、相互作用,其中起决定性作用的是党的建设新的伟大工程。

五、论述题

1. 中共十八大结束不久,习近平明确指出:实现中华民族伟大复兴,是中华民族近代以来最伟大的梦想。"中国梦的本质是国家富强、民族振兴、人民幸福。"它凝聚了几代中国人的夙愿,体现了中华民族和中国人的整体利益,是每一个中华儿女的共同期盼。

实现中国梦必须走中国道路。中国特色社会主义道路,是在改革开放30多年的伟大实践中走出来的,是在中华人民共和国成立60多年的持续探索中走出来的,是在对近代以来170多年中华民族发展历程的深刻总结中走出来的,是在对中华民族5 000多年悠久文明的传承中走出来的,具有深厚的历史渊源和广泛的现实基础。实现中国梦必须弘扬中国精神。中国精神是凝心聚力的兴国之魂、强国之魂。爱国主义始终是把中华民族坚强团结在一起的精神力量,改革创新始终是鞭策我们在改革开放中与时俱进的精神力量。实现中国梦必须凝聚中国力量。中国梦是民族的梦,也是每个中国人的梦。生活在我们伟大祖国和伟大时代的中国人民,共同享有人生出彩的机会,共同享有梦想成真的机会,共同享有同祖国和时代一起成长与进步的机会。全国各族人民一定要牢记使命,心往一处想,劲往一处使,用13亿人的智慧和力量汇集起不可战胜的磅礴力量。

2. 中共十九大明确提出,坚持和发展中国特色社会主义,是习近平新时代中国特色社会主义思想的核心要义。而在新时代坚持和发展中国特色社会主义的基本方略就是:坚持党对一切工作的领导、坚持以人民为中心、坚持全面深化改革、坚持新发展理念、坚持人民当家做主、坚持全面依法治国、坚持社会主义核心价值体系、坚持在发展中保障和改善民生、坚持人与自然和谐共生、坚持总体国家安全观、坚持党对人民军队的绝对领导、坚持"一国两制"和推进祖国统一、坚持推动构建人类命运共同体、坚持全面从严治党。

这"十四个坚持",是对党的治国理政重大方针、原则的最新概括,体现了理论与实践相统一、战略与战术相结合,是实现"两个一百年"奋斗目标、实现中华民族伟大复兴中国梦的"路线图"和"方法论"。这"十四个坚持",既是习近平新时代中国特色社会主义思想的重要组成部分,也是落实习近平新时代中国特色社会主义思想的实践要求。

阅读思考

一

材料1: 中国特色社会主义进入新时代,意味着近代以来久经磨难的中华民族迎来了从站起来、富起来到强起来的伟大飞跃,迎来了实现中华民族伟大复兴的光明前景;意味着科学社会主义在二十一世纪的中国焕发出强大生机活力,在世界上高高举起了中国特色社会主义伟大旗帜;意味着中国特色社会主义道路、理论、制度、文化不断发展,拓展了发展中国家走向现代化的途径,给世界上那些既希望加快发展又希望保持自身独立性的国家和民族提供了全新选择,为解决人类问题贡献了中国智慧和中国方案。

——摘自习近平:《决胜全面建成小康社会 夺取新时代中国特色社会主义伟大胜利——在中国共产党第十九次全国代表大会上的报告》(2017年10月18日),www.xinhuanet.com//politics/2017-10/27/c_1121867529.htm。

材料2:这个新时代,是承前启后、继往开来、在新的历史条件下继续夺取中国特色社会主义伟大胜利的时代,是决胜全面建成小康社会、进而全面建设社会主义现代化强国的时代,是全国各族人民团结奋斗、不断创造美好生活、逐步实现全体人民共同富裕的时代,是全体中华儿女勠力同心、奋力实现中华民族伟大复兴中国梦的时代,是我国日益走近世界舞台中央、不断为人类作出更大贡献的时代。

——摘自习近平:《决胜全面建成小康社会 夺取新时代中国特色社会主义伟大胜利——在中国共产党第十九次全国代表大会上的报告》(2017年10月18日),www.xinhuanet.com//politics/2017-10/27/c_1121867529.htm。

问题1:中国特色社会主义进入新时代的历史前提和历史起点是什么?

问题2:中国特色社会主义进入新时代后的奋斗目标是什么?

问题3:中国特色社会主义进入新时代后面临的主要任务有哪些?

二

材料1:中国特色社会主义进入新时代,我国社会主要矛盾已经转化为人民日益增长的美好生活需要和不平衡不充分的发展之间的矛盾。我国稳定解决了十几亿人的温饱问题,总体上实现小康,不久将全面建成小康社会,人民美好生活需要日益广泛,不仅对物质文化生活提出了更高要求,而且在民主、法治、公平、正义、安全、环境等方面的要求日益增长。同时,我国社会生产力水平总体上显著提高,社会生产能力在很多方面进入世界前列,更加突出的问题是发展不平衡不充分,这已经成为满足人民日益增长的美好生活需要的主要制约因素。

——摘自习近平:《决胜全面建成小康社会 夺取新时代中国特色社会主义伟大胜利——在中国共产党第十九次全国代表大会上的报告》(2017年10月18日),www.xinhuanet.com//politics/2017-10/27/c_1121867529.htm。

材料2:从十九大到二十大,是"两个一百年"奋斗目标的历史交汇期。我们既要全面建成小康社会、实现第一个百年奋斗目标,又要乘势而上开启全面建设社会主义现代化国家新征程,向第二个百年奋斗目标进军。

……

同志们!从全面建成小康社会到基本实现现代化,再到全面建成社会主义现代化强国,是新时代中国特色社会主义发展的战略安排。我们要坚忍不拔、锲而不舍,奋力谱写社会主义现代化新征程的壮丽篇章!

——摘自习近平:《决胜全面建成小康社会 夺取新时代中国特色社会主义伟大胜利——在中国共产党第十九次全国代表大会上的报告》(2017年10月18日),www.xinhuanet.com//politics/2017-10/27/c_1121867529.htm。

材料3:伟大斗争,伟大工程,伟大事业,伟大梦想,紧密联系、相互贯通、相互作用,其中起决定性作用的是党的建设新的伟大工程。推进伟大工程,要结合伟大斗争、伟大事业、伟大梦想的实践来进行,确保党在世界形势深刻变化的历史进程中始终走在时代前列,在应对国内外各种风险和考验的历史进程中始终成为全国人民的主心骨,在坚持和发展中国特色社会主义的历史进程中始终成为坚强领导核心。

——摘自习近平:《决胜全面建成小康社会 夺取新时代中国特色社会主义伟大胜利——在中国共产党第十九次全国代表大会上的报告》(2017年10月18日),www.xinhuanet.com//politics/2017-10/27/c_1121867529.htm。

问题1:如何认识中国特色社会主义进入新时代后社会主要矛盾的变化?

问题2:如何认识"两个一百年"奋斗目标的新时代中国特色社会主义发展的战略安排?

问题3:如何理解伟大斗争、伟大工程、伟大事业、伟大梦想及其相互之间的内在联系?

后　记

作为全国高校思想政治理论课的一门主干课程，"中国近现代史纲要"围绕中国近现代历史发展的主题和主线——实现中华民族伟大复兴，阐述中国人民为完成两大历史任务——争取民族独立和人民解放、争取国家繁荣富强和人民共同富裕而接续奋斗的艰辛历程。学习该课程的主要目的是：认识近现代中国社会发展和革命、建设、改革的历史进程及其内在规律性，了解国史、国情，深刻领会历史和人民是怎样选择了马克思主义、选择了中国共产党、选择了社会主义道路、选择了改革开放。

为了帮助学生学好"中国近现代史纲要"这门内容丰富且理论性较强的课程，我们根据马克思主义理论研究和建设工程重点教材《中国近现代史纲要（2018年版）》编写了本书。本书结合相关的教学要求，按"内容概述——习题训练（含参考答案）——阅读思考"三大板块编写，以利于学生在学习过程中准确地把握课程的要点、重点和难点，有效地达到课程的学习目的。

本书的编撰人员为艾萍、李梁、刘雅君等，由艾萍统稿、定稿。本书在编写过程中参考、引用了国内出版的相关教材与相关论著；本书的出版得到了上海大学继续教育学院和上海大学出版社的大力支持，在此一并表示衷心的感谢。

本书编者

2018年12月